JN057678

オリンピック反対する側の論理

東京・パリ・ロスをつなぐ世界の反対運動

ジュールズ・ボイコフ

井谷聡子／鵜飼哲／小笠原博毅 監訳

作品社

オリンピック 反対する側の論理

東京・パリ・ロスをつなぐ世界の反対運動

ジュールズ・ボイコフ

井谷聡子・鵜飼哲・小笠原博毅 監訳
井上絵美子・小林桐美・和田智子 訳

補章 反オリンピックの国際連帯 221

凡例

一 ▼印と章ごとの通し番号は、原注が付されていることを示す。原注は、巻末に一括掲載した。
一 引用文中の〔 〕は、原著者による補足である。
一 ◆印は、訳注が付されていることを示す。訳注は、見開き左端に掲載した。
一 ［ ］で括った割注は、訳者による補足である。
一 文中に登場する人物の肩書きは、その記述内容当時のものである。

［日本語版への序文］

いま世界中でオリンピック反対が燃え上がっている

1……新型コロナと東京五輪――選手を「使い捨て」するIOC

オリンピックのスペクタクルは強力な薬物である。二〇二〇年三月、コロナウイルスについてのさまざまな心配が世界中の人々の頭から離れなくなり、東京2020オリンピックは延期もしくはキャンセルすべきだという声が高まるさなかにあっても、国際オリンピック委員会（IOC）は五輪の開催に固執した。[1] トーマス・バッハIOC会長は、IOC理事会は最近の会議で「延期」や「中止」という言葉すら口にしていないと公の場で言い立てた。[2] この間、東京の組織委員会は、曖昧なメッセージを出していた。東京2020の理事の一人である高橋治之は開催を遅らせてはどうかといった発言をしたが、これを撤回して謝罪する羽目になった。一方、組織委員会委員長の森喜朗元首相は「安全で安心な五輪をきちんと進めていくというのがわれわれの基本的なスタンス」と述べた。[3] 日本のオリンピック担当大臣橋本聖子も「IOCも組織委員会も、大会の中止や延期はいっさい検討していない」と述べて、歩調を合わせた。[4] ヨーロッパでサッカーやF1レース、アメリカではナショナル・バスケットボール・アソシエーション（NBA）や大学のバスケットボールと中止が相次いでもなお、安倍晋三首相は、「この感染拡大を乗り越えて、オリンピックを無事、予定通り開催したい」と誓った。[5]

オリンピックの政治マシンを追ってきた者にとっては、IOCと日本で彼らと協力している者たちが、世界的パンデミックのさなかでも準備を進めていけると考えるほど自信過剰だったということも、彼らが財政面の懸念と人々の健康を同列に考えていたことも、何ら驚きではなかった。◆指輪物語の王たちが、必死になって『蝿の王』のシナリオを作り出そうとしているかのようだった。新型コロナウイルス感染症（COVID－19）パンデミックのさなかに東京オリンピックを開催しようというIOCの傲慢な戯れは、IOCが以前に示した尊大ぶりといささかも変わらない。一九七二年のミュンヘン大会で、パレスチナの武装ゲリラがイスラエルの選手とコーチの計一一人を誘拐し、うち二人を殺害し、その後、銃撃戦で、残りの九人のほかに、パレスチナ人五人、ドイツの警察官一人が命を落とした後も、アヴェリー・ブランデージIOC会長は「大会は続行されなくてはならない」と主張して悪名を馳せることになった。[6]

それでも、バッハ自身が東京大会は予定通り行なわれると言った数日後、IOCはとうとう疫学的現実を認め、東京2020組織委員会との共同声明を出して、オリンピックの延期を発表した。[7] これは、信念のあるオリンピック選手や運営組織から不満の声が上がり、延期を支持する発言が重なったために起こっただけだ。そうした声がなかったら、IOCは、COVID－19のパンデミックの加速にもかかわらず、二〇二〇年のオリンピック大会は計画通り二〇二〇年七月下旬に開始されると頑なに主張し続けていたかもしれない。

しかし、アスリートからの声が目に見えて急増したことは、オリンピックの黒幕たちには延期以外の選択肢がほとんどなかったことを意味した。それは、パンデミックのなかで五輪を開催することに疑問を投げかける、世界各地からのオリンピアンたち——十種競技の世界記録保持者であるフランスのケヴィン・マイエール、オリンピック棒高跳びチャンピオンであるギリシャのカテリナ・ステファニディといったアスリートによる個人の立場での発言から始まった。[8] 米国陸上競技連盟、米国水泳連盟も延期を求めた。[9] そして、カナダ・オリンピック・パラリンピック委員会の大胆な動きが続いた。東京オリンピックが二〇二〇年夏に開催されるのであれば選手派遣を拒否するという声明の発表だ。この事実上のボイコットには、オーストラリアのオリンピック委員会を始め、ポルトガルやドイツの国内オリンピック委員会が直ちに加わった。これがIOCを、どうしても延期するしかないところへと追い込んだ。IOCはもう事態をコントロールできなくなったのだった。[10] 二〇二〇年三月末までに、東京オリンピックは二〇二一年七・八月の開催に変更されることが発表された。[11]

アスリート労働者たちが原則を堅持し、勇敢に気高い主張を行なったことは、アスリートこそがオリンピックの存在価値を高めているということを、改めて世界に示した。にもかかわらず、五輪においてアスリートは依然として過小評価されている。この点については、オリンピックの財政を分析した、ライアソン大学と、スポーツ選手の権利擁護団体グローバル・アスリートとの研究報告書で明らかになっている。NBA、ナショナル・フットボール・リーグ（NFL）、ナショナル・ホッケー・リーグ（NHL）、メジャー・リーグ・ベースボール（MLB）、イギリスのプレミアリーグといった大きなスポーツリーグと比較して、IOCがアスリートに提供している利益はほんのわずかだったのだ。プロスポーツリーグの収入は四〇%から六〇%が選手に渡っているのに対し、IOCは収入のわずか四・一%しかオリンピアンに還元していない。報告書は、「依然として、団体交渉が、選手の生活を改善するための唯一の実行可能な解決策である」と結論づけている。[12]

スポーツは日常生活の厳しさや苦しさからの脱出口を作ることができるが、COVID-19のパンデ

◆**指輪物語の王たちが……『蠅の王』を……** 「指輪物語の王たち」とは、J・R・R・トールキンの小説『指輪物語』に登場する九人の王たち。彼らは指輪によって超人的な力を手に入れ、強大な権勢を振るうが、やがて一つの指輪に従属する幽鬼と化す。『蠅の王』はウィリアム・ゴールディングの小説。無人島に取り残された少年たちが、徐々に自己中心性と無秩序に陥り、獣のような残虐性をみせる。ここでは、強大な権力を持つIOCと関係者たちが利己的に振る舞い、不安定で無秩序な状況を作り出していく様の比喩。

ミックが、単なるお世辞や祈りだけでは克服できない特別な問題を提示したという事実からは逃れることができない。東京２０２０を押し通そうとすることは、巨大な、そして危険なものになり得る実験用シャーレを作ることを意味していた。世界の公衆衛生のために、二〇二〇年の東京オリンピックは、恐ろしい人体実験になる前に延期されたのだった。

東京２０２０の延期は、ある意味では、放射線技師が体内に造影剤を注入して臓器や組織、骨をよりはっきりと見る医学的な画像検査のようなものである。同様に、ＩＯＣが延期に至る状況を誤って処理したことで、私たちはオリンピックの組織を蝕む不完全性を、すなわち、過剰な支出、公共空間の軍事化、ジェントリフィケーション◆や立ち退き、ＩＯＣの「アスリート・ファースト」というスローガンの疑わしい性質、そしてＩＯＣが世界保健機関や国連のような団体と結んでいるお飾りの関係といったものを、明瞭なコントラストのうちに、見ることができるようになったのだ。

コロナウイルスは、社会の深い亀裂を露わにし、エッセンシャル・ワーカーズ［必要不可欠な労働者たち］が低賃金の労働者階級の人々であり、経済的階層の底辺から抜け出せずにいることが多いということを明らかにした。オリンピックシステムの中では、ＣＯＶＩＤ－19は、労働者であるアスリートも同様に脆弱であることを示してみせた。アスリート労働者がいなければ、オリンピックは続けられない。にもかかわらず、コロナウイルスの危機が進展した時、ＩＯＣは選手を付け足しでもあるかのように扱った。オリンピックのボス連中がマホガニーの演台の向こうから「アスリート・ファースト」のスローガンを叫んでいた時でさえもだ。

東京２０２０大会が延期された翌日、トーマス・バッハＩＯＣ会長は、なぜ決定にこれほど時間がかかったのかと質問された。決定に至るまであらゆる角度から選手にとっての最善を検討していたとほのめかしたり、世界保健機関（ＷＨＯ）と緊密に協議を重ねていたと説明したりするかわりに、バッハは、ドナルド・トランプ米大統領の指導を頼りにしていた、と言った。「トランプ大統領が先ごろ、四月中旬には制限の多くを解除することができるだろうという見通しを宣言したのを、あなたもおそらくご覧になっていますよね」[13]と。バッハが、バラ色の見通しに反論したＷＨＯなどの医療機関の専門家ではなく、トランプの言うことを聞こうとしたというのは、広く公衆衛生について気にかけている人々はもちろん、アスリートとオリンピックについて気にかけている人なら誰でも危機感を覚えるべきだろう。

そして二〇二〇年九月、日本の橋本聖子オリンピック担当大臣は、記者会見で「何としても開催しなければならないと思っている」と息を呑むような発言をした。[14] 何としても、とは。一方、東京２０２０を「新型コロナウイルスをコントロールした大会」などと先走って呼んだジョン・コーツＩＯＣ副会長は、二〇二一年夏のオリンピックは「新型コロナウイルスの有無にかかわらず」開催されると主張した。[15] このエピソードの全体――オリンピアンとアスリート団体からのリーダーシップによって救出されたオリンピックの黒幕たちによる目を引く足の引っぱり合いから、「何としても」前に進めるという偏執狂的な願望まで――が、オリンピックは、その核心において、スポーツの輝きという薄いベニヤによってキラキラ見えるように作られた圧倒的な経済力をほしいままにするマシンである、というオリンピックに批判的な考え方の人々が後押しするナラティブを強化することになった。

本当にアスリート・ファーストだったなら、世界保健機関がコロナウイルスのパンデミックを宣言した三日後にオリンピックのボクシングの予選イベントを強行するなどということを、ＩＯＣはけっしてしなかったはずだ。予選が途中で中止されるまでに、多くの参加者がＣＯＶＩＤ‐19に感染した。[16] 本当にアスリート・ファーストだったなら、ＩＯＣは、大会の延期を発表する際に、夢が破れたことに選手たちが対処できるよう、追加のメンタルヘルスサポートを提供したはずだ。何しろＩＯＣには、ほぼ二〇億ドルという予算埋蔵金があるのだから。[17] しかし、延期の直後ＩＯＣはこうしたことを何もしなかった。その代わりに、オリンピックの決定権を握る彼らは選手たちを「使い捨て人口」のように扱ったのだ。これは、ア

◆ジェントリフィケーション　都市において、比較的低所得層の居住地域が再開発や文化的活動によって活性化し、その結果、地価が高騰することで、低所得者層が追い出されていくこと。

ンジェラ・デイヴィスが、主に「非白人（ピープル・オブ・カラー）人口やグローバル・サウスからの移民人口」からなると書いた人々だ。[18] IOCが、利益のためにアスリートの健康を犠牲にしようとしたことは、すでに低賃金のオリンピック選手たちが「使い捨て人口」のように扱われているという、見るに耐えない光景を浮かび上がらせた。

2……東京オリンピック、一九四〇年の中止と二〇二〇年の延期

オリンピックはこれまで、一九一六年、一九四〇年、一九四四年に、第一次世界大戦と第二次世界大戦のために中止されているが、東京2020は、オリンピック史上初めて延期された大会となった。しかし、東京オリンピックが災難に見舞われたのはこれが初めてではない。一九四〇年の夏季オリンピックは東京で開催される予定だったが、この時もIOCがマネージメントを誤ったために、外部状況を悪化させたのだった。[19]

近代オリンピックは、フランスの貴族であったピエール・ド・クーベルタン男爵が考えだしたものである。厳しい規律と男らしさの力強い表現をスポーツ文化に組み込めば、普仏戦争で屈辱的な敗北を喫したフランスを再び活気づけることができると信じたクーベルタンは、一八九四年、ヨーロッパや北米のスポーツ団体の役人や、ギリシャ国王、イギリス皇太子、ロシアの大公などの貴族たちを集めて、オリンピックを復活させた。オリンピックは矛盾の上に築かれていた。平和の象徴であると同時に、クーベルタンの表現によると、「たるみ、小さく縮こまっている若者」を戦争のために鍛え上げる方法でもあったのだ。[20] 五輪は、クーベルタンが女性の参加に反対していた時でさえ、包摂のレトリックに支えられていた。オリンピックの舞台は、平和のうちに結ばれた世界の大陸を代表するものであったが、競技は国ごとに組織されたために、愛国主義を奨励することになった。

一九三六年、IOCは一九四〇年大会の開催地としてヘルシンキではなく東京を選び、この選択は物議

を醸した。一九三一年、日本が満州に侵攻し、傀儡政権を設置したために、世界は騒然となっていた。平和と親善を促進するというＩＯＣの表向きの目的は、五輪を世界に広めたいという願望を上回るものではなかったらしい。東京はアジア初の五輪開催地になるはずだったからだ。ローマも一九四〇年のオリンピック開催に関心を示していたが、東京の招致チームはベニート・ムッソリーニと裏取り引きをしていた。首領ことムッソリーニは、一九四四年大会のローマ開催支持を日本に約束させることと引き換えに東京の招致チームを支持することにしたのだった。結局、ＩＯＣのメンバーは、三七対二六でヘルシンキではなく東京を選んだのである。[21]

しかし、帝国主義の侵略者は侵攻を進める。日本国内の多くの人々は、オリンピックを「大日本帝国の意向を誇示し、戦場と同じくスポーツの分野に確たる地位占めるチャンス」として捉えていた、とスポーツ史家デイヴィッド・ゴールドブラットは記している。[22]日本は一九三七年七月に中国を攻撃し、第二次日中戦争を引き起こした。国際社会では、大日本平和協会やアメリカ平和民主連盟などから批判の声が上がり、日本にオリンピックの返上を迫った。フランス、イギリス、アメリカの選手たちはボイコットの意思を表明した。しかし、ＩＯＣは動かなかった。ＩＯＣは日本が戦争遂行中であったことを何ら気にかけず、一九三七年六月には戦端が拡大するなか、一九四〇年冬季大会の札幌開催を決定して、日本へのさらなる支持を示した。ＩＯＣは、今でもそうであるように、オリンピックにおいて政治とスポーツは切り離すべきだと主張していたのである。

ＩＯＣは、オリンピックの伝統を重んじる東京の献身的な姿勢に感銘を受けていたようでもある。壮大さと尊大さはＩＯＣのエス（イド）でありエゴであるが、東京の招致関係者は、一〇〇〇万円（現在では六一〇〇万ドルを超える）をかけて競技場を拡張する計画を立てていた。東京府は五輪招致にさらに一〇万ドルを投入したが、これは当時としてはかなりの額である（現在では二〇〇万ドル近くになる）。東京は、一九三六年のベルリン大会でアドルフ・ヒトラーとナチスによって制定されたオリンピック聖火リレーを再び行なうことも計画していた。伝統の継続を約束することで、東京の五輪関係者たちはＩＯＣのさらなる好意を得たのである。

しかし、一九四〇年の東京オリンピックは開催されなかった。結局、IOCではなく日本が返上を選んだのである。日本が東アジアの戦いに多くの資源を投入するなか、戦争を担当する陸軍大臣の杉山元は、戦争に集中するため、東京オリンピック開催の責任を取り下げるよう主張した。[23] 最終的に、東京の指導者たちは「アジア初のオリンピック開催という特権を一時的に放棄しなければならないことを深く遺憾に思う」との声明を発表し、「われわれは、極東に平和が戻ると確信しているので、一九四四年のオリンピックを日本で開催するためにあらゆる努力をすることを約束する」と付け加えた。[24] IOCは一九四〇年夏季大会をヘルシンキに、同年の冬季大会をドイツのガルミッシュ・パルテンキルヒェンに変更した。オリンピック指導者たちはナチス政権に何の抵抗も持っていなかったことが示されたのである。結局、一九三九年にロシアがフィンランドに侵攻した後、一九四〇年の両大会は中止された。オリンピックは一九四八年にロンドンで開催されるまで、再び開催されることはなかった。

オリンピックが、オリンピックには他の人間の営為のルールや限界を超える力があるという大げさな空想に根ざしていることに鑑みると、私たちは、歴史的な大惨事に直面した際のIOCの失敗のパターンを再び目にすることになりそうだ。誇張と自己満足は、オリンピック言葉の二重通貨である。例えば、トーマス・バッハは二〇二〇年九月に「今日、オリンピックは、世界全体を本当に一つにまとめることができる唯一のイベントである」という考えを提示した。[25] サッカーの世界的な統括団体である国際サッカー連盟（FIFA）が何か言いたいだろうことはさておき、オリンピックは一九四〇年代に戦争を超克することができなかったし、今日では、疫学を超えることはできなかった。

3……反オリンピック運動の国際的な連帯

オリンピックについては、一九四〇年代から多くのことが変わっている。大会は拡大し、夏季オリンピックでは約一万一〇〇〇人の選手、ほぼ同数のジャーナリスト、数千人のサポートスタッフが参加するようになった。その過程で、オリンピックは高価で資本を生み出す巨大な怪物へと変貌を遂げた。これは、都市や国の公金を、大会を組織し、応援し、放送する、コネのある経済的・政治的エリートに流すというトリクルアップ経済学の典型的な実践である。[26]

二一世紀になって、開催都市にとっての経済的な利害はさらに大きくなっている。二〇二〇年に東京大会の延期が決まった時、オリンピック・プロジェクトにはすでに、当初の予定を数十億ドルも上回る額が投入されていた。日本政府が実施した監査によると、招致段階で七三億ドルだった東京大会は、二六〇億ドル以上を費やすペースになっていた。[27]日本のメディアによる初期の推計では、延期によってさらに二〇億ドルから六〇億ドルの費用が追加になるとされている。過去がプロローグであるならば、その数字は上昇していくと予想すべきだろう。オックスフォード大学のある査読調査によると、費用超過は二〇〇%を上回っており、東京2020オリンピックはすでに史上最も高額の夏季オリンピックになっていることがわかった。[28]

しかし、オリンピックがもたらすものはコスト超過だけではない。コロナウイルスに起因する東京大会の延期は、オリンピックが抱える大局的な問題についてじっくり考える機会を与えてくれる。オリンピックは、最もうまく行なった場合でも、負債、住民の立退き、公共圏の軍事化、そしてグリーンウォッシングをもたらす。これらはすべて東京で起こっているが、東京だけの問題ではない。こうしたことは先々の開催地のすべてで起こり得るオリンピックの問題なのである。

オリンピックの一部として確立してしまった不正は、オリンピック反対の炎に油を注ぎ、世界中で反五輪グループが現われている。本書において私は、ノーリンピックスLA◆がオリンピックという巨大なマシ

◆ノーリンピックスLA（NOlympics LA） NoとOlympicsを合わせたもので「オリンピックに反対する」という意味。

ンに抵抗して行なってきた活動を記録にとどめる。今日、ノーリンピックスLAは、世界的な反五輪アクティビズムの中心的な存在となっている。このグループは二〇一七年五月、ホームレス問題が人道上の危機となっていることが明らかなロサンゼルスで、アメリカ民主社会主義者（DSA）支部の住居・ホームレス問題委員会から起こった。ノーリンピックスLAは、ホームレスの問題に表われている不平等が、都市における人種資本主義の恐るべき手口をいかに浮き彫りにしているかを検証すべく、その分析範囲を急速に拡大した。ノーリンピックスLAのアクティビストたちは、ロサンゼルス中のアクティビストたちによる活発な闘いに、完全に入り込んでいる。ノーリンピックスLAは、これまでの反五輪運動のなかで最も成功してきた取り組みと同様にインサイド・アウトサイド戦略◆を採っている。活動のパートナーは、「ブラック・ライブズ・マター（BLM）」「LA借家人組合」「ロサンゼルス・コミュニティ・アクション・ネットワーク（LA－CAN）」「K-Town For All（みんなのためのKタウン）」「Union de Vecinos（隣人組合）」、そして「サンライズ・ムーヴメントLA」などである。

二〇一九年七月、ノーリンピックスLAは世界中の反五輪アクティビストたちと手を組み、東京で初の反五輪サミットを開催した。サミットは、本来の東京夏季オリンピックの開始日、二〇二〇年七月二四日の一年前という節目に合わせて行なわれた。一週間に及ぶ一連のイベントでは、戦略の共有、公開討論会、競技施設の見学などが行なわれた。また、東京・新宿では約一〇〇〇人の参加者を集めた大規模なデモが行なわれた。ノーリンピックスLAは、「反五輪の会」「おことわリンク」という、東京の二つの反五輪アクティビストのグループと密接な連携を続けている。「反五輪の会」は、東京大会までの数年間、数々の抗議活動を行ない、その名にふさわしい活動を行なってきた。二〇一三年に誕生した反五輪の会は、一〇名ほどを中心にメンバーは一〇〇名を超え、創造的で遊び心のある抗議活動や街頭行動を展開している。[29] ノーサンキュー・オリンピック2020といった意味の「おことわリンク」には、政治的な動きも行なう学者や研究者が多数いる。二〇一九年の反五輪サミットでは、平昌、リオデジャネイロ、ロンドンのような最近の開催地や、パリのような将来の開催地からの反対派が、「反五輪の会」「おことわリンク」に合流した。ロサンゼルスは、日本国外からのアクティビストとしては最も多い参加者を送った。[30]

IOCのトーマス・バッハ会長は、東京2020オリンピックの延期を発表した際、延期後開催される時にこの大会が「COVID-19パンデミックという未曾有の危機を克服した人類の祭典」となり、「今この瞬間、全世界が共に通っているこの暗いトンネルの先にある光」になり得ると主張した。[31] 反オリンピック・アクティビストにとっては、とっくの昔から、オリンピック自体が開催都市の日常生活者に耐えることを強いてきた「暗黒のトンネル」だ。ノーリンピックスLAのオーガナイザーで、共同代表を務めるアン・オルチエは私に、延期は彼女にとって、IOCの洗練されたPRのニスを剥ぎ取るものだったと言った。「オリンピック主催者が人命よりも利益を優先していることは、ずっとわかっていました。あちらこちらでもう何百万〔ドル〕利益を出すためならアスリートや開催地の住民を大きな危険にさらすのだと。それでも、このおかしな延期のプロセスは、もはや面目を保とうとしたり、自分たちの富と権力を強化すること以外の何物にも興味があるふりをしたりすらしないのだということを、そして、そのために何百万人もの命を危険にさらすことを厭わないことを、明らかにしました」と語っていた。[32] オルチエは、七月に東京で開催された国際サミットに参加したノーリンピックスLAのアクティビストの一人である。

道徳的な明快さが必要とされる瞬間に、IOCはメディアのエーテルに空虚さを振りまいて、自らが不明瞭な霧のような機構であることをこの上なく印象づける行動をとった。バッハ会長は、「二〇二一年に延期された東京2020オリンピック大会は、希望と平和、そして人類の団結のメッセージを発信する」と誓った。[33] これに対して、ノーリンピックスLAのオーガナイザーであるアルバート・コラードは、「IOCが最近、このような決まり文句を繰り返しているのは、私たちにはたいへんありがたいことです。『普通の』人たちにも、ついに、ベニヤのような威信の向こうにある、オリンピックの真の姿が見えるよ

◆**インサイド・アウトサイド戦略** アウトサイダーである草の根アクティビストたちが政府や教育機関のなか（インサイド）にいる批判的な意見の人々と力を合わせる戦略。第3章で詳述されている。

うになってきたのではないでしょうかね」と私に語った。[34]

二〇二〇年秋、安倍晋三は日本の首相を辞任した。二〇一三年には、不安に駆られたＩＯＣの投票委員たちに対して、恐るべき原発メルトダウンを経験した福島県ですべてが「アンダー・コントロール」だと嘘の保証をし、二〇一六年のリオ五輪閉会式のパフォーマンスではスーパー・マリオのコスプレまでしてみせた安倍は、東京２０２０オリンピックのゴールにたどり着けないだろう。一方、東京の組織委員会関係者たちは、五輪開催にはワクチンが欠かせないと公言し、その後、ワクチンは必要ないという、矛盾した二つの立場の間を揺れ動いている。

オリンピックへの熱意は、日本中で低下した。ある全国世論調査によると、二〇二一年の東京オリンピック開催を楽しみにしていると答えた人は［二〇二〇年七月時点で］四分の一以下（二三・九%）だった。また、二〇二一年に東京オリンピックを開催すべきでないとする意見が過半数を越え、三六・四%は再延期が好ましいとし、三三・七%は東京オリンピックの全面的な中止を提案している。[35] 同様に、一万三〇〇〇社以上の日本企業を対象にした調査では、過半数が二〇二一年にオリンピックを開催すべきではないと考えており、二五・八%は延期が好ましいとし、二七・八%は中止が好ましいとしていることがわかった。調査対象となった企業のうち、二〇二一年夏のオリンピック開催に意欲的な企業は四六・二%にとどまった。[36]

すべての流れのなかで不変なのは、東京２０２０とその後に続くすべての大会を、粉砕しようとする反五輪運動オーガナイザーたちの粘り強さであった。コロナウイルスもノーリンピックスＬＡを止められなかった。ノーリンピックスＬＡは組織化を続けている。オンラインでの国境を越えたティーチ・インを開催することで、政治教育プログラムを強化した。また、ソーシャル・ディスタンスをとって現場主義のアクティビズムを行なっており、ＬＡ市長エリック・ガーセッティの公邸の前で、立ち退きをなくすこと、コロナ危機の間の家賃一時無料化、ＬＡの住まいのない人々のためにホテルの空室を利用することなどを要求している。ノーリンピックスＬＡの動画制作チームはオリンピックを批判する質の高いビデオを発表している。メンバーは、地元や全国の報道媒体にオリンピックを激しく批判する文章を執筆している。[37]

アクティビストから見ると、コロナウイルスによって引き起こされた東京オリンピックの延期は、五輪に批判的な人々が長い間訴えてきたことを白日のもとにさらした。オリンピックは、特定の階級を、他の階級を犠牲にして、優遇しているということを、だ。ノーリンピックスLAのオルチエは、私にこう語った。「東京2020オリンピックの延期は、関係者が自ら招いた過ちだったし、今の時点でもそれは変わりません。曖昧で長引いたプロセスは、決定というよりも、くだらないチキンゲームを見ているようなものでした」[38]。ノーリンピックスLAのオーガナイザーであるジジ・ドローシュはこう言っていた。「大会が完全に中止された方が良かったとは思いますが、延期されたことで、何かわくわくするようなところもあります。この混乱は、私たちが動かしがたいと考えているシステムが、じつは、その恩恵を受けている人々があなたに信じさせたいと思っているのよりはるかに壊れやすいものだということを示しているんです」[39]。

おそらく直感に反して、延期は反五輪アクティビストたちが運動を構築するための空間を生み出した。「コロナウイルスは、私たちの組織化の努力を止めませんでした。コロナウイルスは、実際には私たちをより強くしたのです」と、ノーリンピックスLAのアルバート・コラードは私に語った。世界的なパンデミックが始まってからの二か月間で、一万人以上の人々がアメリカ民主社会主義者に入会し、会員数が急増している。アメリカ民主社会主義者・ロサンゼルス支部（DSA‐LA）は、四月だけで三〇〇人の新会員を獲得したが、これはこの組織の歴史のなかで最大の伸び率であった[40]。「非常に多くの人が資本主義の失敗を認めるようになり、このうちの大勢が何らかの形で関わりたいと考えているのです。失業していたり、家で仕事をしていたりして、時間に余裕があり、私たちを抑圧するシステムと闘おうとしているのです。私たちは、私たちが闘っている勢力が休んでいないことを知っているので、私たちも休むべきではありません。ですから、このひどい状況を最大限に活かせるよう活動しています」とコラードは説明している[41]。五輪は清算の時を迎えた。東京大会の延期は、オリンピックが、現在行なわれているような形で現代スポーツに存在するべきなのかどうかを見極めるための空間を生み出した。ロサンゼルスのアクティビストたちも、協力して活動する東京や世界中の反五輪組織の人々も、これに対する明確な答えを持っている。それは、「#NOlympicsAnywhere」（オリンピックはどこにもいらない）である。[42]

パンデミックによって東京２０２０大会が延期されたことは、こうした反五輪アクティビスト・グループをさらに勢いづけただけだった。そして、歴史が何かの指針であるならば、東京大会は——コロナウイルスの時代に開催できたとして——ほぼ間違いなく、オリンピック運動への批判にさらなる力を与えるだけのこととなるであろう。

［はじめに］

オリンピックに反対する側の論理と歴史

1……東京オリンピック2020に向けたセレモニーにて

東京国際フォーラムの大会議場にいた人々は、みな息を呑んだ。緊張が広がる。早足で入ってきた日本の安倍晋三首相が前のめりになって、トーマス・バッハら国際オリンピック委員会（IOC）トップが居並ぶ演台の方へよろめいたのだ。警備の役人が動いて、安倍は床に倒れずに済んだ。動画がネットに上がり、ソーシャルメディアで何万回も再生されるという忌々しい事態を招きかねなかったが、免れられたのは、安倍にとって幸いだった。「部屋に入る時、私、転びそうになりましたが」と安倍首相は言った。「アスリートのようなリカバリーでしたね、とバッハ会長に褒めていただきました」。

これは二〇一九年七月、安倍とバッハが東京2020夏季オリンピックの一年前式典に臨んだ際の出来事だ。会場は何百人ものスポーツ界、政界、文化芸術界からのVIPでいっぱいで、彼らは真っ白に輝くテーブルクロスのうえに名札が置かれた、優雅に配置された一三のテーブルについていた。その周囲にはジャーナリストたちが陣取っていた。彼らには椅子が用意されなかったので、ある者は居心地悪そうにぐらつきながら足を変え、またある者は床の上に座っていた。多くの者がこうした扱いに不満をもらしていたが、公然と身を乗り出すわけにはいかなかった。質問をする時間は与えられていなかった。情報の流れは一方通行だったのだ。

私はジャーナリストというわけではないが、あれこれ言ってこのイベントにもぐりこんだ。ツイッターのダイレクトメッセージを山ほど送りつけた結果、東京2020大会のコミュニケーションスタッフがちらっと慈悲の心を見せてくれたのだ。受付で私は、私の名前を走り書きした水色のポストイットが、入場を認められたジャーナリストの公式リストに貼り付けられているのを見た。こうしたわけで私は、IOC会長が、オリンピックによって「日本が一つになるのを、みなさんは目にするのです」と誓った時、彼から二〇メートルのところにいたのだった。バッハと安倍首相は、二〇二〇年東京オリンピックが「復興オリンピック」であるとの同じ五輪賛歌を歌い上げた。復興とは、二〇一一年に福島で起きた地震、津波、原発メルトダウンの三重災害からの復興のことだ。「被災地の方々はオリンピックがもたらしたインフラの恩恵を受け、オリンピックがもたらす希望から力を与えられるのを、みなさんは目にすることでしょう」とバッハは言った。

私は居心地が悪かった。イヤホンを付けた警護要員が大勢で見下ろすなか、苛立ったジャーナリストたちに割り込んでいたからというだけではない。会場の正面で、おどけて背中を叩いたり、へらへらお世辞を言ったりが進行していたせいだけでもない。

じつは福島のことが頭にあったからだ。私は福島県で、「復興オリンピック」のスローガンなどちゃんちゃらおかしいと公言する住民たちに会って帰ってきたばかりだった。道路沿いは、放置された家や店だらけだった。マスクをつけている住民がいた。困難な除染作業のプロセスで出た土を入れた黒いポリ袋の山――住民は「ブラックピラミッド」と名づけていた――が景色のあちこちにあった。福島で活動するジャーナリストの藍原寛子は「政府は真実よりプロパガンダを押し出しています」と私に言い「福島の人たちは今もまだ苦しんでいます。彼らにとって、危機も、除染と汚染の繰り返しもまだ続いているのです」と付け加えた。▼1 こうした真実を語る声は、東京での祝祭セレモニーのどこにもなかった。発言者のなかで「福島」を口にした人は一人しかいなかった。代わりにバッハが、どのオリンピック開催地についても言えるような決まり文句を持ちだした。「われらが敬愛する日本の主催者の方々、みなさまにとって、日本の一番よいところ、すなわち、みなさまがスポーツによせる愛と情熱を世界に示す、またとない素晴らしいひと時になることでしょう。みなさまの豊かな歴史と伝統、先端技術、おもてなしの文化、そしてもちろん、」。これはオリンピックのハイレベル・リーダーたちがコピペして使いまわすレトリックだ。

セレモニーが終わり会場の外へ出ると、好対照をなす場面があった。東京、ロサンゼルス、リオデジャネイロ、そして韓国・平昌——過去と未来の開催都市だ——からの反五輪運動のアクティビストたちが公式五輪祝賀エリアのすぐ先で即興の抗議行動を展開していた。彼らはさまざまな言語でオリンピック反対のスローガンを叫び、後ろではドラムの力強い低音が響いていた。公式の五輪セレモニーがモノクロで決まりきったものだとしたら、外のこの騒々しい集会はカラフルで先の展開が読めないものだった。

じつは私は、スイートルームにいるより路上にいる方が断然心地よい。私は一〇年以上オリンピック反対運動を追ってきた。アプローチはトップダウンではなく、いつもボトムアップでやってきた。言い方を変えれば、私は公式の五輪イベントに出席するより、草の根のアクティビストたち、ホームレスの人々、コミュニティ・オーガナイザー、立ち退きにあった住民、そして普通の働く人々、こうした開催地に住みながら五輪イベントのチケットを手に入れる手立てがなさそうな人々と話をし、一緒に活動をする。何年にもわたり、数次の開催都市の街頭で、創造性と人々の暮らし、約束と潜在可能性、そしてオリンピックがもたらすものへの激しい疑念が脈打つのを見てきた。その合間合間に、路上の薄汚れた活力やバイタリティ、あっと驚く振る舞いからは遠く離れた、虚飾、贅沢と最高級チーズの皿で溢れる、オリンピック官僚たちが主役のイベントに出席していた。

私にとって、始まりは、二〇一〇年冬季オリンピックの開催地となったカナダのバンクーバー——私が住むオレゴン州ポートランドから北に行ったすぐのところにある——だった。[▼2]この冬季五輪に、アクティビストたちは、あの手この手で、多方面から騒々しく反撃を食らわせた。二〇一二年には、ロンドン２０

12夏季五輪を前に徐々に広がっていたオリンピック反対の声を追うために、イギリスに渡った。ロシアのソチで開かれた二〇一四年の冬季大会はスキップした。アメリカのある大手新聞のジャーナリストが、私はすでにロシアの上の方の連中――ウラジミール・プーチンや、エリツィン時代として知られる新自由主義のどんちゃん騒ぎのころに掠(かす)め取った途方もない額の金を使ってオリンピックを後押ししていたオリガルヒ◆などのことだ――を怒らせるようなことをたくさん書いているし、ロシアには行かない方が賢明だ、と言うので、その助言に従ったのだ。二〇一五年、私はフルブライト委員会の研究助成を得て、リオデジャネイロに移り、オリンピックの論理を問うアクティビストのグループと共に活動した。二〇一六年の夏季大会前と開催期間中、抗議行動、討論会、団体の会合などに参加した。

本当のところ、リオの後、反五輪アクティビズムについてこれ以上書くことはないと思っていた。が、二〇一七年五月、ロサンゼルスの夏季大会招致反対を訴えるノーリンピックスLA（NOlympics LA）が現われて、考えが変わった。ノーリンピックスLAは、アメリカ民主社会主義者・ロサンゼルス支部（DSA－LA）から起こった。正確に言うと、その「住居・ホームレス問題委員会」から、である。ほどなく、ロサンゼルスで何かまったく違うことが起こっているとはっきりわかった。私はこれを追求して、何が起こっているのか探りだそう、と決めた。私は何度もロサンゼルスへ行って長期滞在し、イベントや会合に参加し、アクティビストへのインタビューを行なった。ノーリンピックスLAやアメリカ民主社会主義者（DSA）のアクティビストと話をし、シカゴ、バンクーバー、ロンドンといった都市の反五輪アクティビストたちを再訪し、さらに、東京やパリといった将来の開催都市で五輪に反対する人々と話をした。そして私はこうした人々の多くと共に、二〇一九年七月、東京で、IOCの一年前記念セレモニーと同じタイミングで一週間開催された、世界中の反五輪アクティビストのイベント、初の国際反五輪サミットに集ったのである。

スポーツ・メガイベントの大きなコントラストの一つは、こうしたイベントがアスリートから最高のものを引き出す一方で、開催国・開催都市からは一番悪いところを引き出しがちだということだ。オリンピックが、開催地がスポーツ・ウォッシングをする絶好の機会になっているのは、歴史が証明している。スポーツイベントを使って、染みのついた評判を洗濯し、慢性的な問題から国内の一般大衆の注意をそらすのだ。開催国が権威主義体制なら、五輪を開くことで、世界の関心が劣悪な人権状況に向かわないようにできる。[3] 証拠Aが二〇一四年のロシア・ソチ冬季五輪であり、証拠Bが二〇〇八年の北京夏季五輪だ。ある高位のスポーツ官僚から、こんな本音を聞いたことがある。「〔スポーツのメガイベントを〕組織するには民主主義はあまりない方がいいこともある〔……〕。国のトップの力が非常に強く、プーチンのようにものごとを決めることができれば、たぶん〔……〕われわれのような組織関係者の仕事がやりやすくなる」[4]。IOC委員のジャン・フランコ・キャスパーも同様の本音を語っている。「独裁者はおそらくこういうイベントが実施できる。彼らは人民におうかがいを立てなくてもいいのだから」[5]。民主主義社会でスポーツ・ウォッシングは、ジェントリフィケーションや警察の過剰な取り締まりといった不公正なプロセスからわれわれの注意をそらす。そして、人権侵害は欧米の民主主義国でも日々起きていることなのだ。例えば、二〇二八年のオリンピックに向かうロサンゼルスでは、ホームレスの問題という非常に大きな人道危機が明らかになりつつある。

2……本書の構成

本書では、オリンピック招致への関心の衰退――五輪開催に闘志満々の都市は減る一方だ――と、反五輪運動とDSAという二つの政治勢力の勃興を描く。マイク・デイヴィスがその壮大なロサンゼルス研究で見通していたように、この都市は「産業化された知識人が資本のプログラムに無抵抗に屈するという物語の原型となる場所」と「後期資本主義文化の〔……〕最も鋭い批判のいくつかを生んだ土壌」[6]の両方とし

◆オリガルヒ　ロシアやウクライナ等旧ソ連諸国の資本主義化の過程で形成された政治的影響力を有する新興財閥。

て発展してきた。この辛辣な見方のなかに、本書の中心に据えられた力学が包含されている。エンジェルの街をすみずみまで容赦なくかき回し、オリンピック推進派たちの計画を貫く資本の陰謀と、これに対して地元のアクティビストたちがスポットライトを当てる五輪開催都市の強烈な政治的現実という力学だ。ロサンゼルスでは、ノーリンピックスLAが五輪を左翼の運動のトランポリンとして使って、資本主義――と、オリンピック開催という文脈のなかでそれがどう表われるのか――への批判を、現場主義の行動へと転換している。

二〇一六年の選挙の後、政治シーンに突然登場して以来、DSAは、社会から大きな関心を寄せられてきた。アクティビストを貶めようとする右翼メディアからも、慎重ながらも時代精神（ツァイトガイスト）を宣伝する左派メディアからも。主流メディアも彼らを従来の政治諸派のどこに分類しようかと手探りしている。DSAは、社会主義が単なる過去の痕跡ではない、活気溢れる未来の政治実験室なのだ、ということを示している。DSAは社会学者のエリック・オリン・ライトが表現した反資本主義のバージョンである「単に、われわれが生きるこの世界の害悪や不正義に対するモラル上のスタンスではなく、人類がより大きく花開くためのオルタナティブ構築に向けた実践的なスタンス」[7]を取り入れている。

DSAがロサンゼルスで展開している、二〇二八年オリンピックに反対する活気溢れる一つのキャンペーンに焦点を当てることで、本書ではDSAを覆っているカーテンをめくり、その最も革新的で、エネルギッシュなキャンペーンがどのように機能しているのか、使われている戦略と戦術、抱える課題、そして、この超資本主義の国で反資本主義の立場を通している方法、をしっかりと見ていく。本書は、ノーリンピックスLAキャンペーンに狙いを定めることで、アメリカ合衆国における社会主義の復活の意味を考える。学者にしてアクティビストのクリス・ディクソンは「アクティビストの考えや実践を真剣に受け取ることへの鍵の一つは、それを歴史化すること、その起源と軌跡を理解することだ。そうすることで、私たちは『現在の歴史』、現代の社会運動のなかで循環している考え方や行動の仕方の系図を作り上げていくことができる」[8]と記している。私が反五輪アクティビストの文化を見据えてやろうとしていることは、まさにこれである。

第1章では、二一世紀のオリンピックの正統性を蝕んでいる固有の問題を提示する。近年、オリンピック批判は徐々に社会意識に上ってきている。二〇年前は、オリンピックの指導者たちは、観光振興、雇用創出、経済成長といった型通りの約束をどの都市にも使って、さしたる抵抗も受けずにきた。今日では、こうした保証がおおむね偽りであることは証明済みだ。アクティビストや研究者、批判的なジャーナリスト、人権分野で働く人々が、みなで啓発活動を展開した成果である。

彼らの努力のおかげで、オリンピックの下の構造プレートは激しく動いた。IOCの収まることなき誇大宣伝の裏で、招致を目指す都市の数が急激に減り、オリンピックは、ごくゆっくりとしたペースではあるが危機を迎えていることを、世界のスポーツ界の最も賢い人々はちゃんとわかっている。コーポレート資本主義の広報誌というべき『エコノミスト』誌ですら、現下の招致立候補都市の払底は「オリンピックのビジネスモデルが息切れを起こしている」[9]ことの表われだと認めている。第1章では、私が反五輪アクティビズムを理解するのに援用する、インターセクショナリティ（交差性・複合性）［第1章五六頁参照］、革新的側面効果（radical flank effect）［第1章六一頁参照］から、コメディ作品、共闘体制構築までのさまざまな概念や発想の紹介も行なう。

第2章では、どのようにしてロサンゼルスが二〇二八年夏季五輪を開催することになったのか、また、この突拍子もない企てがロサンゼルスのオリンピック史という少し広い文脈のなかにどう根を下ろしているのか、を説明する。ロサンゼルスでは一九三二年と一九八四年にオリンピックが開催された。この章では、あまり知られていない過去の大会の負の側面を、特に、支持者たちがしばしば全面的な成功として持ち上げる一九八四年の夏のオリンピックについて、明らかにする。また、アメリカの左翼が生んだ政治集団としてはここ数十年で最も希望の持てるものであるDSAと、ノーリンピックスLAキャンペーンを紹介し、彼らが表明している短期目標、長期目標に照らして、その創造的な社会介入を分析する。最後に、DSA版の社会主義とそれがどのように、より広い反資本主義のトレンドと親和性を持っているかを詳しく分析する。

スポーツが異なる手段による政治であるのは明らかだ。第3章では、オリンピック決定の新陳代謝が、ロサンゼルス庶民の政治的ニーズのそれとまったく嚙み合っていないというノーリンピックスLAの主張を検討する。ノーリンピックスのアクティビストたちは、メンバーの才能を存分に活かした創造的な抗議活動を展開しながら、オリンピック組織関係者たちのつまずきに乗じて力をつけてきた。ノーリンピックスLAメンバーの多くはハリウッドで働いており、制作のスキルは本物だ。また、目的を持った効果的な文章が書けるジャーナリストもいる。この章では、ノーリンピックスLAのインサイド・アウトサイド戦略、ユーモアの活用、そして、新しい参加者を集め、連帯を強化する方法として、オリンピック関係課題での闘いとそれ以外のロサンゼルスの課題での闘いの間を行き来するアプローチをどのように採用していったのかを詳しく見ていく。オリンピックが開発、政治、社会政策に対して非常に大きな影響を及ぼす巨大事業になったために、DSA-LAのアクティビストたちは、オリンピックをスポーツイベントと言うのはトウガラシスプレー［催涙スプレーの一種］を食品だと言い張るようなものだ、つまり、五輪の巨大な力の影響はスポーツイベントどころではない、というアプローチをとった。ここではまた、東京での二〇二〇年大会の一年前に合わせて、ノーリンピックスLAも協力して開催された、反五輪サミットの分析も行なっている。

私たちは、オリンピックの歩みにおいて重大な旋回軸上にいる。第4章は、ハイレベルのアスリートとしての自分の経験——私はかつて、オリンピックのアメリカ代表チームにいたプロサッカー選手だった——が、私の分析をどう屈折させているかの考察から始まる。私自身アスリートとして政治的な意識に欠けていたが、オリンピックにはポジティブな社会的力があると、社会一般で単純に信じられていたことに似ている。この章では、五輪指導者たちの大層なお約束にもかかわらず、二一世紀のオリンピックを蝕む多くの問題の兆候を見せている東京2020夏季五輪の政治問題について論じる。また、連中の頭のなかで優先順位がひっくり返されるような五輪の入念なリメイクのアイデアも提示している。あまりに長い間、開催都市はオリンピックに奉仕してきた。もういい加減にオリンピックが開催都市、特にそこで暮らす庶民のために奉仕し始めるべき時だ。確かに、処方箋を書くのはリスクのある営みだ。マルクスは「事実を〔……〕批判的に分解する」かわりに「未来の飲食店のための調理法〔……〕を書[10]」くことには釘を刺しているが、本書において私は、「公式では歴史はつくり得ない[11]」というマルクスの金言を念頭に置きつつも、両方をやってみるつもりだ。ノーリンピックスLAのアクティビストたちはオリンピックのあり方を改めるということにはきわめて懐疑的で、そうではなく、「オリンピックはどこにもいらない」というアプローチをとっている。これは至極もっともなことなのだが、私はこの事実を認識しつつ改革を提示する。また、国境を超える異議の表明、およびアスリートのアクティビズムという、オリンピック政治の二つの重要なフロンティアについて論じる。

二一世紀のさまざまな社会的公正を求める運動がこぞって、ますますオリンピックというイシューで火花を散らすようになっている。これはどうしてなのか、また、二〇二八年の大会へと準備が進むロサンゼルスにはそれがどう当てはまっているか、本書はそれを検討するものだ。執筆にあたって依拠したのは、反五輪アクティビストへの延べ一〇〇回を超えるインタビュー、ロサンゼルス、リオデジャネイロ、ロンドン、東京の抗議行動での自分の体験、学術研究、マスメディア・独立メディアの報道、オリンピックのアーカイブである。私が目指すのは、『ニュー・レフト・レヴュー』誌の論説で、「社会主義の任務は、人々に彼女／彼らがいるところで会うことだ。この人々がほろりときたり、夢中になったり、感動したり、苛立ちを覚えたり、胸が悪くなったりするところで。これは違うという思いを発展させ、同時に、社会主義者の運動に、私たちが暮らすこの時代とこの暮らし方と直接に関わる何らかの意味合いを与えるために」と書いたスチュアート・ホールの精神に習うことだ。スポーツは世界中で大人気であることを踏まえ、反五輪アクティビズムのアクティビストたちは「人々に彼女／彼らがいるところで会う」ことに努めてきた。そして、それは、本書がしようとすることにほかならない。すなわち、草の根のアクティビストたちがオリンピックを使って、ホールが「資本主義のなかに生きざるを得ない人々の想像上の抵抗——社会的不満の成長点、心の奥底にあるニーズの投影」[12]と呼ぶところのものを実行している瞬間瞬間を分析することだ。本書は、不利な闘いに挑むアクティビストたちの数々の物語と、変革の政治を内包する社会主義者たちの「想像力に富んだ抵抗」とを一つに織り上げようという私の企てである。

第１章

オリンピックと反対運動の歴史と事実

2019 年 7 月 24 日、「新宿で一番熱い抗議デモ」を合言葉に行なわれたオリンピック反対のデモ行進（本文 163〜166 頁参照）。最前列の左から２人目が著者ボイコフ（撮影：鈴木崇峰）

1……社会的公正を求める運動としてのオリンピック批判

一九八四年、ロサンゼルス夏季オリンピックの組織委員会関係者は、堂々たる愛国的演出を一筆加えて彼らの五輪スペクタクルをさらに盛り上げたいと考えていた。そのために彼らは、ある鳥に無理を強いた。断わっておくが、ありきたりの鳥ではない。アメリカ合衆国の最も象徴的な鳥であり、当時、絶滅の危機に瀕していたハクトウワシだった。そのワシ――名は「ボマー［爆撃者］」といった――は一九八四年オリンピックの開会式で、ロサンゼルス・メモリアル・スタジアムの上空高く堂々と舞うべく訓練されることになっていた。

当初、米国魚類野生生物局はボマーの貸し出しに乗り気ではなく、メリーランド州ローレルのパタクセント野生動物研究センターの職員は依頼を断った。センターの繁殖主任ジェイムズ・カーペンター博士によれば、すると五輪組織関係者たちは攻勢を強め、ロサンゼルス・オリンピック組織委員会のある役人が、引き渡し請求は「ホワイトハウスの支持を得ている」と言ってきた。内務省は、大統領命令に逆えば悪い影響を免れられないという圧力に折れ、ボマーを国土の反対端のロサンゼルスまで送った。が、五週間後、このワシは敗血症で死んでしまった。[1]解剖の結果、ボマーは急性の細菌感染症と血管虚脱に罹患したことがわかった。『ニューヨーク・タイムズ』紙はこのワシが「スモッグ起因の、じん肺という肺疾患」に罹っていたと報じた。[2]もちろん、ロサンゼルスのスモッグは悪名高い。

セレブを専門にするタブロイド紙の『ピープル』は、ボマーはたぶん「一九八四年の夏季五輪で一番の貧乏くじを引いた悲劇の主人公だ」と書いた。[3]数十年後、反五輪グループのノーリンピックスＬＡ（NOlympics LA）のアクティビストたちは、オリンピックに苦しめられたのはハクトウワシのボマーだけではないと主張している。ロサンゼルスの庶民――特に、その最も周縁化されたコミュニティの人々

――も大きな代償を払った。ロサンゼルスはオリンピックを機会に、警察の軍事化を進め、警察トップのダリル・ゲイツが「オリンピック・ギャング掃討」と呼んだ計画を実行した。[4] ゲイツの指揮下、オリンピックでロサンゼルスが世界中のメディアからスポットライトをあびている間、市のイメージを損ねるようなことがいっさい起こらないようにと、大会中とその前後、市街南部はロサンゼルス市警の警官だらけになった。警察は、オリンピックを見に来た観光客が集まる可能性がある中心地からホームレスを一掃した。[5] こうしたポチョムキン的◆警察活動は、ロサンゼルスを、観光客や世界最大のスポーツイベントを目当てにロサンゼルスに来臨する世界からの賓客たちにとって安全なところにすることが狙いだった。

一九八四年ロサンゼルス夏季五輪における、ボマーを使った演出計画は、本書の議論に実感を与える重要な教訓をいくつか指し示している。第一に、オリンピックの壮麗さ、壮大さの追求は、大・小、人類・非人類、はっきり目に見えるもの・目立たないもの、といったさまざまな外形を持つということ。第二に、アクティビストたちが、オリンピックの欠陥や誤謬を取り上げて、スポーツ・メガイベントの開催都市になることの真の社会的経済的コストに関する深刻な問題点に、ますます疑問の声を上げるようになっていることだ。

話は、二〇一八年六月に飛ぶ。私はスキッドロウ地区［ロサンゼルスの貧困地区セントラル・シティイーストの別名］の中心部にあるロサンゼルス・コミュニティ・アクション・ネットワーク（LA－CAN）を訪ねた。スキッドロウ地区はブルーシート、テント、そして悲劇でできた急拡大中のバントゥースタン◆といった場所だ。マイク・デイヴィスは『要塞都市LA』で、スキッドロウ地区を、ロサンゼルスの「野外救貧院」、「おそらく世界で最も危険な一〇ブロック平方」と表現した。[6] 貧困の悲惨さのスケールに息を呑む。今日、スキッドロウ地区は五〇

◆**ポチョムキン的**　貧しい実態や不利となる実態を訪問者の目から隠すために作られた、はりぼての施設などを指して「ポチョムキン村」と称する。

◆**バントゥースタン**　南アフリカ共和国政府の人種分離政策によってつくられた南ア共和国内のアフリカ人自治地域。

ブロック超にわたっている。ノーリンピックスＬＡの二人のアクティビスト、ジョニー・コールマンとマイケル・スタインボーンが案内をしてくれて、私をＬＡ－ＣＡＮのオーガナイザーの一人、ジェネラル・ドゴンに紹介した。彼は、私たちの手をガッチリ握って握手すると、ＬＡ－ＣＡＮがノーリンピックスＬＡと共同で近々行なう抗議行動のための計画立案モードに切り変わった。後で私はのんびり階段を上がって、屋上庭園に出た。野菜や果物でいっぱいの砲金でできた桶が並び、黒々とした土からイチゴやトマトが空へ向かって伸びていた。スキッドロウ地区は空間的に人種隔離を映す暗いモニュメントかもしれないが、しかし一部の人にとってここは希望の地、政治的反撃の停泊地だ。

ロサンゼルスはオリンピックと特別な関係がある。一九三二年と一九八四年の夏季五輪はここで開かれた。どちらの時も、組織関係者たちはさまざまな適応策と革新策を導入し、それが今日でもオリンピックに影響を残している。ロサンゼルスはまたも、二〇二八年の開催予定地となった。今回はかつてない状況下でのことだ。二〇一七年九月、高まる批判と反五輪キャンペーンのプレッシャーを感じていたＩＯＣは、二回の大会開催地を同時決定した。二〇二四年のパリ、二〇二八年のロサンゼルスである。じつはＩＯＣは混乱のなかにあった。二〇二四年大会については、当初五つの候補地が発表されていたが、アクティビストの巻き返しと政治的な支持の不足で三都市が撃沈していたのだ。

ロサンゼルスでの反五輪の反撃は、たいへん活発なアメリカ民主社会主義者・ロサンゼルス支部（ＤＳＡ－ＬＡ）の隆盛と同じタイミングで起こった。アメリカ民主社会主義者（ＤＳＡ）は、ノーリンピックスＬＡのキャンペーンがオリンピックという圧倒的な経済力をほしいままにするマシンに体当たりするのを戦略的に盛り上げ、ロサンゼルスの社会運動に命を吹き込んだ。ＤＳＡのロサンゼルス支部（ＤＳＡ－ＬＡ）は会員数一五〇〇人を誇る全米で最大の分会の一つで、ＬＡセントラル、サンフェルナンドバレー、ウェストサイドの三つの分会がある。新入会員の大幅増をはかり、コミュニティ連帯のネットワークを支える方法として、反五輪という時代精神（ツァイトガイスト）を受け入れることになった。ＤＳＡ－ＬＡのグロリア・ギャラードは私にこう言った。「オリンピックはＬＡが抱えている多数の問題、すなわち、住宅、ホームレス、軍事化、滞在許可証を持たない人々の国外退去、といった問題を悪化させる恐れがあります。LAのアクティビストが展開している多くの闘いのシンボルなのです」[7]。メンバーの多くがハリウッドやジャーナリズムの分野につながりがあり、クリエイターとして優れたスキルを持っている。DSA-LAで活発に活動しているメンバーの一人は、ケーブルネットワークの『アダルト・スイム』にくだらないジョークを書くのが嫌になったので、自分の創造のエネルギーをノーリンピックスLAに注ぎ込もうと思ったのだ、と私に語った。

米国の左派はセクト分裂の激しさで知られている。このため、DSAが合併によって結成されたことは注目に値する。一九八二年、民主社会主義者組織委員会（DSOC）が新アメリカ運動（NAM）と一緒になってDSAができた。DSOCは一九七三年、社会党の右傾化を受けて生まれた。発案したのは、『もう一つのアメリカ——合衆国の貧困』［邦訳、日本評論社、一九六五年］で知られる知識人にしてアクティビストのマイケル・ハリントンである。NAMは一九七二年スチューデンツ・フォー・デモクラティック・ソサエティ（民主的社会を目指す学生たち）などのグループから熱心なニュー・レフト支持者が集まって創設された。ハリントンとその同志たちは、アメリカにおける社会主義への解放の道として「ヴィジョンある漸進主義」を唱えた。これは、革命ではなく進化による社会主義である。強固な二大政党制というアメリカの政治システムに、第三党が実のある形で入り込める可能性がほとんどないことを認め、民主党内で活動することをリスクはあるが必要な戦略として採用した。漸進的な狭い要求に安住することは、社会主義をより広い意識へと進めるにはけっして十分でないだろうが、連帯、公正、自由といった価値に戦略的に焦点をあて続けることで、社会主義は「経済的社会的構造に起因する世界の不必要な悪を終わらせる」ための枠組みを提供できるかもしれない。政治プロセス、労働現場、新たに起こってきたコミュニティスペースの「民主社会主義化」は、日常政治の泥を踏みつけて歩きながらも社会主義者のヴィジョンを維持するのに不可欠だった[8]。

今日のDSAは、これに似た種類の、急進的民主主義を実践しようとする広い意味の社会主義を推進している。ウェブサイトにはこうある。「私たちの社会主義の根本には、民主主義への深いコミットメントがある。〔……〕明日直ちに資本主義が終わるなどということはありそうにないため、当面ＤＳＡは、企業の力を弱め、働く人々の力を増大させる改革のために闘う」。こうした改革とは、政治における金の役割を低下させる、労働者をエンパワーする、ジェンダー間・文化間のより衡平な関係を作る、などが含まれる。民主主義の実践は、手段としても目的としても、ＤＳＡのプログラムの中心にある。「私たちのヴィジョンは、私たちの人生まるごとに影響する選択や関係に対して、人々が本当の意味で発言できる社会である。私たちはこのヴィジョンを、民主社会主義と呼ぶ。より自由で、より民主的な、より人間らしい社会のヴィジョンである」[9]。これは、どこに対してもまったく同じ方法論を適用して、革命で一刀両断に社会を転換するのではなく、むしろ、急進的な民主主義の実験を通して実現する社会主義である。エリック・オリン・ライトの示唆するところでは、民主社会主義が足場を得るために最適なシナリオは、単一の、トップダウンの選択肢ではなく、「多様な形の参加型の計画づくり、公的企業、協同組合、民主的に規制された私企業、市場、およびその他の制度的形態を合わせたもの」を含む可能性が高い[10]。非資本主義者的な方法での交流のあり方――協同組合や仲間どうしのシェアリング、公共的な金融など――を同時並行して運営すれば、資本主義の腐食と解体を同時に進められるだろう。

ヴァージニア州選出で民主社会主義者を自称する、二〇一八年に最も人気のあった上院議員バーニー・サンダースが大統領予備選に立候補したことは、ＤＳＡにとって非常に大きな追い風になった[11]。二〇一五年一一月、サンダースはジョージタウン大学で行なったスピーチで、自身のアメリカ合衆国での民主社会主義のヴィジョンの概要を述べた。その根っこは大恐慌時代のニューディール政策の伝統にある。フランクリン・デラノ・ルーズヴェルトのニューディール政策プログラムを論じて、サンダースはこう述べている。

また、ところで、彼が提案したことは、ほぼすべて「社会主義」だと言われたのです。社会保障はこの国の高齢者の生活を一変させましたが、これは「社会主義」とされました。「最低賃金」の概念は市場への急進的侵入とみなされ、「社会主義」と言われました。失業保険、児童労働の撤廃、週四〇時間労働、団体交渉、強力な銀行業規制、預金保険、何百万という人々の就業を実現した就労プログラム、これらはみな、何らかの意味で「社会主義」だと言われたのです。しかし、こうしたプログラムはわが国の基礎構造となり、中流層の基盤となりました。[12]

サンダースは、メディケア◆とメディケイド◆が行き渡ったリンドン・ジョンソンの偉大な社会（Great Society）政策についても言及し、こうしたプログラムは「右翼からは、アメリカ的な生き方への脅威となる社会主義政策だと冷笑された」とそれとなく語っている。[13] サンダースはマーティン・ルーサー・キング・ジュニアの言葉――「この国では金持ちのための社会主義があり、貧乏人のための厳しい個人主義がある」――を借りてから、最低賃金を時給一五ドルに上げる、法人税と富裕層への増税、高等教育へのアクセス向上、大胆な気候変動対策、といった具体的な考えや政策で民主社会主義を表わした。彼は聴衆に、民主的実践を再活性化するよう訴えた。かつて「社会主義者」という言葉は、左派を嘲笑い、周縁化するのに使われる万能の侮蔑語だったが、時代の言説は変化している。二〇一八年八月のギャラップの世論調査では、民主党員の五七％が社会主義を肯定的に見ている一方、資本主義を肯定的に考える者は四七％しかいなかった。二〇二〇年大統領選挙の一年前に行なわれた別の調査では、ミレニアル世代の一〇人中七人が社会主義者に投票してもよいと考えていると答えている。[14] そしてこのミレニアルという世代は、近いうちにベビーブーマーを抜いて最大の有権者層になろうとしている。[15] 資本主義の失敗が社会主義にまつわるタブーを蒸発させているのだ。

◆メディケア　六五歳以上の老人を対象とした老人医療保障制度。
◆メディケイド　低所得者を対象とした医療扶助制度。

全米各地のDSA分会はサンダースが説明した政策や原則を政治的抵抗の柱に転換している。ホームレス人口が六万人前後、あるNPOによれば一〇万人以上とも言われるロサンゼルスで、DSA－LAの住居・ホームレス問題委員会はこの分会で最も活発に活動しているグループの一つとなった。[16]ノーリンピックスLAキャンペーンは二〇一七年五月、この委員会から生まれ、過去に起こった反五輪運動で最も成功した取り組みと一致するインサイド・アウトサイド戦略を採用してきた。パートナーとなっている団体は、LA借家人組合、ヴェテランズ・フォー・ピース（平和を求める退役軍人の会）、ブラック・ライブズ・マター（BLM）などである。ノーリンピックスLAメンバーのジョニー・コールマンとマイケル・スタインボーンが私にスキッドロウ地区などの市内を案内してくれた時、彼らは意気揚々としていた。前日、DSAメンバーとして下院議員に立候補していたアレクサンドリア・オカシオ＝コルテスがニューヨークの予備選で、一〇期務めた現職で、民主党院内会派の指導部入りを目指していたジョゼフ・クロウリー議員を破ったのである。[17]あの時は何でもできるように見えた。コールマンとスタインボーンは、オカシオ＝コルテスの勝利がどうDSAに弾みをつけるか、また、これで、LAを含めた全米各地の分会で、地方や連邦レベルの選挙に候補を立てることになるかもしれない、と議論していた。

世界の反五輪アクティビストたちは、より広いアクティビスト・コミュニティから指針を得ていた。それは、闘いを通じてアクティビストたちが共有するようになった政治的ヴィジョンを生んだ社会的公正を求める運動の長い軌跡から導き出されたものである。今度は、オリンピック開催地ではない都市の現代のアクティビストのコミュニティも、オリンピックの前と大会中に社会的公正を求めて闘う、五輪に批判的な人々の抜け目ない戦術と協働活動から教訓を学ぶことができる。ノーリンピックスLAとDSAは本書の主要な登場人物ではあるが、より大きな抵抗のキャンバスのなかにいるのである。本書は反五輪の取り組みをより広い、公正を求める闘いとアメリカ合衆国における社会主義の復活のなかに位置づける。

はっきりさせておこう。オリンピック招致への関心低下は顕著であるものの、オリンピック、特に夏季大会は、非常に人気のあるイベントだ。何と言おうと、オリンピックには、多種多様な競技の世界最高のアスリートたちが集い、たっぷりのドラマに壮麗さを加えたもの以上の、圧倒的な、人類の可能性の極限を披露するのだ。加えて、女性アスリートを売り込む世界規模のスポーツイベントという点で、オリンピックに勝るものはない。二〇一八年の韓国平昌での冬季大会では、NBCは全体の五二%を使って女性アスリートの活躍を放送した。同社は、冬季大会のプライムタイムで男性より女性の放送が多かったのはこれが初めてだという[18]。若い人、おそらく特に少女たちにとって、メディアで女性アスリートが報じられるのを見るのは非常に重要なことであろう。

オリンピックアスリートは他の意味でもロールモデルになっている。今日では多くのオリンピック選手たちがアスリートの社会運動という時代精神に乗って、政治問題や社会問題について声を上げ、アスリートといえども脳みそをオリンピックの入口で預けておくスポーツ・ゾンビである必要はないのだということを示している。一部のアスリートは、オリンピックの仕組み全体に真摯な批判を向けてすらいる。それは自分のキャリアを危険にさらすことを意味するかもしれないのに、だ。私自身もオリンピックスポーツ熱の魅力に抵抗しきれたわけではなかった。私は以前アメリカ合衆国オリンピック・サッカーチームの一員として何度もプレーした。フランスでの国際トーナメントで、ブラジル、ユーゴスラヴィア、チェコスロヴァキア、ソ連と対戦したこともある。その後はプロサッカー選手として四年プレーした。私はトップレベルのスポーツ選手がどれほど競技に人生を賭けているかを自分の実体験として知っているし、それは素晴らしいと思っている。

2……今日のオリンピックは〝資本主義の化け物〟である

一九八〇年代末から一九九〇年代初めの、私がアメリカ合衆国代表オリンピック・サッカーチームの一員としてピッチを走っていたころ、IOCは小ずるい資本主義戦略に走り、頼れる企業パートナー候補を何社か確保しようとしていた。今日、ワールドワイド・オリンピックパートナー・プログラムという名称になっているスポンサープログラムの一環である。私は当時そういったことに恥ずかしいほど無知だったのだが、オリンピック界の大物たちはその先数年の大会を支えるのに役立つ企業からの金の蛇口を開こうとしていた。アメリカのロナルド・レーガン大統領とイギリスのマーガレット・サッチャー首相がマクロ経済をすっかり変容させていた真っ最中のことだ。この二人は、スチュアート・ホールが言うところの「新自由主義革命」によって資本主義を牽引した政治家であり、その政策は、公共資産の民営化、大胆な再編成と称した完膚なき規制の骨抜き、社会関係の市場化、金融化された擬制資本のより制約のない支配、歴史を動かすのは何よりも所有を欲する個人であり国家は非効率でおそらく暴君ですらあるという執念、を特徴とする。「新自由主義には多くの変異型がある」とホールは言う。新自由主義は「一つのものではない」社会的政治的景観を支配しつつも、「進化し、多様化する」[19]。第2章では、新自由主義的資本主義についてより詳しく論ずる。また、ノーリンピックスLAがそのプラットフォームでどのように「資本主義寄りの地方政治」を非難しているかを説明する。ロサンゼルスで生まれ育ったノーリンピックスLAのアクティビストであるレイチェル・レイェスは、私にこう言った。「社会主義者には、オリンピックを支持することなんかできません」[20]。

今日のオリンピックは資本主義の化け物だ。私が全米代表チームでサッカーをしていたころに勢いをつけ始めていたものが、今や何倍もの大きさに膨れ上がっている。五輪のトップスポンサーには世界で最も大きな力を持つ企業がそろっている。コカコーラ、アリババ・グループ、アトス、ブリジストン、ダウ、GE、インテル、オメガ、パナソニック、P&G、サムスン、トヨタ、ビザだ。二〇一九年六月、中国の巨大乳業メーカー蒙牛がコカコーラと、史上初の共同オリンピックスポンサー契約を結んだ。期間は二〇三二年までだ[21]。これらのワールドワイドスポンサーが二〇一三年から二〇一六年までの四年間に提供した金額は、じつに一〇億ドルを超える[22]。二〇二一年には、前記の一三社にドイツの保険会社アリアンツが加わり、二〇一七年六月にマクドナルドがオリンピックと手を切る決定をしたために生じた穴を埋めることになる[23]。

「オリンピックは、二〇〇を超える国と地域の、何十億という人々に届く、世界で最も効果的なマーケティング・プラットフォームです[24]」と主張するIOCのマーケティング・プロパガンダは、確かに真実を突いている。何しろ、二〇一二年のロンドン大会は二億一九〇〇万人がNBCテレビの画面に見入ったのだ。四年後のリオデジャネイロ大会は二億人近くがテレビ観戦した。二〇一六年のリオ大会は数字の上では、二〇〇〇年のシドニー大会以降で最もテレビ視聴者が少なかったオリンピックではあるが、一億人以上がライブストリーミングでオリンピックの各種イベントを見ており、これまでオリンピックを見ていなかった人々や若年層を取り込んでいる。冬季大会は夏季に比べて参加国数がはるかに少ないが、テレビ視聴者はこちらも非常に多い。二〇一八年の平昌大会の視聴者は二〇一四年のソチ大会より少し少なかったが、それでも二週間以上にわたり、ABC、CBS、FOXの各局合計を上回るトップ視聴率をたたき出した。世界人口の四分の一以上、約二〇億人がテレビかオンラインでオリンピックを見たのである。二〇一六年八月のリオ大会終了時に発足したオリンピック・チャンネルは、世界中のスポンサーが商品とサービスを売り歩く新たなプラットフォームになった[25]。

そして放送収入がある。これによって、二〇一三年から二〇一六年までにさらに四一億ドルがIOCに入った[26]。企業からIOCへ流れた金のうち、このタイプは、かなりの部分アメリカの放送局NBCが献上している。二〇一四年から二〇二〇年の五輪独占放映権として同社から四四億ドルがIOCに転がり込んだ。NBCはさらに二〇二一年から二〇三二年までの分として七七億ドルを払っている。不思議でも何でもない。二〇一六年のリオ大会では視聴率は下がったが、史上最高となる二億五〇〇〇万ドルの収益が上がったのだ[27]。ある意味、オリンピックは、開催都市の住民にこの体験をもたらすものというより、テレビのためのイベントになったのだ。

資本主義は抜け目なく、その姿を自在に変える。オリンピックはその多彩な形態の覗き窓となる。資本主義は政治的文脈、地理、そして伝統によってその形を変える。政治経済学者のジェフ・マンの言葉は私たちが忘れがちなことを指摘している。「実際には、現存する資本主義は幅広く[28]」、それらが同時に展開している、という。時には、新自由主義の路線に沿って経済関係が形づくられるが、しかし、また別の時には、民営化、規制緩和、金融化、「市場に決定を委ねる」、といった規範に従っていない。以前私は、オリンピックは新自由主義というよりむしろ、資本主義の策謀一般に関わるものだと論じた。[29]五輪スペクタクルの経費負担や警備において国家は、こうした基盤となる責任を民間に委ねるより、むしろ不均衡な役割を果たす。

新自由主義の原則は確かに一部の側面では重要だが、こうした原則だけではオリンピックの政治経済学をきちんと理解できない。むしろ、われわれの目に映るのは私が「祝賀資本主義」と呼ぶ、ナオミ・クラインの「惨事便乗型資本主義」[30]のもっと晴れやかな顔をしたいとこのようなものだ。祝賀資本主義が乗じるのは、クラインが『ショック・ドクトリン――惨事便乗型資本主義の正体を暴く』でありありと描き出したような惨事ではなく、楽しいお祭り騒ぎである。どちらの形の資本主義も、政治的規範が適用されない例外的な状態で起こるが、クラインが書いた破滅的大変動とは異なり、オリンピックは社会が熱狂する瞬間に繰り広げられる。もちろん、オリンピックは誰にでも平等にお楽しみの機会をもたらすわけではない。富裕層やコネに恵まれた人々は五輪から利益を得る傾向があるが、一方で、すでに貧しい人々、周縁に置かれた人々の困窮は往々にして深まり、後戻りがきかないようにされている。オリンピックはトリクルアップ経済学の攻めの一手だが、ロサンゼルスのアクティビストたちは、そんなトリックはもうお終いだ（the trick is up）、と主張する。

社会主義者たちは長らく、不平等の蔓延、権力の不均衡、階級的暴力を糾弾してきた。一九〇〇年代初め五回にわたり社会党の大統領候補となったユージン・デブス――ジョン・ニコルズが「同時代で最も偉大な社会党アジテーター」と評した人物――は、治安法のもとで告発された際、こう言っている。「私は、役に立つことをまったく何もしない者が何億ドルもの財産を蓄えることができる一方で、一生を通して毎日働いている何百万もの男女が、みじめな暮らしを何とか続けられるだけしか稼げないような社会秩序には反対だ[31]」。一％の資本家が勤労者から余剰価値を吸い上げていることを早い時期に言い表わしたこの言葉は、昔から社会主義者たちの主要な議論である。連帯と知性で容赦のない資本家という敵に立ち向かう、というのが、社会主義者たちの焼き上げたレトリックだ。DSAナショナル・ディレクターのマリア・スヴァートが二〇一八年一二月に述べたように、「グリーン雇用、エネルギー民主主義、そして私たちに毒を盛り、私たちを分断する資本家階級に対抗する、国際的な労働者階級の連帯、これを掲げて私たちが団結できれば、社会主義と民主主義は勝利するだろう！」[32]。DSAは、正義は分断不能であり、国境を越えるものであるという基本原則のために闘っている。

二一世紀、私たちは、不平等の拡大、民主主義の不足、気候の激変という三つの核心的な相互に絡み合った要素を持つ三重の危機に直面している。DSA－LAは、この三つの分野をすべてノーリンピックスLAのキャンペーンに取り込み、資本主義こそが主犯であると訴えている。DSAは、資本主義の惨禍に対する直接的な反応であり、鋭い非難でもある今日の左翼運動の爆発の一環である。洞察力に富んだ長年の分析者であり、資本主義の鋭い批評家ナンシー・フレイザーは、「われわれは資本主義の一時代を画する危機の断末魔のなかに生きている」[33]と主張しているが、DSA－LAはフレイザーの主張が真実であることを認識しているのだ。

3……オリンピック批判の論点

オリンピック開催の弊害について一般社会でより知られるようになり、また、招致への関心が低下しているために、オリンピックは長期にわたって脆弱な状態にある。しかし、トーマス・バッハIOC会長の二〇一九年の「新年メッセージ」を読んでもそれに気づく人はいないだろう。二〇一八年を振り返って、バッハは、体操、テコンドー、水泳などのスポーツを混乱させた性虐待事件を無視した一方、朝鮮半島の平和へ道を開いたことを自らの手柄とした。広範囲にわたるロシアのドーピング・スキャンダルへのIOCの対応については、「すべての選手を正当に遇した」、また「ロシア・オリンピック委員会には制裁が課されたと主張し、「ロシアからのオリンピック選手」という呼称を使ってロシア人を大会に招待したことが記号論的歪曲主義の稽古だったとは認めなかった。二〇一三年に開催都市に選ばれた時には七三億ドルだった東京大会の予算は、その後三倍の二五〇億ドルに膨れ上がったにもかかわらず、バッハは「東京のようによく準備ができているオリンピック都市はこれまで見たことがない」などと大げさにまくしたてた。[34] IOCは、自らの選択的倫理観を呪文にして、オリンピックはすべての美徳を映し出すものであるという蜃気楼を喧伝しているのだ。

しかし、こうしたバッハの厚顔な主張とは裏腹に、スポーツ・メガイベントは近年、大きな社会的・経済的問題を引き起こしており、かなりの批判も上がっている。オリンピックは、開催都市に現存する問題を増幅する傾向がある。アクティビストたちは、オリンピックへの批判の高まりを利用し、オリンピックがどのように開催都市の一般住民に直接的な影響を与えているのか説明している。批判には、(1)過剰支出、(2)五輪後は使われず維持費を食いつぶす白象［無用の長物］のスタジアム、(3)立退きとジェントリフィケーション、(4)公共領域の軍事化、(5)グリーンウォッシング、(6)偽りの約束、という六つの分野がある。

オリンピックは、天文学的支出の同義語になってしまった。オリンピック推進派は、招致過程◆ではコストをわざと低く見積もり、開催時までにはそれをふくらませるという、エッチ・ア・スケッチ経済学の悪名で知られている。[35] が、問題は、IOCとの契約書のひな形によると、すべての超過費用に対して、IOCではなく開催都市が全面的に責任を負うことになっていることだ。オックスフォード大学の研究者たちが、信頼できるデータが存在する一九六〇年から二〇一六年の間に開催されたすべてのオリンピックを調査した結果、全大会で開催費用が当初予算をオーバーしたことが明らかになった。開催都市と予算超過した大会をベン図として描くと完全に重なった丸になる。コスト超過率の平均は実質一五六%で、他のメガプロジェクトよりもかなり高いものだった。[36] 最もひどかったのが、一九七六年のモントリオール夏季五輪で、当時のジャン・ドラポー市長が「モントリオール・オリンピックが赤字になることは、男が子どもを産むことくらいあり得ないことだ」という、今や悪名高い主張をしたにもかかわらず、七二〇%の費用超過だった。[37] 冬季オリンピックのワースト一位は、一九八〇年のレークプラシッド大会（三二四%）で、二〇一四年のソチ大会（二八九%）がこれに続く。[38] ソチ大会の支出は五一〇億ドルにのぼり、これ以前の冬季大会すべてを合わせた額を上回った。[39] オックスフォードの研究者たちは「大会の平均コストが高いことに、開催を検討しているあらゆる人々が警戒を抱くべきだ」と結論づけている。[40] イギリス人は、このことを身をもって知っている。ロンドンが二〇一二年の夏季大会に立候補した際、費用は三八億ドルとされていたが、結局一八〇億ドルに跳ね上がった。反五輪アクティビスト団体ゲームズ・モニターのアクティビストであるジュリアン・チェイニーの推計では二一〇億ドル、公共交通機関のアップグレード費用を含めて計算したスカイスポーツの調査では、三八〇億ドルという数字になっている。[41]

五輪の会計帳簿はごまかし満載だ。しかし、オリンピックに使われた金の背後には、これを教育、医療、住宅といった社会的に生産的な活動に充てることができたかもしれない機会損失がある。加えて、政治家や都市計画専門家のマンパワーはこうした社会的に有益な分野ではなく、オリンピックのためにつぎ込まれてしまう。さらに、オリンピックによって搾取的な労働条件が強化され、大会運営が多数のボランティアに依存するために、恐ろしい人的被害があり得る。

そして、オリンピックの費用は大会終了で終わるものではない、と覚えておくことが重要だ。スポーツスタジアムやその他の会場の維持費は非常に高額になることがある。近年のオリンピック史は、「白象」とも呼ばれる不適切支出の荒涼たるモニュメントだらけだ。二〇〇四年のアテネ夏季五輪で使われたソフトボール場とビーチバレースタジアムは、今では放置され、雑草やゴミが散乱している。水泳会場とカヌー・スラロームのコースは、完全に打ち捨てられている。[42] アテネ五輪の会場で最も社会のために生産的に利用されたのは、難民のための一時的なテント村が設営された野球会場ではないだろうか。[43] 二〇〇六年の冬季大会が開催されたトリノも同様で、難民や移民が選手村を占拠し、アパートに転用している。[44] 平昌

◆**エッチ・ア・スケッチ**　くしゃくしゃと消して簡単に書き直せるお絵かきおもちゃ。

では、二〇一八年冬季大会のために建設された四つの会場が、高額な維持費を払うのではなく、取り壊されることになるかもしれない。これはすでに、一会場につき一億ドルで建設された仮設スタジアムが、四回使用した後に壊されたことに加えて、である。[45]「スポーツ・メガイベントでは、白象インフラの増殖と大規模な予算浪費という結果が不可避になっている。もはや意図された結果であると考えなければならない」。地理学者のクリストファー・ギャフニーはこう論じている。[46]

こうした批判はIOCも十分承知しており、二〇一四年一二月に「オリンピック・アジェンダ2020」として知られる四〇の勧告パッケージを評価するために集まった。この会議がモナコで、一九八五年以来のIOCメンバーであるアルバート王子の豪華なもてなしのもとで開かれたという皮肉はさておき、提案の多くはコスト削減を目的としていた。勧告は全会一致で可決された。常にコストを膨らませる要因である会場新設を最小限に抑えるために、「アジェンダ2020」は、開催都市以外、さらには開催国以外でもイベントを開催する可能性を開いた。さらに、招致プロセスが簡素化され、印刷コストと紙の使用量を削減するために、招致文書の電子ファイル化が認められた。また、IOCは、候補都市へのIOC評価委員会の訪問費用や、候補都市代表団によるローザンヌでのブリーフィングのための出張費用を自己の資金で賄うことになった。[47]

二〇一八年二月、IOCは「新規範（New Norm）」プログラムを発表した。これは、「アジェンダ2020」にある大会実施コスト削減のための推奨事項のうち、一握りほどを拡大することを意図したものである。[48] オリンピックに批判的な人々の大半は、こうした調整を、一時しのぎの積み重ね――抑圧的な関係を包み隠す、きらびやかなギフトラッピング――にすぎず、経済学者アンドリュー・ジンバリストが指摘した、オリンピックの開催は「既存の権力構造と不平等のパターンを強化する傾向がある」という批判に応えていない、と見ている。[49] ようするに、オリンピックは、かつては信頼できた車が故障しているようなものだが、これに対してIOCのしたことは、本質的には、その車を修理する代わりに、エンジンチェックのランプの上に色の濃いテープを貼ってごまかしたようなものだ。

地元のアクティビストたちの怒りを煽る、オリンピックがもたらす問題の第三は、競技会場や各種プロジェクトのため勤労者が住む場所を追われることだ。時には強制立ち退きという鉄拳が振るわれるが、ジェントリフィケーションというビロードの手袋のようなやり方の時もある。居住権・立ち退き問題センター（COHRE）によると、二〇〇八年の北京夏季五輪の準備で、一五〇万人が立ち退かされたが、多くの場合、適切な補償金が支払われなかった。強制退去に異議を唱えた人々には「労働による再教育」という、告訴なしに収監する刑が下された。COHREは、北京五輪の組織関係者が「庶民に手の届く家賃の賃貸住宅ストックを破壊した責任があり、当局は住民やアクティビストに対して、嫌がらせ、抑圧、投獄、さらには暴力という戦術を使った」と指摘している。[50]

それ以外では、特に先進諸国の場合、住民追い出しはジェントリフィケーションの形を取る。二〇一二年のロンドン・オリンピックに先立ち、長年住んでいた人々は家賃の上昇に直面し、転居を余儀なくされた。オリンピック後の数年間で、オリンピックが開かれた五つの自治区の一つニューアムは、ロンドン全体で最も大幅な住宅価格の高騰を経験した。[51] この地区がロンドンで最もホームレス率が高いのは偶然ではない。[52] ジェントリフィケーションは合法的な抑圧方法ではあるが、ロサンゼルス出身のレイネル・ジョージが指摘するように、それをはるかに上回るものだ。「ジ、エ、ン、ト、リ、フィ、ケー、ショ、ン――この言葉、そのプロセス、壊して運び去った結果――は、それが脅かすもののことをまったくわかっていない」と彼女は書いている。「非常に特別な独自性、味わい、ストーリー――環境が取り払われ、舗装が敷かれ、作り直される時、私たちはこうしたものをすべて失うのだ」。[53] 人間性の輪郭と骨格が脇に押しやられる。公営住宅は、民間ディベロッパーの事業機会を作るため狙われることが多い。ジェントリフィケーションは、二〇二八年の夏季オリンピックと闘うノーリンピックスLAのアクティビストたちの中心的な懸案の一つである。[54]

激動と抹殺のたくらみは、人の心を深く切り裂く。私はリオデジャネイロで、二〇一六年のオリンピック開催ために押しつぶされようとしているコミュニティを訪ねて、これを目の当たりにした。リオが開催地に選ばれた二〇〇九年から二〇一六年のオリンピック開催までの間に、約七万七〇〇〇人のカリオカたち、つまりリオの住民が住まいを追われている。▼55 私はこの数字の背後にいる生身の人々に出会った。私はしばしばヴィラ・オートドロモのコミュニティを訪れた。ここは、ジャカレパグア湖岸バハ・ダ・チジュカ地区のはずれに位置する、オリンピック・メディアセンターに隣接する駐車場を作るために取り壊される予定の小さな、労働者階級が住むファベーラ［ブラジルにおいてスラムや貧民街を指す］だった。ここで私はエロイーザ・エレアナ・コスタ・ベルトに出会った。カンドンブレ◆を信仰するアフリカ系ブラジル人の彼女にとって、湖はオリシャ、つまり女神が住む特別な意味を持つ場所であり、そのため、立ち退きは彼女にとって、精神的にきわめて重い変化となった。オリンピックが始まる一か月前、私は彼女にヴィラ・オートドロモで会い、小高い丘に登り、鎖で閉じられたフェンスの隙間から、瓦礫の固まりと化した彼女の家をのぞき見た。見ながら、耐えがたい苦しみを覚えた。翌月、私たちは、ワールドカップとオリンピックの人民委員会(Comitê Popular da Copa do Mundo e das Olimpíadas)がオリンピックの開幕に合わせて開催したアクティビストのイベントで話をし、この体験の残虐さについて語った。貧しい人々はオリンピックという宴会に席が用意されないだけではない。彼らこそが宴席で食い散らされる対象なのだ。強制立ち退きとジェントリフィケーションが引き起こす犠牲者の数たるや途方もないものだ。

アクティビストが憤る第四の問題は、オリンピックによって公共空間の軍事化が一気に進むことだ。開催地の治安・警察当局は五輪の予算を自分たちの私的な貯金箱であるかのように使っている。オリンピックが必然的にもたらす例外状態を利用して、平時の政治状況では獲得が難しい資金や武器、装備、特別な法律を手に入れるのだ。これはすべて、テロからオリンピックの舞台を守るという名目で行なわれる。テロは確かに現実の問題だ——一九七二年のミュンヘン大会、一九九六年のアトランタ大会では、そのおぞましい姿を現わした——が、テロリストが登場しなくても、アクティビストはやってくる。そこで警察はアクティビストをねじ伏せ、スポーツ・スペクタクルの滞りない進行を確保するため、多数のハイテク兵器を手元に揃えておくのだ。

さらに、オリンピックのために購入された武器は、終了後、箱に戻して返送されるわけではない。日常の取り締まりの一部となって、使われ続けるのだ。ロサンゼルスの住民は、一九八四年の大会での経験から、このことをよく知っている。歴史学者のマックス・フェルカー＝カンターが指摘するように、「オリンピックの警備のために購入された軍用機器は、麻薬やギャングとの戦争遂行のために再動員された」[56]のである。一般市民が争いに巻き込まれる羽目になった。フェルカー＝カンターは、「連邦警察のリソースを利用し、一九八四年のオリンピック開催から」、「ロサンゼルス市警の街頭を掌握する戦いが、コミュニティ全体に対する全面戦争になった」と指摘している[57]。オリンピックというスペクタクルと、世界中からやってくる観客たちの到着に備えて、街を「浄化する」ため、地元の警察が住民を拘束し、時には逮捕、収監する。こうした軍用機器を使っての治安維持活動により、オリンピック開催都市の一般住民――特に非白人（ピープル・オブ・カラー）のコミュニティ――が被害を受けている。

驚くような兵器が使われることもある。二〇一二年のロンドン大会では、治安機関はマンションなどの市内のビルの上に地対空ミサイルを設置した。民間の警備会社G４Sには必要な警備員を訓練できなかったことがわかると、国防省はアフガニスタンから帰還したばかりの部隊を投入し、五輪に軍隊が華を添えることになった[58]。リオでは、二〇一六年の大会期間中、ロンドンの二倍を上回る八万五〇〇〇人超の治安部隊が治安維持にあたった[59]。アクティビストたちは、このような大規模なグローバル・スペクタクルではテロの可能性があることを認めている。だが、テロ行為を抑止するための武器が、法を守って反対意見を表明する抗議者や、開催都市に住む非白人（ピープル・オブ・カラー）のコミュニティに向けて使われることもあるのだ。

おかしなことに、一九八四年のロサンゼルス大会で悲劇的な運命をたどったハクトウワシのボマーは、オリンピックの犠牲になった唯一の鳥類ではない。四年後の一九八八年ソウル夏季五輪では、開会式の際

◆**カンドンブレ**　アフリカから奴隷として連れて来られた人々がブラジルにもたらし、カトリックへの強制改宗に伴って独自の発展を遂げた黒人密教の一つ。

に主催者が鳩の群れを放ったが、うち数十羽が聖火台の上を飛んで、生きたままジュージューと焼かれるところを世界中にテレビ中継されてしまった。[60] このことは、IOCが一九九〇年代に、エコロジカルな持続可能性を新たなレトリックとして繰り出すのを止めることにはならなかった。しかし、グリーンな言葉と行動の間に急速に生じた亀裂は、反五輪アクティビズムの第五の戦線を開いた。グリーンウォッシング、すなわち、環境配慮のお題目を唱え、エコアクションで点数稼ぎをしつつ、じつはほとんど何もしていないという偽装の告発である。[61]

二〇一〇年バンクーバー冬季五輪に先立ち、五輪に反対する諸団体は、ファースト・ネーションズ◆のアクティビストたちのリーダーシップのもと、バンクーバーとウィスラーのスキー場を結ぶシー・トゥ・スキー・ハイウェイ建設をめぐり、組織関係者に激しい非難を浴びせた。このプロジェクトが、アカアシガエルのような希少種やダグラスモミの成木の林、ハクトウワシの営巣地、その他の保護対象の渡り鳥の種が生息するイーグルリッジ断崖の生態学的にデリケートな湿地帯を危険にさらすものだったからである。[62] ロンドンのアクティビストたちは、オリンピックの主催者が新しいスポンサーカテゴリー——その名もサスティナビリティ・パートナーズ——を作り、ここにBPやEDFエナジーのようなエコロジーが大嫌いな企業が加わっていることを非難した。[63] リオ大会は、汚染がひどいことで知られるグアナバラ湾の浄化を促すことになっていた。が、そうしたことは何ら起こらず、この点はアクティビストの間で頻繁に指摘されている。五輪の開催まで、連日約一億六九〇〇万ガロン（六・四億リットル）の未処理下水がグアナバラ湾に流れ込み続けた。[64] 平昌五輪のスキーコースを作るために、組織関係者が樹齢五〇〇年の森を伐採したことは、レベッカ・キムとジュリアン・チェイニーがロンドンを拠点とした反五輪アクティビスト団体ゲームズ・モニターの活動として、早くからたびたび取り上げている。[65] このうえ、オリンピックやほとんど途切れることなく開かれているIOCの会議に出席するため、関係者が飛行機で移動しているのだから、カーボン・ニュートラルの実現など、ほぼ不可能だ。

アクティビストが五輪に向ける批判の最後は、偽りの約束を提示する偏好である。オリンピック招致には、「レガシー」プロジェクト、すなわち大会後に残る公共の利益が盛り込まれている。しかし、これらのプロジェクトは、招致レースのなかで大々的に宣伝されながら実を結ばなかった、というものがあまりにも多い（このため、私は「レガシー」という言葉を避け、「約束と遂行」という言葉を使うようにしている）。例えば、バンクーバーとロンドンでは、オリンピック期間中に選手が居住するオリンピック村の一部を住宅に転換し、購入しやすい価格で販売することになっていた。両都市とも、建設を担った民間企業は大失敗をしでかし、プロジェクトは実質的に納税者の負担で国有化され、結局、庶民に購入できる家という当初の誓約を撤回した私企業の手に再び戻された。リオでは、公的資金を民間財源に移すことは、少し違った形で行なわれた。[66]選手村の建設は不動産王カルロス・カルヴァーリョに委ねられ、ブラジルの公営銀行であるカイシャ（ブラジル連邦貯蓄銀行）からの二三億レアルの融資により、五輪後はイリャ・プーラ（ピュア・アイランド）という三六〇〇戸以上の高級コンドミニアムに改造する計画でアスリートが滞在する複合施設が建設された。プロジェクトの名前が誤解されないよう、カルヴァーリョは「センスの良い、エリートの街」を作ることが目標だ、とした。「〔……〕このため、貧しい人々のための住宅ではなく、高級住宅である必要があった」[67]。ここからわかることは二つある。選手村建設プロジェクトは偽りの約束をもたらすだけでなく、階級権力の強化にも役立つということ。そして、オリンピック大会は次から次へと大衆を押しのけ置き去りにして、資産家階級の利益に奉仕する手段となってきたということだ。

多くのオリンピック通の間では、ドーピング蔓延に有効な手を打てなかったことも、IOCのデタラメな約束の一つとしてみなされている。IOCのメンバーは、ロシアが少なくとも二〇一三年以来、組織的にドーピングをしていることを知っていたが、にもかかわらず、ほぼすべての重要局面で、ロシア人を怒らせないよう、故意に彼らの嘘にだまされてきた。二〇一六年リオ大会の前夜には、小心にも、ロシア選手の参加資格を決定する責任を国際スポーツ連盟に委ねてしまった。二〇一八年の平昌オリンピックの前

◆**ファースト・ネーションズ**　メティとイヌイットを除いたカナダの先住民の民族の総称。

には、ロシアがドーピングの大スキャンダルに陥っていたさなかにもかかわらず、「ロシアからのオリンピック選手」という姑息な手段を弄して、特定のロシア選手の参加を許した。ＩＯＣは記者会見の演壇ではドーピングを根絶したいと主張している。だが実際には、のろのろすることがオリンピックの正式種目になったかのように対応を遅らせ続けている。

こうした一連の相互に連関した問題は、オリンピック運動を長年にわたって守ってきた信頼の鎧に歴史的な傷をつけた。反オリンピックの立場を選ぶ人々の数は急増しているが、こうした人々も含めて、より多くの世間の人々が、オリンピックは歴史的記憶喪失の長い夜に脈打つ五つの輪の熱にうなされて見た夢にすぎないと結論付けるようになっている。

4……世界の都市で隆盛する反対運動

「ブレッド・ノット・サーカスィズ（サーカスではなくパンを）は、トロントのオリンピックにＮＯと言う」という言葉が、アクティビスト・グループがつくったガリ版刷りの慷慨の詩、「反オリンピックを掲げる人々の招致文書」の最初のページに朗々と唱えられていた。トロントは、元カナダ代表セーリングチームの選手で、一九八〇年のモスクワ大会をボイコットするというカナダの決定によってオリンピックの夢を阻まれたポール・ヘンダーソンをトップに据えて、一九九六年夏季五輪招致の動きを活発化していた。しかし、反貧困アクティビスト、労働組合員、草の根フェミニストの連合であるブレッド・ノット・サーカスィズ――一九八九年三月に結成され、多くの地元政治家にも支持されている――には違う考えがあった。招致チームの文書に対抗して編まれたこのパンフレットは、五輪に反対する人々からは寄せ集めに見えるオリンピック招致チームの優先事項に、庶民の視点から光を当て、大きく三つのポイントを主張している。

(1) トロントの人々の本当のニーズ、すなわち、住宅、良い仕事、保育、安全できれいな街、地域に根ざしたスポーツ等々が優先されなければならない。

(2) 貴重で希少な公共と民間のリソースを、当市の市民にはおこぼれのパンくずしかもたらさないメガプロジェクトにつぎ込むべきではない。

(3) トロントの人々は、市の意思決定に直接関与しなければならない。人々の声を聞かなければならない。企業はあまりにも長い間自分たちのニーズでつくった、自分たちのニーズを満たすための計画を支配してきた。▼68

トロント・オンタリオ・オリンピック評議会の会長だったヘンダーソンは、これを愉快に思わなかったが、それでも反対派に向きあおうとしたことは褒めるに値する。著名な反五輪論者で地元で住宅問題について活発に発言していたマイケル・シャプコットに宛てて、ヘンダーソンは、「あなたもよくご存知の通り、私は、『公正な』社会なるもの◆を作るためには破壊をしなければならないというあなたの政治的なお立場には賛成しかねます」と書いたクリスマスカードを送り、シャプコットがコミュニティ開発の仕事をしていたトロント・クリスチャン・リソースセンターへの寄付一〇〇〇ドルも同封した。▼69 これに対してシャプコットは、「人々がトロントの路上で文字通り凍死している時に、超高価なスペクタクルに公共と民間の数十億ドルものリソースを割り当てることをブレッド・ノット・サーカスィズから非難されて、不快に感じる方々は確かにいらっしゃることでしょう。当市の政治的優先順位は間違っています」と応じ、「トロントの人々の真のニーズは、九六年大会をこの街に誘致するというあなたの計画の妨げになるかもしれませんが、私たちはメガプロジェクトよりもそのニーズを優先します」と付け加えた。▼70

結局、一九九六年大会の招致を獲得したのはアトランタで、次点はアテネ、トロントは三位に終わった。

◆**『公正な』社会なるもの**　単語の書き間違いがあり、原著にはママと入っている。

ヘンダーソンは、ブレッド・ノット・サーカスィズからの反撃が「助けにならなかったのは間違いない」と述べた。市議会議員のトニー・オドノヒューも同意し、「われわれは国際社会に、本当は大会を支持していないという矛盾したサインを送ってしまったし、それは私たちに大きな損害を与えた」と言い、「このせいで招致レースに敗れたのだと思う」と結論づけた。[71] ヘンダーソンは腹を立てていた。ブレッド・ノット・サーカスィズを支持した市議会議員ジャック・レイトンへの手紙のなかで、ヘンダーソンはレイトンの「政治的後援者たち」が、アトランタの勝利の瞬間、「ゴッド・ブレス・アメリカ（神よアメリカに祝福を）」を歌って喜んだことを責め、「トロントオリンピック招致をぶち壊すにあたっての貴職の貢献」と指摘して、攻撃している。ヘンダーソンは「市長になろうとしているレイトンという名の男が本当は何を代表しているのかを有権者が完全に理解するよう、私は全精力を尽くす」と誓い、「新しい年が来た。公の金で食っていくことを学んだ、ネガティヴなプロの反動主義者たちに未来をくれてやるのかどうか、トロントの市民は決定しなければならないだろう」と吠えている。[72]

ブレッド・ノット・サーカスィズは、オリンピック招致を覆し、闘いに勝利した最高の例だ。アクティビストたちは、ＩＯＣが開催地を指名する前に、招致を阻止することに成功してきた。第3章で述べるように、近年では、住民投票や市民提案運動が、市民のオリンピック反対キャンペーンで武器になっている。しかし、いったん開催都市が決まってしまうとそれをひっくり返すのは、はるかに困難だ。現代の例は一つしかない。一九七六年の冬季五輪だ。デンバーが開催地に決まった後、財政面で保守的な政治家たちと進歩的な環境主義者という、政治的に少し変わった組み合わせの二者が、力を合わせて住民投票を実現し、オリンピックを返上した。選挙と同時に実施された州債についての住民投票で、コロラド州民の六〇％がオリンピックへの資金支出を拒否したのだ。[73] 当時の米国オリンピック委員会会長クリフォード・バックは、「デンバー市とコロラド州は、一九七六年にデンバーで冬季オリンピックを開催すると申し出たＩＯＣへの招待状を撤回せざるを得ない」との電報をＩＯＣ会長のキラニン卿に打ち、[74] ＩＯＣは開催地をオーストリアのインスブルックに変更した。

これまで見てきたように、一九七〇年代以降オリンピックは、経済的・社会的なマイナス面をいくつも抱えて来襲する巨大な怪物と化し、そうしたマイナス面はますます認識されるようになった。オリンピックはその巨大さゆえに、社会的・経済的な悪影響に立ち向かおうと団結する多くのアクティビスト・グループの足を踏んづけて怒らせる。オリンピックはさまざまな方法で民主主義の実践を抑制する――五輪には透明性と有意な市民参加が欠けているというブレッド・ノット・サーカスィズの批判は、二一世紀のアクティビストたちへの明確な呼びかけとなっている。逆説的なことに、オリンピックはどの開催都市でも次々と、その都市のさまざまな社会運動からなる、現場レベルの、民主的に組織された、インターセクショナルな連合体を活発化させてきた。多くの場合、反オリンピックのオーガナイザーは、自分たちに五輪が止められるとは思っていない――特に自分たちの都市での開催が決まってしまった後では――が、オリンピックは、ほかのことでは起こらない、アクティビストの連合体を結成させる一世代に一度の機会を提供するものであることを知っている。オリンピックは、社会正義のために闘うアクティビストのコミュニティを、強化してしまうものなのだ。

だが、はっきりさせておこう。反オリンピックのアクティビズムに携わるということは、一般大衆からの批判が目立って増えてきたにもかかわらず、いまだに主流メディアが作りだすムードのなかを無頓着に漂うオリンピック賛成の時代精神に切り込んでいく、苦しい闘いを受け入れるということだ。国際オリンピック委員会は莫大な金を動かしている組織だ。二〇一三～二〇一六年のオリンピア紀◆にIOCの総収入は七・六%増えて五五億ドルになった。二〇一七年末の資金残高は二一億ドル（資産から負債を引いた額）もあった▼75。非営利組織にしてはとてつもない利潤を上げている。IOCには広報の専門家が山ほどいるし、臨戦態勢の整った弁護士軍団も備えている。それでも、招致に乗り出すいずれの都市でもアクティビストが次々と生まれ、比喩的な意味でのパチンコ（スリングショット）を手にして、はるかに大きな敵

◆**オリンピア紀**　夏季オリンピック二大会間の四年間のことで、古代ギリシャで暦年の単位だった。

に挑みかかろうと団結を固めている。五輪は世界中のメディアを魅きつけるスポーツのリヴァイアサンである。ゆえに、アクティビストはその人気を利用して、成功の度合いに差は出るものの、オリンピックをピギージャック（piggyjack）することができる。五輪人気の背中に乗っかって、自分たちの目的のためにこれをハイジャックするのだ。[76] うまいことタイミングが合えば、アクティビストたちは政治的に相手の力をうまく利用し、オリンピック・スペクタクルを社会正義のために転用することができる。

リオのヴィラ・オートドロモでの反撃に話を戻そう。この労働者階級のファベーラにはもともと六〇〇以上の家族が住んでいたが、五輪がやってきた時には二〇世帯ほどしか残っていなかった。そうなるまでには、市との長い、時に暴力的な衝突があった。補償が不十分なことを不服として移住を拒否した家族は、最終的に、一本の道路に沿って建てられた、平屋の同じ形をした家に残ることを許可された。リオオリンピックの期間中、むき出しの権力に対してコミュニティが粘り強さと根性をいかんなく発揮したことを祝う祭典が開かれ、私も参加した。祝祭のさなか、一〇〇人ほどのアクティビストや支援者はこの場を離れ、「Jogos da Exclusão（排除のゲーム）」、「#CalamidadeOlímpica（#オリンピック災害）」、「Terrorista É o Estado（テロリストは国の方だ）」と書かれた大きな横断幕を掲げて、オリンピック競技場エリアまで行進した。私たちはオリンピック競技場のすぐ外に立って、バナーをはためかせ、スローガンを叫んだ。オリンピック憲章には、オリンピック会場やその近くでの政治的抗議を禁止する規定があり、その意味ではこれは違法行為だった。が、幸いにも治安部隊は離れたところにいたままで、私たちは存分に反対行動を繰り広げることができた。一時間ほど後、この即興の抗議行動に集まった人々はオリンピック競技場の正面まで行進してからバナーをたたみ、再びヴィラ・オートドロモでのパーティに加わった。[77] ヴィラ・オートドロモの住民たちは終始、劣勢に立たされていたが、それでも頑張り抜いたのだ。

ボストンでの爆発的な反対運動がなかったら、ロサンゼルスはオリンピック開催地として候補にすらなっていなかっただろう。ボストンはもともと二〇一五年一月に米国オリンピック委員会（ＵＳＯＣ）によって二〇二四年の五輪招致レースに参加するアメリカの都市に選ばれていた。しかし、ボストンに振られ、USOCはバックアップとしてLAを取ることを余儀なくされたのだった。その後、ローマ、ブダペスト、ハンブルクがすべて二〇二四年の招致レースから撤退し、トロントの当局者に至っては、そもそもレースに加わらないという選択をした。これら四つはすべて、オリンピックに抗うアクティビスト・グループが活躍している都市だ。この結果、LAとパリがレースに残り、IOCは二〇二四年と二〇二八年の両大会の開催地を同時に選ぶという前代未聞の決定を下したのである。

ボストンでの反撃は、LAでのノーリンピックスの活動に大きな影響を与えた先例であり、この二都市のアクティビストたちは今も連絡を取り合って、アイデアや戦略を共有している。ボストンの反五輪アクティビストのジョナサン・コーンとロビン・ジャックスは、彼らの主力戦術として、ソーシャルメディアで騒ぎを起こすこと、的を絞って情報開示請求をすること、オリンピック会場での直接の抗議、自分たちでコミュニティ・ミーティングを開催すること、を挙げている。ノーリンピックスLAは、ボストンの同志たちから戦術のバトンを受け取り、また、いくつか独自の戦術を開発した。これについては後で見ていこう。コーンとジャックスは、「アクティビストにとって重要なのは、オリンピックへの『ノー』を、早期に、頻繁に言うことである」と書いている。[78] 一種のインサイド・アウトサイド戦略——この戦略では、草の根のアクティビストたちが政府やNGO、大きな教育機関にいる批判的な意見の人々と力を合わせる——をとったことも鍵となった。ボストンでは、IOCから開催都市に指名される前に事実をあげて攻撃を行なったことも効果があった。元マサチューセッツ州知事デバル・パトリックが、招致活動の料金として、一日七五〇〇ドルをボストン招致委員会に請求していたことが明らかになった時など、アクティビストたちは政治家の失策をフル活用した。アクティビストからの圧力に押されてパトリックはこの法外な報酬を諦め、最終的に、コスト超過で市を窮地に陥れるであろう開催都市契約に署名するのはボストン市長マーティ・ウォルシュにとって政治的リスクが大きすぎるというところまで追い込んだ。抗議者たちは勝利を収め、招致委員会には数百万ドルの負債が、払った努力の見返りとして残った。[79] 五輪反対論者のクリス・デンプシーとアンドリュー・ジンバリストは、この茶番劇を次のように要約している。「ボストン2

０２４の招致を拒否することで、ボストンの人々は自分たちの市の未来を描く権利を取り戻し、国際オリンピック委員会の一七日間の狂想劇に求められる多額の費用負担を免れた」。ボストンの人々は、「オリガルヒの独裁ではなく、自己決定」を選択したのである。[80] 今日、ノーリンピックスＬＡは同じ道を切り拓こうとしている。

5……さまざまな社会運動と連携するオリンピック反対運動

近年米国では、占拠（オキュパイ）運動からＢＬＭ、#MeToo まで、注目度の高いアクティビズムが増加している。これらの運動は、不平等、インターセクショナリティ（交差性・複合性）、アイデンティティ政治、ジェンダー、リーダーシップ、ユーモアの使用――どれも反オリンピックの闘いに影響を与えるものだ――をめぐる、重要な議論のきっかけとなっている。

今日、社会を牽引するレベルの力を得たアクティビストのなかで、一九七七年に急進的な黒人フェミニストのグループであるカンビー・リバー・コレクティブ（Combahee River Collective）によって提起されたインターセクショナリティが注目されている。カンビー・リバー・コレクティブは「私たちは、人種、性別、異性愛、階級の抑圧と闘うことに積極的にコミットしており、主要な抑圧の制度が互いに連関しているという事実にもとづく統合的分析および実践の開発が、私たちならではの課題であると考えている」。非白人（ピープル・オブ・カラー）にとっては「これらの抑圧の合成が私たちの人生の条件を作っている」と記している。[81]

キンバリー・クレンショーはこの相互に連関した抑圧の「統合分析」をインターセクショナリティと名づけた。インターセクショナリティは、アイデンティティの複雑さと、それらが権力と支配のマトリックスのなかでどのようにからみ合っているのかを考え抜くのに役立つ。レイシズムやセクシズムのような悪質なイズムは、抑圧的な乗数効果によって相互に強め合うことがある。[82] アクティビストたちは長年にわたり、人種、階級、ジェンダーの違いを利用して、不公正に反対する声を盛り上げてきたが、インターセクショナリティはアクティビスト・コミュニティ内部の不公正にも立ち向かうよう私たちを鼓舞する。インターセクショナリティを意識することで、何重もの不利を抱えた人々のグループに公正をもたらすことができる。

政治学者のダラ・ストロロビッチによる、アメリカの社会正義擁護団体についての画期的な研究によって、インターセクショナリティの面で不利な立場にあるサブグループの抱える問題がしばしば政治的に後回しにされ、このような人々が周縁化されていることが判明した。この研究でストロロビッチは、「抑圧の単一軸に取り組む」という利害関係者団体の構造そのものが、すでに特権を持つ者たちに特権を与える一方でグループ内の特定のメンバーを不利にすることを明らかにした。「インターセクショナリティの面で不利な立場にあるグループの主張やニーズは」、しばしば「こうした単一軸組織の活動範囲外で生まれ、形成されており、したがって、ほとんどの既存のアドボカシー組織の軸の隙間からこぼれ落ちてしまう」とストロロビッチは記している。[83] こうした人々の要求はアクティビズム的にも先延ばしにされてしまうのだ。

反体制派は長年にわたり、抑圧の力が相互につながっていることを特に指摘してきた。五〇年以上前、マーティン・ルーサー・キング・ジュニアは、「人種差別の問題、経済的搾取の問題、戦争の問題はすべて結びついている。これらは相互に関連している三重の悪である」と言明した。[84] 今日のアクティビストたちは、継続する支配形式を告発し続けているが、組織化において、自分たちが克服しようとする力関係そのものをうっかり複製すまいと努力して、自らの反撃の構造をより深く自省するようになっている。例えばアクティビストたちは、資本主義の中心に巣食う、表舞台に出るか裏方に回るかがジェンダーで決まる社会的再生産の力学を再現したいとは思っていない。その代わりに、多くのアクティビストたちが世界で見たいと思っている変化を自ら行なう「予示的政治」に取り組んでいる。学者でありアクティビストであるクリス・ディクソンは、「手段は目的を予見する。であれば、予示的政治に取り組むことは、私たちのヴィジョンを明示するために、私たちの活動を意図的に形づくることなのだ」と書いている。これは、さまざまなバックグラウンドやアイデンティティを持つ人々に、幅広い貢献方法を提供し、リーダーシップへの道を築く、力強く多様性に富んだアクティビスト・グループを作ることを意味する。ディクソンによれば、「予示的実践」に取り組む方法の一つは「運動の文脈のなかで」より衡平な参加のための空間を開く「より平等主義的な関わり合い方を創造し、実践すること」である。相互扶助による対抗制度を構築することも、一つの方法である。[85]さらにもう一つは、女性、トランスジェンダー、ノンバイナリーの人々のための空間を力を合わせて作り出すことだ。リオでは、女性たちが、反五輪闘争の指導的立場に就いた。人民委員会（Comitê Popular）のラリッサ・ラセルダは私に「リオ中で、女性たちが抵抗の最前線に立って、住宅、スポーツ、文化、仕事への権利、つまりは都市への権利を主張しています」と語った。ヴィラ・オートドロモでは、女性が反撃の先頭に立って果たした重要な役割を、壁のグラフィティが強調していた。[86]

カンビー・リバー・コレクティブの「統合的分析と実践」を受け入れるもう一つの方法は、多様なメンバーと幅広い課題基盤からなる共闘体制を結成することである。ディクソンは、権威主義に抗うアクティビストにとって、「共闘を組むことは、違いを脇に置いておくことでも、違いを、必然的に人々を互いに敵対させるものとして理解することでもない」と述べ、この考え方はむしろ、「違いを越えて共に活動するモデルを前面におくこと、私たちがどのように抑圧と搾取のシステムのなかに置かれているのかを認識し、より良い世界を目指して闘うために今いるところから橋を架けていくことであり、人々がお互いに関わり合うための革新的な方法を示しているのである」と述べている。[87]よって、連帯に根ざした意図的な共闘の構築は、シングルイシューの利益団体によって残された政治的中断に対処する方法となり得るのである。

共闘体制の構築は、反オリンピックの組織化の鍵であった。一般的な流れは、中心的なアクティビスト団体が、現存する社会運動を、大会後に解散する一時的な反五輪の「傘」の下で舵取りするというものである。このため、反五輪運動は、いろいろな運動からなる一つの運動（*movement*）というよりも、いろいろな運動の延長線上にある一つの瞬間（*moment*）になりがちである。すでに存在している運動が、イベント――この場合はオリンピック――をめぐる急激な協力関係の盛り上がりを特徴とする、社会運動を専門に研究するシドニー・タローが「イベント連合」と呼ぶものとして結集するが、イベントが起きてしまえばそこで反対運動アクティビストたちは自分たちの本来の中心的活動課題に専念する体制に戻り、連合は消滅する。[88]本書でこの後見ていくように、ノーリンピックスLAは、LA2028の後も続く、国境を超えた運動を作ることで、それを変えようとしている。

政治的言説を形成し直すことは、スチュアート・ホールが「矛盾した社会変化の、骨の折れるいらいらさせられるプロセス」と表現したものの必須要素である。[89]左派のアクティビストたちは、オーヴァートンの窓――政治的な話のうち社会に許容される範囲――を広く、さらに広く開いてラディカルな考えを主流の政治的言説にのせ、社会での対話を広げようとして、膨大なエネルギーを費やしている。[90]これは容易なことではない。特にマスメディアは抗議者とは異なる指針のもとで活動する言論上の門番であるためだ。報道メディア企業には利益を追求しようとする傾向が根付いているので、視聴者や広告主と同調するものとみなす帯域幅の情報を提供することになり、アクティビストの意見、特に資本主義と衝突したり、オリンピックのような人気イベントに挑戦したりするものはしばしば排除される。「これはビジネスです。私たちは利益を出すためにここにいるのです」。MSNBCで長年番組ホストやコメンテーターをしているトゥーレはポッドキャストの「サイテーション・ニーディッド」でこう語り、ビジネスの重要性を考慮せずにメディアを論じるのは「ほとんど幼稚ということになる」と付け加えた。彼は主流のテレビでは資本主義支持者のバイアスが蔓延しているとも言い、「ビジネスとその他もろもろを全部考え合わせたら、『社会主義はどうだろう、共産主義は?』などとは誰も言いません。……そんな人は笑われて部屋から追い出されてしまうでしょうからね」と語った。[91]アメリカでの社会主義の復活は、こうした一般通念を変えようとしているのかもしれない。

急進的なアクティビストの考えが詳細に報道されるのを阻害する主流メディアの構造的要因はほかにもある。まず、革新的な考え方には精巧さが必要であり、それがないと周辺的なもののように見えてしまうが、メディア、特にテレビは、簡潔さという条件のもとで運営されており、そこでは情報を素早く、できればキャッチーなサウンドバイトとして提供しなければならない。そうでなければ、編集段階で切られてしまう。[92] オンラインの検索エンジンは、ラディカルな考えが普通広くスペースを与えられているオルタナティブなサイトではなく、主流のウェブサイトにユーザーを誘導する傾向がある。学者のサフィヤ・ウモジャ・ノーブルはこれを「アルゴリズムの抑圧」と呼び、これは「システムの不具合ではなく、むしろウェブの操作システムの根幹にあるもの」で、白人の特権を強化するものであると指摘している。[93] メディアによって促されるアクティビストの周縁化と非難は、政治的抑圧のありふれた方法である。[94]

一度開催都市が決まると、オリンピックに対するメディアの関心は滴ほどにまで低下し、ドラマチックなことがいつも何かしら起こっているこの世界では、オリンピック――特に二〇二八年のＬＡのように何年も先の大会――は、ドラマが決めるニュースサイクルのリズムについていくことができない。オリンピックに批判的な報道は、大会が始まる一年前の、中身がすっかり固まって開催するばかりとなってから出てくる傾向がある。そしてその時点になっても、焦点が当てられるのは、インフラ建設が間に合うか、とか、予算を越えてしまうかどうかになる傾向がある。[95] しかし、オリンピックが実際に始まり、選手の勝利と苦難に焦点が移ると、メディアは批判の窓を閉じてしまいがちだ。オリンピックが終了すると、ジャーナリストたちは、壮大な「レガシー」の約束が実際に果たされたかどうかを調べようとするよりも、将来のオリンピックに向けて、前に進もうとしがちである。こうした要因のために反五輪アクティビストたちは、最近ではソーシャルメディアを活用して、ネット空間でセンセーションを起こしているとはいえ、ゼイナップ・トゥフェックチーが「デジタルでネットワーク化された公共圏の複雑かつ多くは混沌とした世界」と呼ぶもののなかで牽引力を得るのに苦労している。[96]

アクティビストが抑圧をそらす方法の一つは、抗議活動のレパートリーにユーモアを取り入れることである。コメディは緊張を和らげ、興味を引くためのスペースを開き、日の当たらない主義主張にスポットライトを当て、誰が誰のチームにいるのか整理するのに役立つ。ユーモアは、市民情報のベルトコンベアになり得る。[97] ローレン・バーラントとシアンヌ・ンガイが指摘するように、「コメディは、『私たち』と言うことが何を意味するのかをテストしたり、理解したりするのに役立つ。常に一線を越えるので、私たちがどこで線引きすることを望んでいるか、どの線引きに耐えられるのかを理解するのに役立つ」。[98] アクティビストがコメディを使うと、政治的なパンチを維持しながら、社会的な壁を破る歓迎の仕方になり得る。時にはあからさまに政治的にならないことが、じつはより政治的効果を上げるものであり、メディアからも受け入れられやすい。皮肉、パロディ、風刺を通して、アクティビストは政治のシャベルの錆びを落とし、「目に見えない、考えつかないような」ことを「突然認識され、感知される」ようにすることができると、ドミニク・ボイヤーとアレクセイ・ユルチャクは書いている。[99]

左派のアクティビストが「目に見えない、考えつかないような」ことを、可能なものという言説グループのなかに入れようとする時、彼らはしばしば社会運動学者のハーバート・H・ヘインズが「急進的側面効果」と呼んだものを実行していることになる。ヘインズは、政治的スペクトラムの同じ側に住む穏健派と急進派の間にある、常に対立の絶えない相互作用に関心を持っていた。急進的側面効果には、マイナスとプラスの二種類がある。ヘインズは、「穏健派と定義されたグループが、より過激な組織や集団が起こしたバックラッシュに巻き込まれる可能性がある」場合をマイナスの急進的側面効果とする。この時、論争の泥仕合のために、急進派と穏健派の両方とも活動が停滞する。一方、プラスの急進的側面効果は、「急進的なグループが、穏健派の主張をより『妥当なもの』に見せることで、あるいは穏健派が要求する控え目な譲歩によって解決できる危機を作り出すことで、穏健派の主張に対するより高いレベルの応答性をもたらす可能性がある」場合である。[100] 第三の可能性もある。急進的な要求が政治的な風と同じ方向に流れる時、穏健派は左に傾き、より進歩的な政策を支持するかもしれない。

この第三の可能性は、急進的な政治が、政治学者のスティーヴン・スコウロネクが言うところの「政治の時」と一致した時に現われることがある。「政治の時」には、優勢なイデオロギー、政治的事象の流れ、大統領の前任者など、複数の要因が重なって政治的機会が生じる。[101] スコウロネクは、大統領のリーダーシップと、それがより大きな歴史的パターンにどのように適合するかに関心を持っていた。革新者によって構築され、支持者によって維持され、その後衰退していくという一挙にやってくる政治サイクルが、米国の特徴であると彼は論じた。それぞれのサイクルで新たな連立が支配的になるが、新しい政治問題に対応できないため、最終的には衰退する。「体制」が影響力を失い、その後危機に陥った時、この好都合な構造的シナリオをうまく利用できる、変革のヴィジョンを持つ者がリーダーシップを発揮する機が熟する。スコウロネクにとって、これはトーマス・ジェファーソン、アンドリュー・ジャクソン、フランクリン・デラノ・ルーズヴェルト、ロナルド・レーガンなど、時の体制が瀕死の状態にあることを存分に利用してアメリカの歴史を異なる方向に旋回させた大統領の台頭を意味していた。ようするに、彼らは政治の時をリセットすることができたのだ。▼102

スコウロネクの理論によると、現在は、レーガンがごり押しした保守的な新自由主義体制が断末魔の苦しみに悶えている最中である。歴史のサイクルは、国を新たな方向へ導く、変革をもたらすリーダーを切望している。ジョージ・W・ブッシュ大統領が、避けられた戦争にあえて突っ走り、経済もめちゃくちゃにするという大失敗を犯したことが、バラク・オバマ大統領によるまったく新しいシステムの策定に道を開いたと考えた人もいるかもしれない。だが、オバマは銀行を救済し、略奪的資本主義をほぼそっくり温存するという選択をした。彼の人好きのする性格のせいで政策の残忍さが隠されてしまったが、その政策の多くは、彼が継承した保守政権の延長線上にあるものだった。実際、オバマは大統領候補だった時に、レーガンの新しい道を切り開く能力を評価していることをうっかり漏らしてしまった。『リノ・ガゼット・ジャーナル』編集委員会のインタビューで、「ロナルド・レーガンはリチャード・ニクソンがしなかった方法で、ビル・クリントンがしなかった方法で、アメリカの軌道を変えたと思う。彼はこの国にその準備ができていたからこそ私たちを根本的に異なる道に乗せてくれた」と述べている。オバマはさらに、「一九六〇年代、七〇年代には数々の問題があり、また、政府が大きくなり続け、しかし、何をしているかについてあまり説明責任を果たしていなかったと人々が感じていたのだと思う。彼［レーガン］は、人々がすでに感じていること、つまり、明快さがほしい、楽観主義がほしい、失われていたダイナミズムと起業家精神を取り戻したい、といったことにただ手をつけたのだと思う」とも言っている。[103] まるでオバマはスコウロネクが書いた台本を読んでいるかのようだった。オバマが、レーガンは「人々がすでに感じていることに手をつけた」と述べた時、一般の人々が国の方向性を根本的に変えるような変革的な政治に対してよりオープンになれば、大統領はそれを利用して歴史的な転換を行なうことができるとわかっていたのだ。オバマは、レーガン政権が息を吹き込んだ保守的な体制が立ち消えつつあり、それゆえにまったく異なる方向に進むことができることにただ気づいただけというよりも、自分自身のアイデアと支配的な時代精神のそれを混ぜ合わせたのである。

本当の変化は草の根から生まれるというメッセージを理解している人がいるとすれば、それは左派だ。長い間、「この道しかない」タイプの資本家によって歴史のゴミ箱に投げ捨てられてきた社会主義は、今、アメリカで復活しつつある。その中核的な理念が、国中に渦巻いている政治的ムードと一致していることもあって、DSAは、この数十年間で最も有望な左派政治団体になっている。バーニー・サンダースが二〇一八年に「ザ・ディグ・ポッドキャスト」に出演した際、「私が実現を目指して闘っている理念は……非常に、非常に人気のある理念だ」、「自分たちを民主党員や進歩派だと思っている人たちの間だけではなく、アメリカ国民全体の間でも、だ」と言っている。[104] 政策的選好という点では、社会主義者は単に政治の風のなかで吠えているだけではないのである。サンダースは、民主社会主義者の看板を堂々と受け入れ、彼の同僚のはるか左を行く進歩的な政策を訴えることで、オーヴァートンの窓を広げるのに力を貸した。「社会主義」という言葉は、長い間、政治的右派からは怪物同然に言われてきたが、その否定的なニュアンスは、特に二〇〇七～二〇〇八年の金融危機と、その対応で大銀行が優遇され勤労者は付け足しのように扱われるのを目撃した若い人々の間で、薄れ始めている。

人々を第一に考える社会主義政策の「政治の時」が来ている。デイヴィッド・ハーヴェイが言ったように、「社会主義社会の任務は、社会で起こるすべてのことを規制することではない。まったく違う。社会主義社会の任務とは、基本的な必要・必需品がきちんと手当てされ、無料で提供されているので、人々は本当に自分のしたいことができる、という状態を確保することだ[105]」。社会的セーフティネット――例えば、万人向けのメディケア――を拡大して経済的不安を軽減することから始めることもできる。高等教育の費用をより多くの人が払えるものにすることで、機会の不平等に対処するのでもいい。これは、富裕層への増税によって達成される可能性があるが、結局のところ、米国はほとんどの高所得国に比べて、経済生産と富に対する税金が低いのだ。国のインフラを刷新して気候変動に積極的に取り組もうとするグリーン・ニューディールは、有意義な雇用を生み出す可能性がある。最近の社会科学の研究は、これが夢物語ではないことを教えてくれる。政治学者のレイン・ケンワーシーの示唆するところでは、北欧型の「社会民主主義」――「自由、柔軟性、市場のダイナミズムを促進しつつ〔……〕経済安全保障を推進し、機会を拡大し、すべての人の生活水準の上昇を確実にするために政府の政策を広範に使うことへのコミットメント」がある――ですら、より経済的な安心、機会、公平性のある社会を作るという道筋に沿って、はるか先まで私たちを連れていってくれる[106]。

最近の世論調査からは、民主社会主義に関連した政策に対する支持があることがわかる。『ボストン・グローブ』紙のある見出しにあったように、「エリザベス・ウォーレンとアレクサンドリア・オカシオ＝コルテスのような『過激派』は、じつはアメリカ人の多くが望むことにより近い」のだ。アメリカ人の七〇％が国民皆保険を支持し、七五％が持病のある人が医療保険を得られることを希望し、七九％が公立大学の授業料無償化を支持している[107]。アレクサンドリア・オカシオ＝コルテスが一〇〇〇万ドル以上の高所得者の限界税率を七〇％に引き上げることを提案した時、彼女は登録有権者の過半数（五九％）の支持を得た[108]。そして、DSAが推進しているグリーン・ニューディールは非常に人気が高く（全体で八一％）、共和党員の間ですらも支持が高い（六四％）[109]。世論調査の数字が自動的に本格的な政策になるわけではない。それに、徒手空拳で何かと闘うことはできない。ナンシー・フレイザーが指摘するように、「権力に立ち向かうには反権力が必要であり、反権力には組織が必要である[110]」。そこで、DSA‐LAの出番となる。

第２章

ロス五輪2028をめぐる攻防

「ガーセッティはどこ？」キャンペーンのステッカー（本文82～83頁参照）。ロスのリトル・トウキョー近くの街頭（撮影：著者ボイコフ）

1……「オリンピックが、貧困を取り除くだって？」

ロサンゼルスが、二〇二八年オリンピック開催都市となる契約を国際オリンピック委員会と取り交わす権限をエリック・ガーセッティ市長に与えるかどうか、ロス市議会が投票した時、すでに結果は事前に決められていた。短距離界のスターだったカール・ルイス、競泳のジャネット・エバンス、飛び込みのグレッグ・ルガニスといったオリンピックの偶像たちには世界に向かってスポーツの栄光の物語をつむぐ機会がたくさん与えられ、一方、それに反対したかったたくさんの地元の人たちには公の場での発言が許されなかった。あらかじめオリンピック賛成の人たちの意見表明を優遇する形でその場が整えられていたことが明らかになればなるほど、そこに集まったアクティビストたちの抵抗は絶え間なくなった。市議会議長のハーブ・ウェッソンが、「この問題に関するパブリックコメントはもう充分だ」と論じた時、会議場全体にブーイングの声が鳴り響き、アクティビストたちは「われわれにも話をさせろ」と声をそろえた。

市議会での全体投票に先立つ委員会では、明らかに議論が沸騰していた。抵抗者たちとのやり取りのなかで、市議会のメンバー、ジョー・バスカイーノが「人々が出てきて、われわれの意思決定に疑問を呈するのにはうんざりした」と叫ぶ。ノーリンピックスＬＡ（NOlympics LA）キャンペーンのアクティビストが、「それが民主主義と呼ばれるもんだ！」と言い返す。[▼1] 次いでバスカイーノは、オリンピックの焼き直し神話をペチャクチャ言い立てた。「オリンピックがもたらすのは、雇用を創出し、貧困を取り除き、ロサンゼルスを地図の上に残すことだ」。「貧困を取り除くだって？」、アクティビストたちにとって、それは立ち退きと、都市の貧困地域を再開発し再活性化することで「高級化、富裕化」し、強制立ち退きや地価高騰による貧困層の追い出しを伴うジェントリフィケーションを進める、ぶざまな暗号のように聞こえた。ロサンゼルスを地図の上に残すだろうという考えは、世界中の五輪推進者たちの使い古された言い草ではあっても、虚ろにしか響かない。ロサンゼルスを知らない人間などいるだろうか。

一二対〇の投票の後、ガーセッティ市長は、議会メンバー、議会スタッフ、オリンピック・パラリンピック・アスリートたちを集めて写真を撮り、[2]それから、すでに市議会の議論が始まってもいないうちから用意が整えられていた祝賀会場に向かった。会場には演壇が設えられ、オリンピック誘致お気に入りのスローガンの一つ「太陽を追いかけよう」のプラカードが掲げられている。誰にでも入手可能な住宅としっかりした公共交通の建設を推進するグループ「グレンショー地下鉄連合」の設立者ダミアン・グッドモンが、警備員がいないままスイッチの入っているマイクにゆっくりと近づき、乱れた民主主義を振り付けるために選ばれた役人たちに向かって非難の声を挙げた。後に彼は地元テレビ局で、「この決定は、終始パブリックコメントの機会なしになされたものだ」と語っている。[3]

投票後の饗宴の、お祝いにわき勝ち誇る誘致推進派、政府の同盟者、アスリートたちのスチール写真はたくさんあるが、その瞬間の映像はなかなか目にしない。なぜなら、ノーリンピックスＬＡのアクティビストたちが舞台後方に陣取り、異議を浴びせかけていたからだ。誘致運動の議長ケイシー・ワッサーマンのスピーチは嘲り声に覆い隠され、かき消えた。オリンピックの大物たちが困惑して右往左往する間、アクティビストたちは「大会阻止！」を合唱していた。ノーリンピックスＬＡのジョニー・コールマンは、その日のことをこう語っている。「われわれは朝早くそこに到着し、アクリルガラスに書かれた「ＬＡ２０２８」の巨大なロゴが用意されているのを目にした。ちゃちなだけではなく、ゴム印で押した類のものであるのが見え見えだった。それが、その日全体の色調をなしていた」。さらに「誘致に関して言えば、それはまったく非民主的なものだった。市議会は、あからさまに民主主義を切り詰めようとしていた。誘致の決定は、すでに非民主的だったシステムのうえに、もう一段、非民主主義を重ねただけだ」[4]。オリンピック誘致における民主主義の欠落こそ、ノーリンピックスＬＡの運動が取り組む第一の柱になった。

コールマンがノーリンピックスＬＡを急発進させたのは、そのわずか三か月前の二〇一七年五月のことだ。ジャーナリストのコールマンが関心を持ったきっかけは、『カーブドゥＬＡ』（偶然その雑誌は、ボックスメディアとケイシー・ワッサーマンが所有している）のため、二〇二四年オリンピックLA誘致に関する記事を書いていた時のことだ。誘致推進者とメディアは、オリンピック誘致を、一九八四年ロサンゼルス大会のゆるみきったノスタルジーのなかで描いていた。コールマンはそれに疑念を抱いてオリンピックの政治史にジャーリストの歯を食い込ませた。そして、大会以降のメディアの扱いを検証するなかで、大会を違った形、それほど楽観的ではない形で記憶しているLA住民たちと話すようになった。彼は直ちに、神話の匂いを嗅ぎとった。

コールマンが私に語ってくれたところでは、ノーリンピックスLAの当初の考えは、単純に、ペルーのリマで開かれる国際オリンピック委員会（IOC）総会で将来のオリンピック開催都市が発表される「九月まで、できる限りやろう」というものだった。しかし、二〇二四年オリンピックをパリで、二〇二八年をロサンゼルスで開くことが発表されて以降、ロスのさまざまなアクティビストたちがコールマンに連絡を取ってきて、誰かがオリンピックをめぐって運動を組織すべきだと主張した。しかし、あれこれの問題に飛び回っている彼らには無理だという。コールマンは、その空白を埋め、挑戦に踏み込むことを決心した。「われわれは運動をオリンピックと闘う機会と考えていて、もちろんそれが、いつだって自分たちがしていることの大きな部分になるだろう」と、彼は言う。「しかし、同時に、われわれはいつも自分自身に『そのことだけが生きるか死ぬかの問題ではないやり方で何ができるか』を問いかけてもいる」とも語る。言葉を換えて言えば、ノーリンピックスLA、さらに広くアメリカ民主社会主義者・ロサンゼルス支部（DSA－LA）は、いかにして反オリンピックの前線をリードすると同時に地元の闘争に深く関わることができるのか。ノーリンピックスLAのメンバーの多くがメディアの世界に属していて、コールマンは、「われわれは、オリンピックがやってくる時、新聞ダネをいわばハイジャックし、オリンピックへの注意を使って住宅や立ち退きなど、ほかの問題と結びつける好機だと考えたんだ。オリンピックと同時に、移民であれ、スポーツ界の虐待であれ」と語る。[5]

ジョニー・コールマンはオクラホマ州タルサで生まれ、幼いころニューオーリンズに引越した。シングルマザーに育てられ、母親は乳癌を患い、それを克服したが、その際、巨額の借金を抱え込んだ。アメリカの健康保険制度に関わる家族の経験が、彼の活動を活気づける一部となっている。コールマンは、早口で、永久運動機械のような人間で、けっして反スポーツではない。若いころレスリングに取り組み、バルセロナ・オリンピックの金メダリスト、ケヴィン・アンドレ・ジャクソンの短期訓練に参加したことさえある。その時彼は、オリンピック以後のジャクソンはかろうじてその存在を維持しているにすぎないという印象を持ったそうだ。二〇〇一年に南カリフォルニア大学に入学し、ロスに移った。映画監督を目指すつもりだったが、結局その道をまっとうするには至らなかった。しかし、ノーリンピックスLAキャンペーンで大事な監督役を務めている。二〇一一年の「ウォール街占拠運動」、ブラック・ライブズ・マター（BLM）、ドナルド・トランプの登場に影響を受け、二〇一六年選挙の後DSA‐LAに参加し、二〇一七年一月から行事や集会に参加し始めた。今は、ロスのハイランドパーク界隈に住んでいる。彼はしばしば、「社会主義は、われわれの退職金積立プランだよ」と告白する。

ノーリンピックスLAを動かすもう一つのピストンがアン・オルチエで、ニューヨーク市に生まれ、小学校から高校までを女子校で過ごした。その間にマルクス主義者の先生の影響を受け、知的アクティビストとしての地平を広げた。彼女が言うには、「私はとても伝統的なマルクス主義思想で育ったので、アメリカ民主社会主義者（DSA）は、それがカバーする領域の広さという点で自分には大きな飛躍だった」。高校生活二日目に9・11が起こり、以来、反戦運動に身を沈めるようになった。「私、いつも逮捕されようとやってみたけど、でもされなかった」。シカゴ大学卒業後すぐロスに移り、ロサンゼルス借家人組合に関わるようになって、「そこで、実際に物事が起こるカラクリをしっかり目にした」。DSA‐LA運営委員会で働く精通した組織家で、また、公共政策に通じた雄弁な語り手でもある。ロスの労働者階層が暮らす街ボイルハイツに住み、そこは今、開発業者たちのジェントリフィケーションの標的にされている。[▼6]

オルチエは、ノーリンピックスLAキャンペーンの主要な三つの目標を指摘する。第一に挙げるのは、オリンピックがロサンゼルスで開かれるのを阻止すること。「目標は、オリンピックがないこと。オリンピックはたぶんないとか、ある条件のもとでのオリンピックとか、もしも私たちがある権利を容認された時のオリンピックなら、とかいうのじゃなく、ないこと」。第二に触れるのは、「全体としてのオリンピック運動を少しずつ突き崩していくため」、大会の良くない傾向について国際的な気づきを築き上げることの重要性。第三に、DSA‐LAは、都市に対する新たな権利を求めるアプローチに沿って結集しているのだと語る。「私たちは、ロサンゼルスが支配階級やIOCの要求に奉仕するのじゃなく、もっと正しく、民主的で、平等な都市になるように闘っている」[7]。

これらの目標は、二〇一七年九月に出されたノーリンピックスLAの最初の綱領の中心的な項目に織り込まれた。(1)ホームレスへの家の提供、ジェントリフィケーション問題、「五輪（ゲームズ）ではなく住宅（ホームズ）を」の主張に焦点を合わせること、(2)オリンピックを口実にした例外状況指定下での治安維持を疑問視し、警察のさらなる軍隊化を無効にすること、(3)地域の民主主義をより透明で説明可能なものにすること[8]。ほとんどの反五輪アクティビスト集団と異なり、ノーリンピックスLAは、オリンピックの歴史のなかで明らかに問題となることが多かった金銭問題や債務超過を、前面に出してこなかった。DSA‐LAの元広報担当でノーリンピックスLAのオーガナイザーの一人、アリエル・サライはこう語ってくれた。「われわれ社会主義者にとって、オリンピックが利潤を生み出すかどうかなんてどうでもいいことだ。オリンピックからの利潤があったところで、実際にそれを可能にしてくれる労働者に渡ることはないとわかっているからね。それはますます少数の人たちの懐に入るだろう[9]」。その代わりノーリンピックスLAは、財政上の数字を云々することが主催都市の周縁コミュニティにオリンピックが及ぼす陰惨な影響から注意をそらせることになり得ると主張して、問題の間口を広げる試みをしてきた。オリンピックが社会的ダメージを与えないと論じるには、サミュエル・テイラー・コールリッジが言うところの「進んで不信を棚上げすること」が求められるけれど、彼らには進んでそんな魔法に従うつもりはない。

オリンピックの歴史がそのまま繰り返さることはないかもしれないとはいえ、歴史から現在の素描を描くことは可能で、ノーリンピックスLAのアクティビストたちは、家の供給、ホームレス、ジェントリフィケーションに照準を合わせてきた。何と言っても、ノーリンピックスLAは、DSA-LAの「住居・ホームレス問題委員会」から立ち上がってきたものなのだ。もしも、エリック・オリン・ライトが示唆（しさ）しているように「資本主義を証明する印が豊かさのなかの貧困」であるなら、ロサンゼルスのホームレスの状況がアクセル全開の資本主義的危機であることは明らかだ。[10]『ロサンゼルス・タイムズ』紙の編集委員会は市のホームレス問題を、「ディッケンズのディストピア」に類似する、「国家的恥辱」と「途方もなく大きい都市危機」がロスの貧困地区スキッドロウに結晶化したものと呼んだ。[11]極貧に関する国連の報告者フィリップ・アルストンは、「単にスキッドロウの大きさだけでも、難民キャンプのように見える」と記している。しかし、とアルストンの記録は続く。「この場所のトイレの利便性は、国連が運営するシリアの難民キャンプより劣っている」。[12]

スキッドロウ地区は、確かに難民キャンプのようなやり方で取り締まられてきた。二〇一八年に起こったロサンゼルス警察による暴力事件のうち、三件に一件はホームレスに対するものだった。[13]同年、ポイント・イン・タイム・スナップショット方式のデータによると、ロサンゼルス郡のホームレスの数は五万三〇〇〇人を超え、また、非営利組織エコノミック・ラウンドテーブルが違う方法で調べた調査では、ほぼ二倍、一〇万二二七八人に達している。[14]二〇一九年五月の公式統計では、ロサンゼルス郡では一二％増えて五万八九三六人、ロス市内のホームレスは一六％増えて三万六〇〇〇人に達した。[15]ガーセッティ市長はしばしば二〇二八年までにロスのホームレスをゼロにすると公約し、それを「われわれの時代における最大の人道的危機」と呼んでいた。[16]

ホームレス問題を煽る絶え間ない家賃の上昇で、ジェントリフィケーションは危機を飲み込んできた。ノーリンピックスLAは、ジェントリフィケーションとは本質的に資本主義のもとでの住宅市場を別の言葉で言ったものだと論じている。彼らは、公的な住宅供給の拡大と、地域の住宅市場を監視することの必要性を主張する。彼らが言っているのは、住宅はコーヒーやキャンディーのような日用品とは異なる、一つの権利であるということだ。ジェントリフィケーションは資本主義の秘密を覗き込む窓口で、「五輪（ゲームズ）ではなく住宅を」、「ホテルではなく住宅（ホームズ）を」は、こうしたダイナミックスをオリンピックの枠組みのなかに位置づけるスローガンとして登場した。学者のアンドレア・ギボンズの言う、ロサンゼルスにおいて資本主義は「非人種差別的な言葉で差別を正当化することができるイデオロギーで、空間的・人種的特権を維持する願望や戦略を再分節化することを助けてきた」という洞察に共鳴する形で、アクティビストたちは組織化を進めてきた。資本主義の冷たいテクノクラート的策謀が、地域の開発業者に都合のいい、人種差別的に響かない策略を提供してきた。ギボンズは、「土地の使用と交換価値の創出において人種が依然として中心的であること」、それが、ロサンゼルスにおける「白人の特権を物質的な土地という形で強固なものにしてきた」ことに光を当てる。[17]ジェントリフィケーションは、肌の色を区別しないとされている公共政策のなかに根付いた、人種差別的暴力なのだ。

（ロサンゼルスのジャーナリストでエッセイストの）ライネル・ジョージは、ロサンゼルスを「白紙の状態と新たな始まりの都市」と評した。誰にでも入手可能な多くの住宅を建設することにまったく失敗したことと結びつき、このことは、ロサンゼルスをジェントリフィケーションに特に陥りやすくした。「言葉が、ジェントリフィケーションへの最初の一斉射撃だ」と、ジョージは見ている。「『発見された』とか『発掘された』とか『失われた』、『見出された』といった言葉は危険を孕んでいます。それらはほぼ常に、何世代にもわたってこれら境界付けられた領域で暮らしてきた人々の物語を帳消しにしてしまいます……。民族や人種、これに結びつく階級も同じです」。彼女はジェントリフィケーションを、ロドニー・キング事件◆をきっかけとした暴動以降に生じた都市の不安を理解する鍵を握る要素とみなしている。それは今日、「抗議を呼び起こし、一致団結した押し戻しに着火する、ロサンゼルスにおける二一世紀の発火点になっています[18]」。

ロサンゼルスにおける警察による治安維持の歴史は、人種や社会階級と解きがたく結びついてきた。非白人に対する州権力の暴力行使の長い歴史のなかに位置づけない限り、ロス警察によるロドニー・キングに対する凶暴な殴打を十分理解することはできない。カリフォルニア大学ロサンゼルス校（ＵＣＬＡ）の地理学者エドワード・ソジャは、一九九二年の暴動は、ロサンゼルスにおける労働者と警察との間にあった、ますますつのる猜疑心と疑惑を注入されすでに危険を孕んでいた関係の旋回点を記すものだったと論じている。ロスのアクティビストは、アメリカの他の都市のアクティビストと異なり、「空間の政治、空間に関する自由と民主的権利を市に対して求めることが持つ、潜在的な戦略的重要性を高度に認識」してきた。[19] このことは、ノーリンピックスLAのアクティビストたちにも当てはまる。彼らは、オリンピックが情け容赦なく政治的例外状況をもたらし、かつてなく軍隊化されたロス警察は、オリンピック以後もこれまで以上に日常的治安維持活動にハイテク兵器を使用し備蓄する機会を享受するだろうし、そのことは地理的に均一ならざる形で働き、警察は低所得者層や非白人層が居住する特定の界隈に焦点を合わせるだろう点を強調する。

アクティビストたちは、オリンピックは国家特別安全保障事態（ＮＳＳＥ）の指定をもたらし、大会の警護のため法執行機関がパラシュートのごとくロサンゼルスに舞い降りてくるという権力の移行を力説した。一九九八年にビル・クリントン大統領に動かされ、今日、ＮＳＳＥは国家安全保障省が監督することになっている。二〇〇六年の国家安全保障省の報告書には、次のように説明されている。「事態がＮＳＳＥに指定された場合、安全保障計画の策定と履行を主導する連邦機関の役割は合衆国諜報部に権限が与えられると想定され、連邦の資産がその事態と地域の安全確保に必要なレベルを維持するため配置される。こうした作戦の目標は、テロリストの攻撃と犯罪的行為を防ぐことである」。[20] 連邦捜査局（ＦＢＩ）、国家

◆**ロドニー・キング事件**　一九九一年にアフリカ系アメリカ人ロドニー・キングが、交通違反容疑でロス市警に停車を命じられるも従わずに逃走したため追跡され、逮捕される。このとき複数の警官が無抵抗のキングに激しい暴行を加え、キングは重傷を負った。この光景をたまたま撮影した映像があったものの、翌一九九二年の判決で、警官らは全員無罪となる。これに対して非難の声が高まり、裁判所や警察署を取り囲む大規模な抗議集会に発展。その後、一部が暴徒化し、警察署への襲撃、商店への放火や掠奪が起きた。これがロサンゼルス暴動である。

安全保障省、移民・関税執行局（ＩＣＥ）を含むさまざまなグループからなる法執行機関が、管轄権を享受する。スーパーボウルは常にＮＳＳＥに指定され、二〇一九年にアトランタがスーパーボウルの開催都市になった時、直ちにＩＣＥが急降下してきてラップ歌手・21サヴェッジを逮捕した。このように、巨大スポーツイベントに誘導された例外状況の期間、警察権力が拡大されるという無視できない警告が、ノーリンピックスのアクティビストたちの耳目をかきたてた。ＤＳＡ－ＬＡのメンバー、スティーヴ・ドゥシーは、スーパーボウルやオリンピックは「ＩＣＥに、都市のなかでの活動をさらに強化する機会」を与えると語る。[21] オリンピックはスーパーボウルよりはるかに期間が長く、法執行機関に対しロサンゼルスで十二分に「活動を強化する」格好の機会を与える。

ノーリンピックスの立場からする第三の気がかりは、オリンピックを誘致し舞台を整えることにつきものの民主主義の欠落である。アクティビストたちは、ロス・オリンピックの役員たちが公衆の参加に道を開く有効な道筋を作り出してこなかった点を非難してきた。ロサンゼルスとＩＯＣの間で取り交わされた開催国契約のどこにも、「民主主義」という言葉も「民主的」という言葉も出てこない。ロスの組織者とＩＯＣの間に何らかの不同意が生じたとしても、どれも合衆国の法廷では裁かれない。開催国契約（ＨＣＣ）には次のように述べられている。「ＨＣＣにおける双方の義務は、第一にＨＣＣの文言によって、第二に『オリンピック憲章』によって、第三にスイス法の解釈の原則の適用によって確定される」。[22] オリンピックは民主主義を切り詰め、開催都市の住民に心理的税を課す。その間、人々は、ＩＯＣによって彼らに押し付けられる不都合を不安な面持ちで待つのである。

シカゴビジネス界に君臨した大物、一九五二年から一九七二年までＩＯＣ会長を務めたアヴェリー・ブランデージは、「民主主義の不都合」をしっかり心に留めていた。彼はその個人的ノートに、「知的で慈善心に富んだ独裁政権こそ、最も効果的な政府の形態である。一九三〇年代のドイツで六、七年の間に起こったことを想起してみるがいい」と記している。[23] 彼は、それとなくヒトラーを賞賛していない時も、いかにオリンピックが「荘厳な、半ば宗教的な儀礼」であるかを声高に主張した。[24] 彼にとって「オリンピック運動は……将来の戦争という感染症を解毒して中和する予防」のようなものだった。彼は、「スポーツは、若者にとってのエスペラント語である」と書き、続けて、通常なら思い浮かぶ愛などお払い箱にして、「それが唯一の国際語である」と付け加えた。ブランデージにとって、オリンピックは、「他のいかなる試みにも容易に見出しがたい……高いレベルでの民主主義」を象徴していた。堂々めぐり的思考法で、彼は、「スポーツは、特に、民主主義国アメリカにおいて繁栄する。なぜなら、つまるところ、スポーツは偉大な民主的制度であるからだ」と記している。[25]

しかし、ブランデージはダブルスタンダードを推し進め、IOC内部における民主主義の実践に断固反対した。一九六八年メキシコのオリンピックに先立つIOC総会で、次のように述べている。「国際オリンピック委員会は民主的ではないかもしれない。しかし、その構造、すなわちメンバーが自由で独立し、それぞれの国家やスポーツにではなく第一にオリンピック運動に対して誓約をするというその構造が、ますます偉大な成功をもたらすべく大会を組織することを可能にしてきた」。[26]彼はさらに、「一国一票という民主的な原則は、さまざまな国際組織のなかで奇妙な事柄を生み出してきた」と書いている。[27]ブランデージのもとで、IOCは権威主義的構造を強めてきた。このことは、IOCにおけるメンバーシップが既存メンバーの指名にもとづくといったやり方とも相まっている。新会員選出のこの方法が、王とか公爵とか首長とか、王族と重なり合う不釣り合いなメンバー構成を説明してくれる。今日なおIOCは、貴族的な華麗さや特権にとっての安全地帯にとどまったままなのだ。

IOCが民主主義と歪(いびつ)な関係を持っているといった言い方は大いに控えめな言葉であり、ノーリンピックスのアクティビストたちは、この事実を自分たちの運動で取り上げてきた。スティーヴ・ドゥシーは、「オリンピックは、グローバル資本主義の完璧なメタファーだ。選ばれたわけでもなく、何をしようが説明責任を持たない富裕な人間たちの一団が、いろいろなやり方で公衆を利用し、自分たちを豊かにし、普通の人々に損失を与えることに手を染めている」と語ってくれた。[28]権力に対する有効なチェックを欠いた民主主義は、崩壊への処方箋である。この崩壊がしばしばオリンピック運動の骨格の内部で進行しその核心にあるとしたら、この懸念は深刻である。それについては後ほど論じることにしよう。

2……出資者による支配

ロサンゼルス市長エリック・ガーセッティは、オリンピックを再びロスに持ってくることに向けた不動の一大後援者だった。市長に就任した彼が最初の日にしたことは、米国オリンピック委員会に宛て、大会を主催する関心を持っていることを伝える手紙を書くことだった。ガーセッティは絶えず、一三歳の少年の時にロスで開かれた一九八四年オリンピックに立ち会った思い出を語っている。その経験が自分の人生を永遠に変えたとの表明が、しばしば客寄せ口上の区切り区切りでなされている。彼はロスで生まれ、サンフランシスコ渓谷の町エンシノで成長した。父のギル・ガーセッティは一九九二年から二〇〇〇年までロサンゼルス郡の地方検察官を務め、二件の殺人罪に問われて無罪になったO・J・シンプソンの裁判を担当した。

ガーセッティは、弁舌巧みで多様な顔を持つ政治屋で、テーラー仕立ての軽い上着を着替えるようにさまざまな政治的人物像を装った。彼はしばしば自分の多様な民族的背景を吹聴する。二〇一六年の民主党全国大会では、「私はあなたたちと同じ平均的メキシコ系、ユダヤ系、イタリア系アメリカ人だ」と気の利いた風に述べていた。[29] しかもなお、彼の民族的背景は混乱の元にもなった。ウィキリークスで明かされたeメールのなかで、民主党の黒幕ジョン・ポデスタは、「われわれは、彼がイタリア系なのかラテン系なのか突きとめたのか?」とズバリ尋ねている。[30] 民主党の上層部では、民族性は深い文化的絡み合いというより、しばしば戦略的な立ち位置に関わっているのだ。彼に先立つ多くの政治家たちのように、ガーセッティはオリンピックを政治的踏石として用いた。アイオワ、ネヴァダ、サウスカロライナを訪問し、南ニューハンプシャー大学で卒業式の演説をして以降、彼は二〇二〇年大統領選挙に手を染めるべく備えていたように思われた。[31] 最終的には立候補しない方を選んだが、現在ダイアン・ファインスタインが占めている連邦上院の地位を視野に入れているという推測は多い。[32]
ガーセッティの任期は二〇二二年末に終了するが、二〇二八年オリンピックの組織化に「深く関与する」ことを誓っている。オリンピック専門誌『アラウンド・ザ・リングス』のなかで彼は、「オリンピックは私の赤ちゃんだ」と語っていた。ガーセッティは、「多くの都市はレガシーについて語りながら、しかしその多くのものを手に入れるに至っていない」ことを認めながら、同時に「オリンピックはすでにロサンゼルスの顔を変えた、それが二〇二八年大会だ」と主張している。オリンピックのための大規模交通計画の推進とスポーツへの若者の参加増進に向けた計画を指摘して、「われわれはすでに大会が始まる前からレガシーを示し始めている」と論じたのだ。[33]

誇張こそ呼び売り商人の支えだとするなら、功績を主張することは野心家にとって日々の仕事である。二〇一九年一月、ロサンゼルス教員組合に所属する公立学校教師たちは、労働条件、報酬、生徒とスタッフへの援助サービスの向上を求めてストライキに入った。DSA‐LAは、市全域で「教員にタコスを」プログラムへの資金作りのため、国際社会主義組織と組んでピケを張った。この時ガーセッティは、傍に身を置いてさかんに咳払いをしたり、アーとかエーとかを言ったりしていただけなのに、その後メディアのスポットライトを浴びながら、交渉においてきわめて重要な役割を果たした自分自身の立場を擁護すべくタップダンスを演じた。『ニューヨーク・タイムズ』紙に対し彼は、「私は、他の人にはできないことをなし得た」と語っている。[34] こうした大ボラは、一度限りの自己顕示として記録に残らないかもしれない。二〇一七年八月の市議会における投票に勝利した後、ガーセッティ市長は次のように主張している。「もう一度大会をアメリカに持ってきて、次の世代のために新たなオリンピックのレガシーを創出し、ロサンゼルスのすべてのコミュニティにスポーツやフィットネスプログラム利用をもたらすべく、一生一度の好取り引きをした」のだと。[35]

しかし、IOCとの一生一度の好取り引きなるものは、本当のところどれほど偉大なのだろう。ロサンゼルスが結んだ協定を仔細に検討してみるなら、実際のところそれは特別でも何でもない。演壇の背景に揺らめく背景幕の裏で、無視できない不確かさが蠢いている。

取り引きを発表した記者会見の席上、ＩＯＣは、ロサンゼルス組織委員会に対する一八億ドルの献金を謳い上げた。これは、ＩＯＣが受け取る放送権料とスポンサー料のパイ皿の、ほんの一切れにすぎない。最高仕様のスポンサーが加わることで、この数字は二〇億ドル近くに跳ね上がるかもしれない。[36]そう聞くと大層な金額に聞こえるが、二〇一六年リオデジャネイロ・オリンピックの組織委員会は、ＩＯＣから一五億ドル受け取っている。インフレ率を低く見積もって二％としても、リオの一五億ドルは二〇二八年のロサンゼルスの一九億ドルに相当する。つまり、太っ腹とされるＩＯＣの意向は、インフレにさえ追いついていない。したがって、本当のドルの価値で言うなら、ロスは実際のところリオより少ししか受け取らない。

ＨＣＣには、二〇二八年ロサンゼルスの組織委員会は、一八億ドルのうち一億六〇〇〇万ドルを大会開催前にロスの若者の「スポーツ関連活動」進展のため使用することができると明記されている。[37]若者たちにスポーツの機会を提供するとしても、特にそれなしにはスポーツへの参加ができない若者たちに機会を提供することになるかどうかは議論が難しい。また、誰がその基金の恩恵にあずかるかについては、合意のどこにも明記されていない。市は、最もそれを必要としている者にそのお金を注ぐだろうか。ガーセッティ市長はしばしば、スポーツを通して政治経済的困難を克服し、大学フットボールのキャリアを歩んでローズ奨学金を得たコンプトンの住人ケイリン・ムーアの素晴らしい物語を口にする。[38]しかし、これらの特別な資金が、実際にコンプトンやワッツの住民たちのところにいくのかどうか、あるいは、コールドウォーターキャニオンやベヴァリーパークのような高級所得者層の住む地域にいくことになるのか。その基金が市全域にゆきわたる保証はない。

加えて、もしもロスの組織委員会が金銭面で不足に直面したら、州と市の役人が準備する補填金五億四〇〇〇万ドルに手をつけざるを得なくなる。そうしたシナリオのもとでは、そうしたスポーツプログラムは、納税者によって補填されるものになるだろう。つまり、これは、オリンピックがもたらす特別な贈り物などではなく、むしろ、大会によって合法的に見せかけられた公共事業なのだ。

さらに、剝き出しの階級的扇動の動きもある。ＩＯＣはロスの誘致者が委員会を組織する費用をカバーするため、一億八〇〇〇万ドルに及ぶ五年間の無利子ローンを分配した。ＩＯＣはまた、五〇〇〇万ドルほどの謝礼金や費用の支払いを猶予している。[39] しかし、ロスへの誘致は、出資者たちがしばしば指摘するように私的費用で賄われており、したがってこれは、誘致を進める富裕な個人への何百万ドルもの贈り物ということになる。同じことは、ＩＯＣがオリンピックの収益の二〇％を受け取るという通常の取り分の放棄を約束したことにも言える。先に論じたように、最近のオリンピックの歴史は、予算の執行にだけ議論を絞ったうえで、大会出資者たちがお決まり通り他の出費については見て見ない振りをするというのでもない限り、利益さえあるという楽観論など生れようもない。ようするに、こうした利権を最も多く手にするのはロサンゼルスで最も裕福な一％の住民であって、通常のロス住民ではないのだ。

二〇二八年ロサンゼルス・オリンピックに私的資金を提供しているのは誰だろう。連邦の納税記録から、寄付をしている富裕な社交界人士たちをわずかながらうかがうことができる。地元スポーツ界の大物たち、バスケットボールチーム、ロサンゼルス・レイカーズを支配するオーナーのジーニー・バスのような人々が寄付している。最大の競争相手ロサンゼルス・クリッパーズも寄付しているし、大リーグのロサンゼルス・ドジャーズも同様である。オリンピックを主催することに財政的な関心を寄せた他のグループからも、資金が出ている。オリンピックの放送担当ＮＢＣユニヴァーサルの子会社ユニーヴァーサルスタジオは最初の誘致活動に一〇〇万ドル寄付し、イベントプロモーターで切符販売会社ライヴネーションも同じだ。ワッサーマンファンデーションは三〇〇万ドルを寄付し、アメリカオリンピック委員会は二〇〇万ドル拠出した。寄付者の多くは投資者といったところで、そのいくつかは直ちに見返りを獲得した。キャセイワッサーマン社、２４７グループは、ソーシャルメディアを使ったキャンペーンを運営するため一〇〇万ドル以上を受け取った。ＩＯＣ委員のアンジェラ・ラッジエーロが所有するラッジエーロスポーツＬＬＣは、コンサルタント料を受け取っている。[40]

たとえ出資者たちが「新設をしない（ノービルド）オリンピック」と主張しても、ロスの誘致者が大会に貼り付けている値札全体がわれわれの健全な懐疑の的になる。大会の費用は当初五三億ドルと見積もられていたが、急激なインフレにより、数値は二〇一九年四月には六九億ドルにまで押し上げられた。[41] しかもこの数字には安全確保の費用は含まれず、それは二〇万ドル以上に上ると見込まれる。ロスの組織委員会は、治安維持費用は連邦政府の負担を当てにしていて、したがってその費用は国中の納税者の負担になる。連邦政府の支援はあり得る仮定ではあるが、いずれにせよ仮定にすぎない。確かに、ロサンゼルス・オリンピックは近年のオリンピックより財政負担が少なくなるかもしれないが、だからと言って、自動的にもっと公正なものになるわけではない。

ロサンゼルス・オリンピックの出資者たちは、取り引きは最善のものであったと喧伝しているが、ＩＯＣの会長トーマス・バッハは、ロサンゼルスに対しどんな譲歩もなかったと言明した。[42] ロスの「一生一度の好取り引き」を仔細に検討してみるなら、バッハの方が真実に近い。ＩＯＣの意思決定メタボリズムは、基本的に、短絡的民主主義であるロスのその場その場の政治リズムに同調しない。ロスの誘致チームは二〇二八年招致に向け、ＩＯＣが敷いたタイムラインに沿って、機械仕掛けのウサギを追いかけるグレイハウンドのように全力疾走した。ＩＯＣとの宥和をはかりながら、ロス誘致チームは、公衆にもそれを評価する新鮮な機会が与えられるよう行程をもっとゆっくり進めていってほしいと声をあげていたノーリンピックスＬＡ連合のような、ロスにいる人々にはおかまいなく頭越しに、遠くの場所にいるオリンピックの大立者たちの要求に特権を与えた。ロサンゼルス・オリンピック招致委員会の会長ケイシー・ワッサーマンは、強力なＩＯＣを飛び越えて影響力を行使することはできないのだと主張する。「われわれは、今後すべてのＨＣＣが影響を被るパラダイム自体の変化をもたらすような決定を強制できない」という風に。[43] ワッサーマンの言説は、ＩＯＣが歴史的に弱体化している現在の時機を読み違えただけでなく、自分は自分という、将来の開催都市のことなど無視する本当の己の心性を偽っている。

オリンピックの合唱は、明確に上流階級のアクセントで歌われた。ケイシー・ワッサーマンも例外ではない。彼はワッサーマン・メディアグループ（二〇一七年に単に「ワッサーマン」と改名）のオーナー兼CEOで、グループはスポーツに焦点を合わせたマネージメントとマーケッティングを行ない、大勢のプロスポーツ選手、オリンピックアスリートの代理人を務めている。ナショナル・バスケットボール・リーグ（NBA）、ナショナル・フットボール・リーグ（NFL）両者のコミッショナーたちが彼の讃美を歌い上げる。彼は政治的野心家で、民主党の献金者であり、クリントン・ファンデーションの理事会に席を占めている。彼の博愛主義的事業には、母校UCLAへの大口寄付が含まれる。こうした経緯はけっして偶然ではなく、彼はハリウッドの黒幕ルー・ワッサーマン（その名前だけでたくさんのドアが開かれた）の孫にあたる。一八歳のワッサーマンが売り切れになっていた『ガンズ・アンド・ローゼズ』の切符を手に入れたいと思った時、祖父が彼をデイヴィッド・ゲッフェンに引き合わせてくれて、「スラッシュの汗が頭に飛んでくる」ほどステージに近い席を取ってもらったことがあった。二〇一八年末、ケイシー・ワッサーマンがビバリーヒルズのマンションを売りに出した際、言い値は一億五〇〇〇万ドルで、ロスの住宅販売リストの最高値だった。『スポーツ・ビジネス・ジャーナル』が書いたように、「ワッサーマンにとってお金などまったく問題にならない」[44]のである。

一〇歳の時ワッサーマンは、一九八四年大会の聖火リレーで聖火を掲げた。彼とエリック・ガーセッティが共有しているその大会に寄せるノスタルジーのおかげで、二人はしばしばメディアのなかで、あるいはIOC委員たちの間で、「一九八四年ボーイズ」と呼ばれる。[45]その二人が、一緒になって危険きわまりない出資者たちの専横がまかり通るのをリードしてきた。手を携えあった親方、権力と特権の模範なのだ。ワッサーマンは、二〇二四年と二〇二八年開催都市の誘致を同時に発表するアイデアを浮かび上がらせたのは自分だと主張した。IOCの上層部に渡りをつけた後、彼もガーセッティも、それを実現するため背後でのオリンピックの黒幕たちとのおしゃべりに興じている。

ガーセッティとワッサーマンは、すぐにノーリンピックスLAのアクティビストたちの嫌悪の的、自分たちの密かな願いを見えない形で大衆に押し付ける権力者の典型となった。反五輪運動の組織者ジャックス・アリオラは、私に、「ガーセッティは、自分自身のため以外、誰のためにも、クソほどのこともしてこなかった。彼がしきりに要求することと言ったら、カメラ撮影の時間とか、利己的なことだけ、オリンピックみたいなね」と語ってくれた。[46]彼が言うには、ワッサーマンは、「ロスの若者に少しでも良くしてあげようとか、最低限の保護でも与えようとかいった願いなどいっさい持たない、おぼっちゃま育ちの生粋の資本家なのさ」。[47]祖父のルーと一緒に一九八四年大会に接し、ワッサーマンは、「祖父は、オリンピックはただのスポーツビジネスではないと語っていた。オリンピックは魔法のビジネスのなかにある」と回想している。[48]ノーリンピックスLAのメンバーには、「魔法みたいな考えのビジネス」という方がふさわしいだろう。その綱領において反オリンピック連合は、「一方では開発業者やビジネスの利益に都市への鍵を引き渡しながら、オリンピックというトロイの木馬を使って自らの広範な政治的野心を達成しようとする、ガーセッティ体制と定義される反民主主義的、資本家贔屓の地方政治」を覆すことを目指している。[49]ノーリンピックスの組織者アリエル・サライは、批判をなだめるためにガーセッティが用いる、「社会的正義といったものを馬蹄投げのように誘致運動のなかに放り込んでしまう、怠慢で非効果的な手法」を指摘している。[50]

ガーセッティをさかんに非難する人たちさえ認めているように、彼は、少なくとも表面的には、説得力をもって語る政治家である。ジョニー・コールマンは、二〇一五年にロス音楽会の偶像アート・ラボエについての記事を『ピッチフォーク』誌のために書いていて、ガーセッティにコメントを求めたことがあった。コールマンはその記事のなかでガーセッティのコメントに触れていたが、後に私にこう語った。「私はけっしてガーセッティの大ファンであったことはないが、当時の私がそうだったように、もしも油断していると、彼はいかにも滑らかな政治的やり手として登場してきてしまう」[51]。大会をめぐる市長の美辞麗句を仔細に検討して、コールマンは直ちに、ガーセッティは反オリンピック批評にとって戦術的に効果的な突破の鍵になるだろうと結論づけた。とにかくガーセッティは、大統領選挙への出馬が頭にあって、莫大な時間を国内国外の旅行に費やしていた。その彼の際立った不在が、「ガーセッティはどこ？」キャンペーンに火をつけた。キャンペーンは「www.wheregarcetti.com」というウェブサイト、チラシ、街中での野心的なステッカーの使用の形をとって進められた。ミルクカートンに掲載されている行方不明者のイメージを模倣し、アクティビストたちは、市長の絶え間ない顕著な不在に照明を当てたのだ。

多くのノーリンピックスのメンバーが、「ガーセッティはどこ？」キャンペーンの迂回路が、ソーシャルメディアの真剣な関心を惹きつけたと指摘している。[52] 組織者のスティーヴン・ハッチソンは、その企ての背後にある考えを次のように説明してくれた。

それは、ノーリンピックス運動としても、あるいは社会主義一般にとっても、まさしくわれわれ自身の運動にかなうものだと確信しているよ。右派は、彼の名前の横に民主党の頭文字「D」が付いているゆえに明らかにガーセッティを嫌っているし、保守派は、政策のいかんにかかわらず彼を拒否するよう文化的にプログラミングされている。リベラルを自認する者は、ほとんど彼に関心がないか、再びここでも、単に彼の名に「D」が付いているという理由でおおむね防衛的であり、同じくこれもまた文化的にプログラミングされている。世界で最も大きな都市の一つの市長であることからすれば、彼は特別有名というわけではまったくない。少しでも彼の名を聞いている人は、おそらく、数ある「リベラルな都市」の「リベラルな市長」の一人であって、それ以上取り立てて言うほどのことはないと思い描いているだろう。このことがわれわれに、この人物は本当は何者であり、何を代弁しているのか、われわれに不利にもはたらく既存の批判言説を使わず、われわれ自身の言葉で規定する機会を与えてくれた。彼は、誰だって求めたり擁護したりしたいと思わない稀に見る標的で、しかもなお、数百万の人々の生活を左右する確固たる権力を握っている。[53]

ノーリンピックスのアクティビスト、エリック・シーハンは、ロス市長に照準を合わせることの重要性に共鳴して、私にこう語った。[54]「トランプのもとで、一五分ごとに彼が発するツイートに誰もが幻惑されているけれど、しかしほとんどの人間にとって、彼は手の届かない人物だ」。それに対し、「地元の政治家は驚くほど近づきやすい。ここでの全体のアイデアは、ガーセッティをいら立たせることにある。地元の政治家を追うことは、今この場所で本当の変化をもたらす、おそらく最善の道筋なんだ」。二〇一〇年、テンプル大学の学生だった時にDSAに参加し、今は全国のDSAとDSA－LA双方で指導的な役割を果たしているブランドン・レイ・ラミレスは、さらにそれを押し進めて「『ノーリンピックス』がなかったら、ロスの市長は、DSA－LAがいったい誰なのか知らなかっただろうと思う」と語っている。ノーリンピックスを見つめ、ガーセッティ市長とそれとの関係を眺めて、ラミレスはこう考える。[55]「これは、選挙で選ばれる人間との間にわれわれが築きたいと思っている理想的な関係だ。われわれは、彼らに自分たちが誰であるか知ってほしいと思っているんだと言ったからといって、それをいい関係にしようと願っているわけではない。それは、われわれの側の役割ではない」。

ノーリンピックスのアクティビスト、グロリア・ガラードは、「ガーセッティはどこ？」キャンペーンがどんな風に人々との会話を始めるきっかけになるかに気がついた。「私はステッカーを持ち歩いて、なるべくたくさんの人に渡している」。そう言って彼女は、ますますメディアを通じての活動が増大してゆく世界のなかで、自分の足で歩く要素が重要であるのだと付け加える。「まさかステッカーを貼るだけでグループとしての目標を達成できるなんて期待していない。でも、インターネットやソーシャルメディアの外側で、視覚的なものを増大させる役に立ってきたと思う[56]」。反五輪の宣伝を目立たせるステッカー戦術は、たちまち、ノーリンピックスLAが保持する戦術の矢筒のなかで鍵を握る矢となった。

ノーリンピックスのたくさんのアクティビストが、ライターとして、あるいはプロデューサーとしてハリウッドで仕事をしている。その多くは、ノーリンピックスグループの創造性、ユーモア、センスの良さに惹きつけられて運動に加わった。例えば、マイケル・スタインボーンは、二〇一〇年にロスに移住し、プロダクション・アシスタントの経歴をスタートさせ、後に『子ども病院』や『燃える愛』といった番組のためコメディを書くようになった。彼は私に、ノーリンピックスは「僕が身を置いてきたライターたちの部屋で、誰もが同じシリンダーの上で燃え上がり、みんなが互いを理解している時と似ているんだ」と語ってくれた。彼は、テレビやコメディの世界で培ってきた技量を使って反五輪キャンペーンで働いている。彼によると、ノーリンピックスLAは、すぐに「くつろいだ気持ちになれる」「芸術的思考空間」なのだという。[57]

スタインボーンは、ジョニー・コールマンや、真剣なプロダクション技量を持ってハリウッドで働くエリック・シーハン、ジャスティン・ガーとチームを組み、ロス市長ガーセッティのオーディション計画を狙った別のプロジェクトを進めてきた。シーハンはシリコンバレーの下層中産階級の家庭で育ち、二重に人をあざむく不平等を間近で見てきた。二〇〇九年にロスに移り、映画とビデオゲームの仕事についた。一方、ガーは、現在は映画製作者で、深南部（ディープ・サウス）のアラバマ州バーミンガム近郊で成長した。彼は、「基本的に封建制のもとにある州であるアラバマのような場所で、剝き出しの資本がどのように働くか」を経験した。シーハンもガーも、二〇一六年の大統領選挙の後、DSAに加わった。[58]

ガーセッティ役オーディション・プロジェクトは、時として進歩主義のささいな香りでスパイクされた政治的ポプリを差し出す市長の性癖を捉え、公的な市長の人物像のきらびやかな表面の下で沸き返っているのを彼らが目にした深刻な欠陥に光を当てることを意図していた。ノーリンピックスはまた、『セス・マイヤーズ・レイトナイトショー』で市長がしたような、誇張だけの約束についても闘いを挑むことを目指した。市長は、「オリンピックがやってくるまでには、ロスの街中のホームレスをなくすることができると自信を持って言える」と約束した。[59] プロジェクトは、オーディションビデオの撮影のアイデアを確かなものにする前に、何度も繰り返しブレイン・ストーミングの容器に計画を混ぜ込みながら会議を重ねるといった経過を必然的に伴う共同の過程だった。

ガーセッティは莫大な時間を街の外で過ごすのだから、ハリウッドの俳優やサダム・フセインと同じく彼だって影武者を必要とするかもしれないという事実を広げてみることを、ノーリンピックスLAは狙った。スタインボーンは次のように説明する。「オーディション計画の背後にあるアイデアは、『サタデー・

ナイト・ライブ』やトークショー『コナン』からこれまで見たこともないスクリーンテストのやり方を利用し、しかし、アル・パチーノ演ずるビル・ハーダーとか、『バック・トゥー・ザ・フューチャー』のなかでクリストファー・ロイドが演じたキャラクター（ブラウン博士）を代わりに演じるような、偶像的な役柄のオーディションを受けるセレブの印象を持ったコメディアンではなくて、市長がロスを離れている時の代役のオーディションを受けるのは、本当のロサンゼルス市民だという点なんだ」[60]。ガーはそれに加え、目標は「何やら生半可な知識しか持たないリベラルに、エリック・ガーセッティが実際どんな人間なのか、要点をわかってもらうことだ。たいていの人は彼が誰なのか、どんな顔をしているかさえ知らないからね」と語る[61]。こうした諸々の理由で、ノーリンピックスＬＡは、ガーセッティ役を演じるため異なる人種、ジェンダー、年齢の幅広い役者たちに呼びかけた。二〇一八年八月、彼らは二つの役者募集のメールを発信し、『クレイグスリスト』に広告を一つ載せ、「ビデオ・アートプロジェクトのため、カリスマ的な市長あるいは大統領タイプを募集」というウェブサイトを立ち上げた。そして、顔写真と「市長としての最初のツイート」のサンプルを送ってくれるよう求めた。

ＤＳＡ－ＬＡとノーリンピックス両方のメンバーで、経験を積んだ役者でもあるスティーヴ・ドゥシーも呼びかけに応じ、顔写真と共に、なぜ自分はその仕事にふさわしい人物なのかを説明する情熱的で皮肉たっぷりのツイートを寄せた。ドゥシーはこう書いている。「『クレイグスリスト』に載せられた記事から察するに、自分こそ、その役に完璧に当てはまると思われます。わたくしは訓練を積んだ役者であると共に、市長（将来の大統領）エリック・ガーセッティの熱烈なファンでもあります！　わたくしは、あらゆる種類の市のリーダーたちを愛しています。ロングビーチに住む市長は、また、わたくしのヒーローでもあります。彼には、まさしく文化に対する脈動が備わっています。わたくしは、真のルネサンス的教養人たる彼のツイートをフォローすることを、断固推奨するものです」[62]。

ドゥシーは冗談めかしていたが、しかしノーリンピックスは、真面目に仕事を探す役者たちの時間を浪費させないよう気を配った。シーハンは次のように説明している。

われわれは、人々を食い物にしているわけではないことをはっきりさせたかった。ガーセッティではなく、オーディションを受ける人物の冗談を笑うビデオを作ろうと思ったら簡単だ。しかし、人々が笑い者にする相手はガーセッティであって、ロスで仕事を求め、夢を実現しようとしている役者たちではないことをはっきりさせたかったんだ。われわれが強く懸念したのは、人々の自由な時間を浪費させる人間と見られたくないってことだった。ある段階でガーセッティの影武者をキャスティングする計画ではあっても、すべての過程が自分たちが作ろうとしているビデオのためであることははっきりさせた。このオーディション自体、そのビデオの一部だった。

シーハンは、「これは政治的・芸術的な意図による、本質的には政治的プロジェクトである」ことを強調し、参加者に「会場に来る前にそのことを心得ておくよう」忠告した。およそ三〇人の役者がオーディションに参加し、誰一人途中でやめなかった。[63] 投稿されたメールには「これはオーディションでもあり、撮影でもあります。オーディションの映像は、ウェブ上でのキャンペーンに使用されます。したがって、オーディションへの参加者にはすべて、将来の市長の影武者プロジェクトと共に、ビデオ収録のチャンスが与えられています。アーティストとして、またコミュニティのオーガナイザーとして、私たちは、政治的性質を帯びた主題を探求しようとしています」と記されている。そして最後に、「市長室へ何を持ってきてくれるか、楽しみにしています！」と締めくくられていた。[64]

オーディションの基本的進め方は、役者が自己紹介し、自分たちが演ずる役割を述べ、それから再度、今度はロサンゼルス市長エリック・ガーセッティとして自己紹介するというものだった。スタインボーンとシーハンがオーディションをリードし、役者たちが演ずるために「ここで、ロサンゼルスとアメリカがオリンピックを救うだけではない。オリンピックがアメリカとロサンゼルスを救うのだ。それはそういう方向に働く。われわれは、互いを必要としている」といった、実際に彼が言ったセリフを提供したりした。別のオーディションの課題は「私はエリック・ガーセッティだ」と言いながら、ガーセッティの身振りをしながら指で「ＬＡ」と綴るよう求めるものだった。「オリンピックが前回ここで開かれた時、あなたは一三歳でした。それはどんなものでしたか？」といったいろいろな質問に、役者たちがガーセッティとして、自由なスタイルで答えるというのもあった。

オーディションから、スタインボーとシーハンとガーはたくさんの短いビデオを作成した。そのなかでは、失言や真剣な印象やさかんな即興などが編集されている。多くの役者たちが、市長の名前を思い出すのに苦労していた。ある者たちはぎこちなく「ＬＡ」の文字を作り上げ、それが何ともむずかしくてくすくす笑っている。一人の役者は、セス・マイヤーズに対するガーセッティの約束、「オリンピックがやってくるまでに、ロスの街中のホームレスをなくすことができると自信を持って言える」を演じ、さらにこう述べた。「もしもできなければ、一九八四年にしたように、またパームデールの砂漠の只中に彼らを送り出すだけだ」。

役者であり、スタンダップ・コメディアンであるジェイムズ・アドミアンも、オーディションを受けた。スタインボーとシーハンが投げかけた質問を反復し、さらに生き生きとそれを過激なものにして、こう続けている。「ロサンゼルス住民としてみんな承知しているように、すべての人間の頭にある第一の問題は、確実にオリンピックを開催するということです、何がどうクソ食らえのものであろうとも」。歯を食いしばり、口ごもり、顔を硬直させ、それから彼は、今度はぐずるような泣き声でこう言った、「オリンピック〔一九八四年〕と暴動〔一九九二年〕との間には、何のつながりもありません。オリンピックが市から心を剝ぎ取ってしまったことと、暴動を導いた経済的衰退の間には何のつながりもないんですよ。……われわれには、オリンピックが必要なんです！」[65]。ノーリンピックスＬＡは、こうしたビデオをソーシャルメディアや自分たちのウェブサイトにアップした。

シーハンは、「その会にやってきたみんなが本来的に政治的であるわけでも、アクティビストでも、オーガナイザーでもなかったけれど、しかし、みんな何か興味深いことを口にして、彼らからとても多くのことを得た」と語っている。[66]プロジェクトの次のステップは、ガーセッティの配役を決め、ロスのあちこちでテープカットを行なったり、市長の公式イベントの近くでそれに対抗する催しをしたりすることだった。例えば、二〇一九年六月にスティーヴ・ドゥシーは市庁舎の階段でガーセッティ市長を演じ、二〇二八年ロス・オリンピックの中止を発表した。その小劇は、メディアでも流された。[67]ガーは、知り合いの間でも、それらのビデオを見た後からガーセッティの政治的欺瞞をよりはっきりと見るようになった人たちがいたと指摘する。そして、「反対論を提示することすら、ユーモアのある会話の方が容易なんだ」と語ってくれた。[68]ノーリンピックスLAのユーモアはグループの力強さのなかから引き出され、そうすることは楽しいのだ。彼らは意図的に、コメディが政治教育の乗り物となるような現在の文化的時流のなかで踊っている。ノーリンピックスLAのユーモアの戦術的使用に関しては、第3章で詳しく探求してみたい。

3……一九八四年ロス五輪——新自由主義オリンピックの神話と事実

オリンピックに寄せる希望の多くは、過去の大会の亡霊たちによって掻き立てられる。「ロスは常に大会の変革者だった」と、エリック・ガーセッティは市のウェブサイトのフェイスブック・ビデオのなかで語っている。「一九八四年にわれわれは途方もないことを成し遂げたのだと、私は思う。荒れ狂う冷戦の只中でスポーツは政治化され、われわれが、オリンピックを救った。スポンサーの資金提供と大会での利益という、近代最初の時代の到来だった」。[69]一九八四年大会の車軸のまわりにしっかりわが身を包み、オリンピックの歴史のよりゆっくりとした大きな流れを見落とすのは、ロスのオリンピック出資者たちに共通している。結局のところ、多くの面で一九八四年大会は一度限りであり、まったくそれはほとんど成功などではなかった。ある領域では一九八四年オリンピックはそれ以前の大会、それ以降の大会より上手くいったとしても、その後知られたように一九八四年ロス大会は、しばしば二〇二八年大会を批判する者たちに対する武器となった神話と偽りの誤伝に覆われている。

一九八四年オリンピック開催都市を決める時、立候補はロサンゼルスとテヘランの二都市だけで、テヘランはイラン革命の勃発のせいでＩＯＣ総会での投票前に撤退した。かくしてＩＯＣはロスを主催都市として発表し、トム・ブラッドリー市長が署名するべく用意されていたＨＣＣの条件では、費用の超過分はロスが責任を持つものとされていた。近来のオリンピックの歴史、モントリオールの杜撰な結果とデンバーの残滓が生々しく頭にあって、市長は署名を拒否した。ガーセッティの説話化された追憶と同じく、ブラッドリーは一四歳の時、競技場の塀の隙間から一九三二年オリンピックを眺めていた。彼は大会の主催を熱烈に望んでいたが、政治的キャリアを犠牲にしてまでもとは思わなかった。一方、ＩＣＯ会長の、アイルランドのキラニン卿も、オリンピック憲章第四項を盾に条件の変更を拒否した。それは大会に関わるどんな負債も開催都市の責任とするもので、ブラッドリーが率いるロスの誘致派遣団は最終決定を持ち越したままカリフォルニアに帰還した。

ブラッドリー市長にとって事態を複雑にしていたのは、ロスが市の憲章を修正し、大会の財政に公的資金を使うことを禁じたことだった。[70] 一九七九年、ロスの有権者は、五〇〇万ドルに及ぶホテル税とオリンピック入場券税に関し、プロジェクトに対する公的資金の投入を禁止する市憲章の修正を可決したのだ。ロサンゼルスの誘致者は、費用の超過分の責任に関してはビジネス界の大立者ピーター・ウェーバーロスをトップに立てて基金を調達し、組織委員会を監督することで、誘致を民営化することを強調した。しかしなお、ＩＯＣは、民営化された誘致に青信号を出すのを嫌がった。最終的に行き詰まりは、合衆国オリンピック委員会がそれまでなかった一歩を踏み出し、民間団体であるロスのオリンピック組織委員会に参加し、大会の財政的責任を分担することで打ち破られた。ＩＯＣは、第四項を棚上げにして渋々同意した。[71] 歴史上初めて、市自身ではなく、民間グループがオリンピックを組織することになった。

ウェーバーロスは、新自由主義の忠実な先導役だった。レーガノミックスへの改宗者で、オリンピックは「民間企業が自らを高め、人類にとって何が良いことなのかを示す機会」を提供するものだと宣言した。[72]大会を「アメリカの自由企業体制の妥当性を実践してみせる強力な道具」と見た彼は、協賛会社の華やかなリストを並べて見せた。[73]アトランティック・リッチフィールド社、マクドナルド、セヴンイレブンの親会社などの民間パートナーを説得して、水泳プール、競輪場を建設し、ロサンゼルス競技場を全面改修した。記録的な二億二二〇〇万ドルという額でのABCへの放送権売却を仲介した。彼は、ホテル税とオリンピックの切符販売の税金が合同企業に注ぎ込まれるよう画策し、そのことで一九三〇万ドルが市に転がり込み、そのうち一五〇〇万ドルは治安維持費に用いられた。『スポーツイラストレイティド』誌は、ウェーバーロスに「民間の君主」、「〔手に触れるものを黄金に変えた〕ミダス王の手を持つ守銭奴」の栄誉を与えている。[74]

ウェーバーロスの民営化の要点を標示しているのは社会学者アラン・トムリンソンが言うところのオリンピックの「ディズニー化」で、その鍵を握るのは、企業による巨額の現金の注入である。[75]ウェーバーロスは、最低四〇〇万ドルを現金ないしそれに準ずる形で寄付する大口の企業スポンサーを募集し、限られた数のパトロンを組織して排他性の栄光を築き上げた。このスポンサープログラムには、アメリカンエクスプレス、アンハースター・ブッシュ、AT&T、アタリ、ジェネラルモーターズ、コカコーラ、コンバース、リーバイス、マクドナルド、マース、モトローラ、サンヨー、ユナイテッド航空、ウェスティングハウス、ゼロックスなどの名前を含む三五の企業が登録された。アディダス、パナソニック、ローリングススポーツ用品、東芝が「公式の商品提供者」となった。組織委員会は合衆国税関と提携し、認可されない製品が輸入されるのを防止した。[76]一途にブランドに取り憑かれたかのようなこうした管理が、やがてオリンピックの規範になってゆく。

一九八四年オリンピックを特徴づけるのは、「ビジネスはビジネス、スポーツはスポーツ、両者を混ぜ合わせることはできない」[77]という前IOC会長アヴェリー・ブランデージの空想的金言の弔いの鐘だった。ウェーバーロスとビジネス仲間たちはこの虚構を骨抜きにし、抜け目なく、新自由主義オリンピック・ビンゴのすべてのマスを埋めていった。ウェーバーロスは一九八四年オリンピックを「国のための運動……十字軍」と呼んだ。[78]「十字軍」は二億二二〇〇万ドルほどの純益をあげ、オリンピックが赤字に陥らなかった最後の時となった。[79]しかしこの数字には、納税者の基金による、コミュニケーション・ネットワークやバス・サービスといった公共事業に投じられた公的補助金は含まれていない。[80]また、無償のボランティアの一軍が労賃を最小化した。さらに、連邦政府が、ということは国中の納税者が、治安維持費を分担している。二億一二〇〇万ドルの余剰金は、四〇％が米国オリンピック委員会（ＵＳＯＣ）に、二〇％がオリンピックスポーツの各管轄組織に、四〇％が地元の若者のスポーツを援助するため組織委員会のアマチュアスポーツ基金（後にＬＡ８４基金に改名）に配分された。[81]

ＬＡ８４基金は、一九八五年に、一九八四大会の二億一二〇〇万ドルのうちの市の取り分の約九〇〇〇万ドルをもとに創立された。組織は「若者のスポーツプログラムと若者の前向きな成長を支えるスポーツの役割についての公共教育における、国中から認められたリーダー」と自らのことを記述している。[82]毎年スポーツ備品の提供、施設の改修、コーチングのため、おおむね一万ドルに上る九〇件ほどの下付金を交付し、ロス中の一〇〇〇以上のスポーツ・グループがその基金を受けてきた。その豪華な本部が、ウエストアダムズブルバードの歴史地区に置かれている。

ほぼ三〇年間にわたり、アニタ・デフランツが基金の会長を務めた。[83]デフランツは元ボート選手で、一九七六年モントリオール大会で銅メダルを獲得した。ジミー・カーター大統領がボイコットを決めたモスクワオリンピックでも、もし出ればメダルを争っていただろう。デフランツは、「オリンピック大会は地政学的な交渉手段として誤って用いられている」[84]と信じ、競争の権利を求めてＵＳＯＣを告訴したが、敗れた。『ＵＳＡトゥデイ』紙に彼女は、スポーツは政治を避けるべきだと次のように書いている。「オリンピック大会は、アスリートと競争と平和の約束に関わるものであり、それだけに関わるべきものである」[85]。政治とスポーツは一緒くたにされるべきではないという観念への帰依ゆえに、彼女は一九八六年ＩＯＣの新役員に選出され、一九八一年ＩＯＣがついに女性の参加を認め始めて以来、最初の女性メンバーの一人になった。彼女を継いで、二〇一六年、レナータ・シムリルがLA84基金の会長・CEOに就任した。シムリルは軍隊で経歴を重ね、後に『ロサンゼルス・タイムズ』紙とロサンゼルス・ドジャーズで働き、南カリフォルニアスポーツ界の最も強力な人物五〇人のリストの三八番目に位置している。[86]

表面上、LA84基金は、通常と同じスポーツ振興団体のように見えるが、いかにも富裕な団体である。今日その基本財産は二億ドル以上に及び、加えて七〇〇万ドルの不動産を所有している。ノーリンピックスLAのアクティビストがそのきらびやかな表面を引っ掻いて匂いを嗅ぐと、そこからジェントリフィケーション推進エンジンの匂いが漂ってきた。明らかになったところでは、LA84は、二〇〇八年の経済危機が起きたなかで抵当権を失った家を買いあさり、それを賃貸市場に出して儲けた悪名高い企業ブラックストーン社に巨額の投資をしていた。ブラックストーンはこの企みに一〇〇億ドル以上を注ぎ込み、そうした戦略を始動させた最初の未公開株式投資会社の一つになった企業である。[87]国連報告書の一つは、ブラックストーンのようなグローバルな地主が「安全に対する借主の権利に破壊をもたらし、グローバルな規模の住宅危機に貢献する厚顔無恥な企業になった」[88]と述べている。それにもかかわらず、二〇一六年の納税記録によれば、LA84はブラックストーンにほぼ二三〇〇万ドル投資した。また、ゴールドマンサックス、BTプライヴェート・エクィティ・ファンドのような、まさしくジェントリフィケーションを引き起こした会社にも資金を投じている。ブラックストーンは二〇一八年、州全域での投票を通して地域コミュニティにおける賃貸規則を確立しようと試みたプロップ10を押しつぶす筋書きを書くのを助けていた。[89]

「ブラックストーンは、反ジェントリフィケーションの批評家が「転移財政支出」と呼ぶもの、すなわち、銀行が相場師に資金を貸し付け、相場師が困窮に陥った不動産を買って賃料を引き上げ、支払えない借家人を追い出し、資産を金持ちに貸し付け、その資産を保証にさらに銀行から資金を借り入れ、それをまた繰り返すという過程にどっぷり浸かっている。その狙いは、貧困層や非白人コミュニティを洗浄し、またそれを繰り返すことにある。連続的に立ち退きを迫る相場師は、銀行との象徴的な関係を鍛え上げ、銀行は貸付金を通して見返りを得ている。[90] 投資を通してLA84基金は、こうした残忍な転移財政支出の踏車を先導しているのだ。ノーリンピックスのウェブサイトに上げられたエッセイは、「もしもLA84がロサンゼルスのコミュニティを支援するために存在するなら、なぜ、この市をより住みにくくするため積極的に活動している会社にそんなに深く関わりあっているのだろう」と問うている。ようするにLA84は、「非白人コミュニティを撤去するためデザインされたシステムに積極的に参加し」ていて、それは「援助を必要とするコミュニティに奉仕し強化するという建前上の使命と真っ向から矛盾している」のだと、アクティビストたちは主張する。[91]

ノーリンピックスLAで働いている南カリフォルニア大学コミュニケーション学専攻博士課程の学生セリアンヌ・ロバートソンは、この点を強調して次のように語る。「それは複雑な財団です。財団がパートナーになっている学校プログラムやコミュニティ組織のいくつかは、価値のある仕事のように思われます。しかし、彼らにはまた、財団がつとめて取り組むことになっているはずの問題や不平等の複雑さを見えなくしてしまう傾向があります。そしてそれが、総体的な財団のアプローチを表わしているように思われます」。彼女はさらに、「LA84は、サービスが行き届かない非白人コミュニティでの遊びへのアクセス不足を好んで口にしますが、財団の大きな投資相手の一つであるブラックストーンのような巨大な不動産所有者たちの役割については、同じコミュニティが家や近隣にとどまる力を脅かされているような時も口をつぐんでいます」とも語る。[92] ロバートソンには、オリンピックについて一つどころか三つの知見がある。彼女はかつて、オリンピックの期間中、リオデジャネイロに住み、大会によって引き起こされた虐待や追い立て、それがメディアでどう扱われたかを「リオ・オン・ウォッチ」というアクティビストたちのウェブサイトのために記録していたからだ。

ロサンゼルスの反五輪アクティビストたちは、また、民間財団として、LA84が公衆から情報を隠すことができる点に含まれる問題を指摘する。表に現われない裏での相互関係や社内文書は、「報道の自由法」にも「カリフォルニア州公的記録法」にも縛られない。同じような情報の流出を防ぐ壁のダイナミックスは、私的に資金が集められたオリンピック招致にも当てはまる。LA84の私的な誘致運動がその点を例証している。

二〇一八年一〇月、LA84財団は「アスリートのアクティビズムと社会的公正――若者のための行動に向けて」というテーマで年次サミットを催した。ノーリンピックスは、それに合わせて質問を提起した。サミット出席者がホテルに到着するのに合わせ、何人かのメンバーが早々と姿を現わした。会場はマリオットホテルで、ホテルチェーンの反労働者的な実践に対し従業員の抗議行動が全国で行なわれている最中だった。アクティビストたちは、行事に参加する人たちに大会反対の広告パンフレットを配布した。一つのチラシには「なぜロサンゼルス住民は、オリンピックを招致するか否かについて投票できないのですか？」、「在住許可証・労働許可証を持たない人々、非白人を留置や排除や死の危険に追いやるNSSEへの指定や警察の軍事化の強化という事実にもかかわらず、なぜ、二〇二八年ロス・オリンピックに関する住民投票が行なわれないのですか？」という質問を含む「今日耳にすることはないだろう、いくつかの質問」が取り上げられていた。配布資料は、出席者たちに、行事のなかでこうした質問を提起するよう要請していた。また、監視、立ち退き、ホームレス、ブラックストーンといった、出席者たちがサミットで耳にしないだろう語句を並べた「不可能な言葉ビンゴ」も配られた。

ノーリンピックスは正しかった。ビンゴ・カードに載せられた術語のほとんどは触れられることがなかった。ホームレスに言及されたのは一回だけで、深く議論されることも、オリンピック開催と結びつけられることもなかった。サミットのためのプロモーション資料は、一九六八年オリンピックで空中に抗議の拳を突き上げるトミー・スミスとジョン・カーロスの写真で飾られていたが、抗議についての複雑な討論の場になろうとするためではない。多くの者が以来五〇年にわたって苦痛を感じてきた、スミスとカーロスを突き動かした社会的問題を切り離しておくためだった。サミットの舞台となったダンスホールの外にメダルを受ける表彰台を模した台があって、背景にスミスとカーロスが派手に描かれ、一緒に写真を撮れるようになっていた。にもかかわらず、一日中続いた会の間、参加者は、グローバルな舞台で正義を求めてアスリートのアクティビストたちが声を上げたように、スポーツ界のアクティビストたちが挑戦し、あるいは、自分たちが払った代価を熟考しようとした構造的な不平等に面と向かい合うよう促されることはなかった。

サミットへの参加費は最低三九五ドルで、普通のロス住民には手が届かない。私は、行事に参加した。と言っても、LA８４が無料のパスをくれたからで、高額な登録費を払ってではない。オリンピックの飛び込み選手グレッグ・ローガニス、フェンシングのイブティアイ・ムハムマッドらと共に、テニス選手のジェイムズ・ブレイク、NBAのスター、ポール・ジョージといった有名選手たちがステージに上がった。「アスリートの運動（アクティビズム）と社会正義」という掲げられた主題にもかかわらず、そこでの実際の運動は、本質的テーマというより表面的なミームというものだった。ESPNの放送ジャーナリスト、カリ・チャンピオンがNFLのスター、エリック・ディッカーソンにインタビューした時も、運動については間接的にでさえ言及されなかった。サミットで運動に言及されたのは、決まり切った形で唱えられる言い草としてだけで、ありふれた着想が深い熟考を凌駕していた。行事は、厳しく何かを問うより、法人組織の社会的責任という枠内に心地よく収まるものだった。コカコーラ、デルタ、フォックススポーツ、クリアチャンネルといった会社がスポンサーなのだから、これは何の驚きでもない。サミットに出席していたロバートソンは後に、「イベント全体が会社の株主総会みたいなもので、社会正義に関して期待されているようなサミットとしては、したがって当然異様なものだった」と語っている。[93]

ノーリンピックスのメンバーの一人がサミットに潜入し、後に、LA８４のCEOが他の法人のビヒモス（巨魁）たちに対して叫んだ奇妙な言葉に照明を当てている。ノーリンピックスのブログに書かれた記事によると、「基金の会長レナータ・シムリルは、彼女が履いていたナイキ・コルテスを引き合いに出し、こんな異様な追憶でサミットを締めくくった。『一九六八年大会は、運動に霊感を与えただけではありません、実際、靴の製造ラインにも霊感を与えたのです』[94]」。歴史的複雑さの平準化と商品文化の向上が同時に生起するという点で、評論家スーザン・ダグラスの観察が思い浮かぶ。彼女は「資本主義の最も大きな力の一つ、おそらく最も大きな力は、反対のものを組み入れて飼いならし、批判の装いを変えて、市場に出せるたくさんの製品に変貌させてしまう能力である」[95]と言っている。こうした吸収の渦巻きのなかで、二〇二八年オリンピックの話題は一日中ほとんど切り出されなかった。

オリンピック全体がそうであるように、サミットは、われわれがなぜ慈善事業が絶望的なまでに必要な世界に住んでいるのかということを掘り起こすことなく、心地よい博愛主義に焦点を当てていた。それは、何の政治的パンチもなしに滑らかな気取りで司会するテレビのパーソナリティ、サル・マセキーラによって巧みに導かれ、リベラルな「良いことしよう主義」のお上品なブランドを持ち上げていた。台本をすり抜けた唯一の瞬間は、二〇一七年全米パラリンピック大会の砲丸投げのチャンピオン、ケンドール・スティアが二〇二八年について「もしもすべてが成功裏に進むなら、そうですよ、五〇年か六〇年間、若者にスポーツの基金となるようなお金を得るチャンスになります。逆に、もし成功しなければ……われわれは一〇億ドル失う機会になってしまいます」と発言した時だった。スティアの脱線はともかく、サミットは、ニュアンスを欠いた芝居じみた仰々しさを増殖していた。

このことは、われわれに一九八四年オリンピックの二億一五〇〇万ドルの利潤が歴史的な規則の例外を生み出し、これが染み渡ったアメリカ例外主義のブランドに塗り込められるや、強力なイデオロギー的作り話となった事態を思い起こさせる。とは言え、すべての人が一九八四年大会を心地よく記憶しているわけではない。特に、大会期間中、厳重に取り締まられた周縁コミュニティの人々はそうである。ノーリンピックスのアクティビストで、イランで生まれ一九八〇年代にアメリカに移住したアザド・アミルガッセーミは、私に、一九八四年大会に関しては「階級的な思い出」というのがあって、「その出来事の白人の記憶」は、非白人コミュニティの記憶とずいぶん違っていると語ってくれた。「もしも、あなたが特権階級の住む場所出身なら、ほかの人間たちにはどんな影響があったのかしっかり心しておかなければなりません」と、彼は言った。[96]

ロスの公共領域の軍事化は極端だった。そこを訪れた日本人ジャーナリストの一人は、「市はまるで軍事基地のようで」、ある人たちに対してはハイテク警備体制が彼らを強固に覆っていたのを目にしている。開会式の直前『ニューヨーク・タイムズ』紙は、「一九八四年オリンピック大会に特徴的な音があるとするなら、今のところ、暖かい南カリフォルニアの空をぐるぐる旋回するヘリコプターの回転翼のせわしない騒音である」と書いた。[97]ダウンタウンのロサンゼルス・パイパーテクニカルビルに本部を置いたオリンピック警備総合センターは、五〇の法執行機関と、『ロサンゼルス・タイムズ』紙の言葉を借りるなら「スターウォーズスタイル・テクノロジー」とを統括していた。新聞はロス中にばらまかれた多くのサテライト指揮センターがあることに触れ、「あるベテラン警察官は、簡単でわかりやすい頭文字が足りなくなるほど、どれもこれも同じようになってしまったと嘆いている」ことを伝えている。[98]

当時のロサンゼルス警察署長ダリル・ゲイツにとってオリンピックは、彼の「法と秩序」のやり方に好都合な口実を与えてくれたし、しばしば、彼が望むものを得るため法律を踏み外し、法を犯す口実になってくれた。ゲイツはテロリズムの恐怖を利用して、大会に先立つ数年、「公共紊乱情報局」の情報収集の拡大を正当化した。オリンピック前と期間中、ロス警察は、特に、大会の開会式と閉会式、陸上競技が開かれるコロシアムを取り巻くサウス・セントラルのなかの狙い定めた近隣地区で「集中取り締まり」を展開した。[99]警部のビリー・ウェッジワースは、スキッドロウ地区周辺のホームレスに対する取り締まりの増強に言及し、「われわれはその地域を消毒しているところだ」と語り、「やることすべての強度を強めている」と言っている。スキッドロウ地区で活動していた「ユニオン・レスキュー・ミッション」の牧師マレー・マクドナルド師は、貧乏な人たちが「交通規則の無視や、どんな理由でも召喚される」など選別的な警備の強化にさらされていたことを指摘する。さらに、「警察は、すでに虐待されている人々をさらに虐待している」と付け加えている。[100]

連邦政府は、オリンピックの治安維持のため五〇〇〇万ドルを拠出し、その一部は、法執行組織相互の円滑なコミュニケーションのために使われた。大会終了後、連邦の機関は最先端の備品をロス警察に譲渡し、それには軍用兵器級の車輛も含まれ、警察はそれを麻薬取り締まり用の一四フィートの粉砕車輛に改造した。加えて、ロス警察はオリンピックのために自動機関銃、夜間赤外線設備、SWATチームのための通信システムの改善、爆発物処理用ロボットを確保するため八〇万ドルの予算を確保していた。[101] もちろん、ガーセッティとワッサーマンのような上流家系の者たちは、新たに軍事化されたロス警察の注意から外れていた。

ロス警察は、異議を抑え込むのに備える唯一の存在ではない。「デモは常に心配の的だった」と、ウェーバーロスは自伝のなかで書いている。[102] ロスのオリンピック組織委員会は「進歩のための連合（FP）」の動きを常に注視していた。連合は一九八二年に左翼のグループによって設立され、「八四年平和と公正のための動員」と呼ばれる一連の抗議行動を組織して、社会正義の問題を惹起するためオリンピックを横取りしようとしていた。ウェーバーロスはオリンピックの治安維持チームの長に、以前ロサンゼルスのFBIの特別任務についていたエド・ベストを任命した。ベストは、治安維持チームへのCIAの参加を確保した。彼はまた、FPに関する詳細な資料を集め、オリンピック期間を通しグループを不断の監視のもとに置いた。[103] 治安担当者の誇大な宣伝にもかかわらず、アクティビストたちのグループはいかなる暴力的な抗議行動もしなかった。また、ダリル・ゲイツがロス警察の四二ページに及ぶ公式警備パンフレットのなかでばらまいた陰謀論、ソヴィエトがユダヤ人亡命者を使ってオリンピックを妨害しようとしているという公然たる主張の証拠を見つけ出した者もいなかった。[104] こんななかで、ロス警察のメンバーがトルコチームのバスの車輪部にパイプ爆弾を埋め込み、幸いにして信管が抜き取られ、ダリル・ゲイツが世間で英雄のようにもてはやされたりしたが、後に新聞ですべてペテンだったことがすっぱ抜かれている。[105]

オリンピックの協賛者たちが大会から利益を生み出そうとする一方、地元の企業はほとんど恩恵に与らなかった。ノーリンピックスのメンバーで、UCLAで歴史学の博士論文を書いているケイトリン・パーカーは、一九八四年大会が地元のグループに及ぼした有害な影響について調査し、オリンピックの認可プログラムに参加した地元の小企業のほぼ半数が倒産し、利潤を得たのは一握りだけだったことを発見した。特に非白人（ピープル・オブ・カラー）が所有する企業への打撃は大きかった。

市は行事に関わる契約にマイノリティが参加するのを支援したが、参加した小企業の多くは、過大な期待とセールスチャンスを制限されたおかげで倒産した。一九八四年七月、一二のマイノリティ企業がロス・オリンピック組織委員会を相手取って契約違反を申し立て、一七〇〇万ドルに及ぶ訴訟を起こし、大会後もいくつかの企業がその仲裁に加わった。論争は、組織委員会が下した決定、すなわち、もしも認可された販売価格より一〇％安く製品を買うことができるなら協賛者は非認可企業と契約を結ぶことができるという決定をめぐって展開した。このことは、大きな企業がマイノリティ企業を切り捨てるのを許すものだった。[106]

このほか、ロス組織委員会は、公式会場でオリンピック関連商品を販売する独占権を単一の企業に与えた。認可を受けた地元の企業はオリンピック会場を取り巻く柵の外側に店を出すことしか許されず、バスで運ばれてくる観客は門の内側で降ろされ、彼らのブースの前を素通りしていくだけだった。パーカーは、「このことで、事前にロス組織委員会に認可権料を支払い営業拡大のために大量の投資をした会社は、甚大な負債を抱え込むことになった」と記している。さらに、「オリンピック商品の需要は短期間だけなので、事前の経費を取り戻すのはことさら難しかった」。多くの地元小企業は連合して訴訟を起こし、結局彼らは、自分たちが被った損害に関しロスの組織委員会との調停にこぎつけた。しかし、これらの会社の従業員たちや、別の人たちは、さかんに背中を押していた人たちの約束にもかかわらず、きちんと扱われなかった。オリンピックの常として、大会によって生み出される仕事の多くは一時的なものだし、賃金が低い。ロス労働連合の会長ビル・ロバートソンは、オリンピック組織委員会のメンバーでもあり、地元の組合が大会期間中ストライキを行なわないよう市と組合が合意をでっち上げるのを助けていた。[107]

一方、一九八四年大会を実行した権力エリートたち自身はうまくやっていた。都市と建築を論ずる批評家マイケル・ソーキンは、「ロサンゼルスはおそらくアメリカ中で最も色付けされた街で、神話を生み出す者たちの架空の紗幕を通して微かに見えるにすぎない」と論じている。[108] 疑いなくウェーバーロスは、一九八四年オリンピックの神話を生み出す第一の人物だった。その努力ゆえに、彼は『タイム』誌の一九八四年の「マン・オブ・ザ・イヤー」に選ばれ、表紙にはご大層にも「その業績はオリンポスの神々のごとくである」と記されている。[109] その後彼は、その名声ゆえに大リーグコミッショナーの職を得、さらにUSOC会長に就任した。一九九二年のロス警察官によるロドニー・キングに対する殴打とさらなる足蹴と警棒による打撃をきっかけにロス暴動が起こった後、ウェーバーロスはロス再建プログラムを助けるためトム・ブラッドリー市長に招かれた。しかし、スポーツライターのデイヴ・ザイリンは、一九八四年オリンピックを、オリンピック後の警察署長ダリル・ゲイツを「無敵の英雄」と偽装することなどを通して「警察の凶暴性を制度的に支えること」を加速した「アクセル」とみなしている。[110] つまり、オリンピックは、キングが殴られ、その後彼への虐待が免罪された時、火がついた人種差別の火薬の樽を築き上げる役割を果たしたのだ。

4……急激な盛り上がりを見せる「アメリカ民主社会主義者（ＤＳＡ）」

ピーター・ウェーバーロスが大会を民間企業のショーケースとしたことで、一九八四年オリンピックは、資本主義を舞台の前方中央に押し出した。ロシアのロス大会ボイコットは、親資本主義の色合いをさらに強めた。数十年後、ＤＳＡ－ＬＡは、大会の暗部に光を当てるのに資本主義を用いようとしている。彼らは、ガーセッティ市長が二〇二八年オリンピックの下書きを作るため喧伝している資本主義的都市化のブランドを、アクティビストたちの顕微鏡のもとに置いて検証しようとする。

先に述べたように、ＤＳＡは、一九八二年、民主社会主義組織委員会（ＤＳＯＣ）と新アメリカ運動（ＮＡＭ）が合体して生まれた。政治政党というより「多様な傾向を持った」組織であり、厳密な政治路線を持っているわけではない。一九八九年に亡くなるまでマイケル・ハリントンが組織の先頭に立っていて、彼は「アメリカの指導的社会主義者」のレッテルを貼られている。著名な保守主義者ウィリアム・Ｆ・バックリーはかつて、そんな名誉など、カンザスシティーで最も背が高いビルだと言っているようなものだと冗談で評したことがあった。[111] 結局、ハリントンが亡くなった時、ＤＳＡのメンバーは設立時に集めた六〇〇〇ないし八〇〇〇を超えず、多くは老齢化していた。[112] ＤＳＡのスローガンは「可能なことを行なう左翼」というもので、戦略は、どんなことがあろうと民主党の内部から闘うことだった。このアプローチは、ロン・デラムのような人々によって巧みに実行され、彼はカルフォルニア選出の下院議員を一三期勤め、後にオークランドの市長に就任した。

　ハリントンは、民主党の内部で働きながら左翼の原則と価値を推進することを意味する「可能なことを行なう左翼」を推し進めながら、時は大政党による政治の時代であり、協力することはしばしば飲み込まれてしまうことを意味することを十分心得ていた。自ら民主党のなかに収まっていることは、常に選挙で負ける「当てごま」のレッテルを避けることにはなる。しかし、それと引き換えに、民主党中道派によって自分たちの考えが水で薄められてしまう可能性を明らかに含んでいる。先鋭的な経済学者ロビン・ハーネルが指摘するように、要点は、「戦略的な矛盾のなかで資本主義を受け入れながら」改革のために闘うことは、「同時に資本主義を正当化するイデオロギーを受け入れること」に容易に一変してしまう点にある。ハーネルは、左翼主義者はあまりに選挙の利権に過剰な焦点を置き、その結果「論理的・倫理的利権」の分野で後退し、長い目で見るなら、最終的にはブーメランのように、資本主義を弱体化せることがおろそかになってしまうと論じている。[113] 民主社会主義は、革命的な決裂を通して資本主義を粉砕するというより、資本主義の内部からその搾取構造を乗り越え人民の社会主義改革を注入していくことで反資本主義の立場を確認し、別の世界が可能であることを示そうとしている。

　二〇一六年の国政選挙が明け、ＤＳＡはトランプの突風を経験した。地方議会に何万もの新しい顔ぶれが登場し、それも、時には何もないところから生み出された。ＤＳＡ－ＬＡも例外ではなかった。世代間の不調和に屈せず、ＤＳＡのたくましい人たちは、新しいメンバーを古いメンバーと連合させた。二〇〇五年にＤＳＡに加わったロスの住人キャロル・ニュートンは、ずっと、メンバーが得られている限り、グループは常に正しいイデオロギー的プログラムを持っていたいと考えてきた。[114]それは容易な仕事ではない。その当時の別のキーメンバー、ジャック・ロスマンは、私にこう語ってくれた。「そう、言ってみれば、メンバーを増やそうと試みることは薪（まき）を割るようなものだった。とても難しかったよ」[115]。

二〇一一年初頭、ＤＳＡがロスに新しい支部を作った時、ニュートンは議長に就任した。しかし、それでも彼女は、ＤＳＡ－ＬＡは「みんなが平等なコミュニティだ」という点を強調する。ロスマンが指導の経験と組織の記憶を付け加えた。当時を振り返ると、ＤＳＡ－ＬＡは何十人かのしっかりしたメンバーを抱え、読書会や公開イベントや講演、映画鑑賞などを組織していた。[116]ロスマンは、「その当時われわれがしていたことは、社会主義拡張のためのより良い時期がきた時、立脚点となる何らかの構造が存在しているよう、社会主義の骨格となる組織を創り出すことだった」と語る。[117]ニュートンは、「本について討論することで自分たちがどう変わったわけでもないし、成長につながっていなかった」と認める。そこで彼女は、若者を加入させ、選挙を通しての政治に引き込むような働きかけを指導したが、そうしたやり方がある者たちをＤＳＡ－ＬＡから離反させることにもなった。しかしその後「サンダースのキャンペーンが開始され、公的な認知を向上させた」と彼女は言う。[118]たとえサンダース自身がＤＳＡのメンバーでないにしても、彼が候補者となったことが政治の岩盤構造を持ち上げ、社会主義を討論の主流のなかに導き入れたのだ。

左翼のある者にとって、周辺は心地良い居場所である。民主党の内部で働くこと、あるいは、少なくとも、もっと良くなるよう圧力をかけることは、多くの左翼主義者にとって忌まわしいことに感じられる。選挙による政治に関わることで、しばしばセクト的な分裂が生じる。社会主義者のジャーナリスト、ハロルド・マイヤーソンが指摘するように、「今日のＤＳＡにおける根源的な緊張〔……〕は、『純粋な社会主義』運動建設を好んで民主党を退ける者と、広汎な進歩的コミュニティと緊密につながって行動し、民主党が闘争のための好都合な闘争の場を与えてくれるとみなす者との間の緊張である」[119]。社会主義者のアナ・

ヘイワードは、「今日、民主党の魂には、ハリントンやその世代が抱いていたより、はるかに少ししか興味がない。今日の新しいメンバーは自分たちをそれよりはるかに左寄りとみなしていて、先人たちが抱いていたよりもっと戦闘的思想に好意を寄せている」と論じている。[120] しかしなお、ことの地理学的文脈が重要であるし、選挙はDSA内部の政治的エネルギーを掻き立てることができる。

ロスにおいて、キャロル・ニュートンは若いメンバーが注入してくれる新しい考え方に心躍らせていた。彼女は私に、「私はうれしく思ってた。エネルギーを与えられるのを感じた。私もエネルギーに溢れていて、当時七七歳だったけれど、周囲の若者たちを疲れさせると言われるほどだった。目いっぱいのエネルギーを与えられ、無闇に幸せだと言っても言い足りないほど。今でさえ、足が宙に浮いたよう」と語ってくれた。[121] ニュートンにとって新しいDSAメンバーの盛り上がりは、政治の空気のぼんやりした霧を吹き払う雷のようなものだった。DSA－LAは創造的な活動に関わっていて、多くのメンバーがハリウッドで働いていることを考えるとなるほどとうなずける。グループは内外どこの戦術でも採用し、しかも公然たる社会主義者である。DSA－LAのメンバーは、しばしば、自由主義は自由の価値を称揚するが、社会主義はその価値に従ってそれを実現できるのだと主張する。

二〇一八年の国政選挙で、DSAは二人のメンバー、ニューヨーク州のアレクサンドリア・オカシオ＝コルテスとミシガン州のラシダ・トゥライブを議会に送り込み、DSAの急激な盛り上がりのまた一つの里程標を築いた。これら積極的に発言し、社会メディアに通じた議会メンバーは、ワシントンDCの政治風土を変える役割を果たしている。しかし、それというのも、広い政治的風潮がそちらに向かっているからにすぎない。大統領ドナルド・トランプの二〇一九年の一般教書演説は、DSAがいかにエリート政治の身体の皮膚の下に入り込んだかを示している。彼は、「ここ、アメリカ合衆国で、わが国に社会主義を導入しようと呼びかける新たな声に脅かされている。アメリカは自由と独立の上に築かれたのであり、政府の強制と統治と支配の上にではない。われわれは生まれながら自由であり、自由であり続ける。今夜われわれは、アメリカはけっして社会主義の国にならないという決意を新たにする」と述べたのだ。[122] 社会主義は自由を制限するという使い古された単純なもの言いに寄りかかり、トランプのコメントは社会主義に対する打撃というより、アメリカにおいて社会主義の足跡が記されていることを示す印となっている。

トランプが社会主義を戯画のなかに平準化しようとしている一方、DSA内部のアクティビストたちは複雑な様相を示している。カリフォルニア州リヴァモアの保守的な家庭で成長し、DSA-LAの前広報担当主任を務めたアリエル・サライは、私に、ロス支部では生産的な相違によって波紋が生じていると語ってくれた。彼女は主要な四つのグループを指摘する。すなわち、マルキストを自認する者、自由主義的社会主義者（あるいはアナキスト）、社会民主主義者、そして、特定なイデオロギー的装いを持たない「ぼんやりした形の一般的な社会主義者」である。[123]しかし、どのDSAのメンバーも、資本主義が主犯かどうかという点では意見を異にしない。ロサンゼルスにおいてこのコンセンサスは、オリンピック大会について語る時、その前面中央に資本主義を据えることを意味している。セリアンヌ・ロバートソンは、「もしもあなたが資本主義についてすべて満足なら、おそらくオリンピックに関しても満足するでしょう。時代は変化しています。社会主義という言葉も前より受け入れられてきているし、そのことも闘争の一部なんです」と語る。[124]サライは私に、「オリンピックは、社会主義者なら誰にとっても生まれついての敵。オリンピックは、資本主義との闘いにとって興味深いケーススタディになるわ」と語ってくれた。[125]ジャックス・アリオラはこのことを、こんな風に言う。「もしもあなたが社会主義者なら、何をおいてもまずは反資本主義者であるし、オリンピックが資本主義者の一つの大きな祭典である以上、それに反対することは完璧に道理にかなっています[126]」。

5……資本主義批判とオリンピック批判

マーガレット・サッチャーが「オルタナティブはない」という、よく知られた独りよがりの強がりを主張したことで、新自由主義は存立できるいろいろな政治的展望を消し去ってしまう。新自由主義イデオロギーは今や覇権を握った形態で、生産的な矛盾がゴトゴト音を立てている。スチュアート・ホールは、「イデオロギーは、議論の道筋の矛盾と感情的な投資を縫い合わせることで最もよく働く。〔……〕矛盾こそ、その巧みな技法である」と書いている。[127] デイヴィッド・ハーヴェイは、ネオリベラリズに埋め込まれている別の矛盾を捉え、「新自由主義のもとで生きることは、資本の蓄積に必要な諸権利のリベラルな束を受け入れ、それを甘受することを意味している。したがって、われわれは、私有財産や利益率に対する個々人（法の前では企業もまた個人として定義されることを想起しよう）の奪うことのできない権利が、他の奪うことのできない、およそ考えられる限りの権利を凌駕する社会に生きていることになる」と主張する。[128] 支配の様式として新自由主義は、経済的権利のために政治的権利・市民権を犠牲にする方向に導き、われわれの自由や権利や平等を狭められた方向に押しやる傾向を持っている。

事実、新自由主義的資本主義は、経済的なものと政治的なものとの分離を促し、境界を強化する。この境界の形成の歴史と、あまりにもしばしば左翼主義者までがその境界に準拠してきたことをたどった歴史家エレン・メイキシンズ・ウッドは、「社会主義者の実践にとって、おそらく、経済的闘争と政治的闘争の分離ほど大きな障害はない」と論じている。[129] 想定されるこうした経済活動と政治との分裂は、経済的策謀が政治的含意を含むものではなく、したがって普通の人々でも政府でもなくテクノクラートたちの権限に属しているという、いかがわしい主張への道を地ならしした。人類学者アイワ・オングが記しているように、新自由主義の一つの成果は、「統治活動が、技術的な解決を必要とする非政治的で非イデオロギー的な問題として作り直されている」[130] ということである。次いでそのことは、想像上の資本、すなわち、担保設定された借り入れ債務、株所有、一連の金融商品などの急増を促進するイデオロギーの役割を果たす。再び、この巧妙な再配置は調整された複雑さと織り合わされ、その結果、日常を生きる普通の人々は意思決定プロセスから排除されてしまう。政治や正義を論じるナンシー・フレイザーは、このことを、「資本主義は政治的な協議事項を制限することによって民主主義を切り縮める。それは、主要な政治的事柄であるはずのものを『経済的』なものとして取り扱い、『市場の力』に引き渡してしまう」と要約している。[131]

そうした誤魔化しが、民主主義の遂行を切り落としてしまうのだ。

資本主義は、巨大な富を生み出す一方、不平等を生み出す工場でもある。そして、自分たちの活動は非政治的なものであるという資本主義のチアリーダーたちの宣言にもかかわらず、不平等を確かなものにする過程は純然たる政治である。フランスの経済学者トマス・ピケティが驚くほど人気を博した著書『21世紀の資本』のなかで述べたように、「富の分配史は昔からきわめて政治的で、経済メカニズムだけに還元できるものではない」。彼はさらに、「格差の歴史は、経済的、社会的、政治的なアクターたちが、何が公正で何がそうでないかと判断するか、更にそれぞれのアクターたちの相対的力関係とそこから生じる集合的な選択によって形成される」と付け加える。[132] ピケティは、収入と富の分配が、政治的な貯蔵棚の上で醸成される階級関係に融合した経済的要素間の基本的関係によってどれほど限定されているかを示している。彼は、不平等がまさしく資本主義システムを導く論理そのもののなかに深く刻み込まれていることを例証した。

カール・マルクスの研究を引いてナンシー・フレイザーは、不平等を生み出す第一の要因を詳述する。彼女は、搾取を通しての蓄積と土地収用を通しての蓄積（“exploitation”と“accumalation of expropriation”）を、「二つのｅｘ」と呼んでいる。前者は資本主義のもとで労働者が屈服することへの暗黙の合意であり、そこでは、労働者は資本家に労働力を売り、資本家は剰余金を合法的にすくい取って富を築く。後者は、強要のもとで、時には超法規的に起こる土地収用という凶暴なやり方で演じられる。[133] 土地収用による蓄積は、デイヴィッド・ハーヴェイの「強奪による蓄積」という概念と似ている。その概念は、マルクスの言う資本主義の夜明けの原初的な罪、「原始的蓄積」の観念を延長し、公的共有物の私有化、オルタナティブな形の生産と消費の様式の抑圧、利潤抽出のための負債の利用、水といった自然資源の商品化という新たな囲い込みを含んでいる。[134] 利潤のレベルを維持するため、資本はさらに多数の人を没収の渦巻きのなかに吸い取らなければならない。アメリカでは、土地収用の前線は社会の安全の確保の私有化や、かつてないほど多くの人や学生を負債の泥沼に陥らせようとする企みを含んでいて、その二つに、ＤＳＡを含む左派は異議を唱えてきた。

新自由主義の資本家たちがケインズ主義の安全装置を剝ぎ取った時、彼らは不平等の奔流を解き放った。国勢調査のデータは、一九四〇年代後半から一九七〇年代初期までの家族所得は、所得分布のどこに位置するかに関わりなく、おおむね同じような割合で増加したことを示している。しかし、一九七〇年代以降、新自由主義資本主義が立場を固めるにつれ、所得面での不平等が押し寄せた。[135] ピケティによれば、一九七〇年代には上位一〇％が国民所得の三〇ないし四〇％を占めていたのが、二〇〇〇年までには四五ないし五〇％を占めるまで膨らみ、この割合でいけば二〇三〇年までには国民所得の六〇％をすくい取るまでになる（しかもこのデータは、資本利得〔固定資産売却益〕を低く見積もっている）。[136] アメリカにおける不平等のレベルは、他の先進諸国に比べ著しく高い。Ｇ７の国のなかで、アメリカは所得の不平等に関し最も高いジニ係数を示し、イギリス、イタリア、カナダ、日本、フランスをはるかに超えている。[137]

すでに大きい富の不平等は、二〇一八年のＷＩＬ（世界不平等研究機関）報告で「極端」と記述された。[138] 経済学者のエマニュエル・セーズとガブリエル・ザックマンによると、上位〇・一％の富が一九七〇年代の七％から二〇一二年には二二％に増え、その数字は大恐慌直前に匹敵する。二人はまた、中産階級の富所有の割合に関する「逆Ｕ字型進化」を見出したが、それは一時的に一九四〇年代と同じレベルに戻ることを意味している。最も金持ちの上位一％の所得の増加が、ますます労働者階級の人々の給料が次々に削り取られているという事実により貯蓄に回すお金がないことと合わせ、富の不平等におけるスパイク型の波を説明する。[139] これらすべてが相まって、中産階級、労働者階級は長期にわたって下腹にキックを加えられてきた。今日、アメリカの最も富裕な一％の家族が、下から九五％の家族を全部合わせた以上の富を蓄積している。一方、下位三分の一の家族はまったく何も持っていない。経済の大後退が始まった二〇〇七年と二〇一六年の間に、トップ一％の富は四九〇万ドル跳ね上がり、一方、アメリカの中央値に位置する家族の富は四万二〇〇〇ドル減少した。[140] ヴィヴェック・チッバーが指摘しているように、すべての人間が規則に従って振る舞っている時さえ「資本主義は体系的に不正義を生み出す」というのが冷酷な真実である。[141] 二〇一九年最初、飢餓に取り組む国際的な組織オックスファムは、ダボスの世界経済フォーラムに対し、「二六人の超大金持ち（ビリオネアー）が、世界の人口の五〇％を占める貧困層を構成する、ほぼ四〇億人の富を合わせたのと同じ富を所有している」と報告した。[142]

極端な富の蓄積は、民主主義に対し連鎖反応を引き起こす有害な効果を及ぼす。二一世紀は右派のシェルドン・アデルソン、左派のマイケル・ブルームバーグのような巨大寄付者に主役を演じさせ、彼らは選挙制度のなかで不相応な影響を振るい、国政に参加しようとする候補者たちはキャンペーン費用を集めるため、彼らの膝下に屈し懇願してくるだろうと期待している。チャールズとデイヴィッド兄弟が長く先頭に立ってきたコーク財団とその傘下組織のような寄付者コンソーシアムが不断に活動し、長期的な政治的地平を作り直すことを視野に収めた政治的投資家のように、選挙の時も選挙の合間にも右翼のアジェンダを押し付けている。二〇〇〇年代、経済的不平等が高まるにつれ、寄付者のコンソーシアムは富裕な個人献金者からの他の基金と合体し、集合的影響力を増加させてきた。[143] 大口献金者は、また、全国的に展開する大企業を肥沃にしてきた。ALEC（アメリカ立法交流評議会）は、政治的文脈に応じて自分たちに都合よいよう細かい修正を加えて議会を通るよう法案の中身を調整する機関である。[144] 右翼の巨大献金者は、同時に、有権者抑圧の試みにも資金や資源を回している。[145] 一口に言って、経済的不平等が及ぼす間接的効果として、膨大なキャンペーン献金が、選挙で選ばれる人間と民間との距離を遠ざけてきた。

資本主義は、複雑なリヴァイアサンである。ある人々はそれを一義的には経済的なシステムとして概念化するが、[146] 一方、実践哲学・社会哲学者ラヘル・ジェギは、「資本主義は、社会的、経済的、政治的次元を持ち、それらは相互に関わり合うものとして見られるべきである」と主張する。[147] ナンシー・フレイザーは、長く、資本主義の「経済的前景」は、賃金労働を可能にするために必須の「社会的再生産活動」の「非経済的背景」を要請すると論じてきた。「賃金労働は、結局のところ、家事、子育て、通学、感情的な世話、また、次の世代の労働者を生み現在の世代を補充すること、社会的絆を維持し、理解を共有することなど、たくさんの活動がなければ存在することができないし、搾取されることもできない」と書いている。[148] ケインズの影響下にあった国家管理の資本主義は、社会的再生産を支えることを目指していた。しかし、新自由主義による国の福祉プログラムの引き下げと社会的セーフティネットの切り捨てにより、今日の資本主義は女性たちを最低賃金労働の情け容赦ない単純労働に送り込み、それによって「以前は商品生産と社会的再生産を分けていた制度的な境界を再配置している」。言うまでもなくそうした舞台裏の動きは、往々にしてジェンダー差別に向かう。フレイザーが引き出す次のような結論に、ＤＳＡも同意する。「資本主義は階級の線に沿った統治の規範的に不公正な構造で身を固める。しかし、また、ジェンダー、人種／民族性、国籍といった別の横断軸にも沿っている」[149]。こうした洞察は、ＤＳＡやノーリンピックスＬＡ両者が取り入れてきた交差的分析に道を開くものだった。

　第1章で述べたように、私はオリンピックを一義的に新自由主義的な現象だと見ているわけではない。オリンピックを新自由主義的なものとして記述することは、分析として不正確なだけではなく、その術語を避ける政治的な理由もある。世界中で、特にラテンアメリカで、その術語はより広く日常的な会話のなかで使われている。しかし、アメリカとカナダでは、「新自由主義」という言葉で議論を展開すると、議論を明確化するより暗黒化することになってしまい、哲学的自由主義の始まりに関わる経済関係についての思想と同じほど、一九九〇年代のクリントン／クレティエンスタイルの三角法的な政治の焼き直しを思い起こさせてしまう。その術語は、学界では旗振り役を果たしてきたが、普通の人々を組織化する道具としては疑問がある。資本主義がアメリカにおいて支持率をどんどん低めていることで、近来の歴史において今ほど資本主義を（新自由主義を、ではない）左派活動主義の標的とする好期はなかった。政治問題を扱うポッドキャスト『ザ・ディグ』とのインタビューのなかでナンシー・フレイザーは、この五〇年間定着してきた資本主義を表わすブランドとしては、「新自由主義」より「金融資本主義」と名付けた方が良いと発言している。[150] 私も賛成で、私の場合には、「金融」という言葉を落とした方がもっと良いと思う。

　企業化されたメディア世界全般に蔓延している親資本主義プロパガンダにもかかわらず、アメリカの一般の人々は、堅固だったこの生産様式が下り坂にあることに気づいているように思われる。二〇一六年にハーバード大学によって行なわれた一八歳から二九歳までの成人を対象とした世論調査では、資本主義を支持するのは四二％だけで、五一％は支持していないことがわかった。このことは、広く引用されるピュー研究所の二〇一一年の世論調査でも裏付けられ[151]、一八歳から二九歳までの年齢グループは、資本主義（四七％）より社会主義（四九％）を肯定的に見ていた。自由市場主義者の主導権は、資本主義に対する疑いの復活という今日の潮流のなかで、保守主義者のなかからさえ疑問を呈されている[152]。

政治学者スペンサー・ピストンは、その著『アメリカにおける階級的態度』のなかで、メディア評論家たちが長く口にしてきた主張、すなわち、アメリカにおいて階級は問題ではないし、人々は貧乏な人に対し敵意を抱いているという主張にもかかわらず、現実には、貧乏な者に対する共感も金持ちに対する怒りも両方、イデオロギー、党派、人口統計のいかんに関わりなく一貫して恒久的な態度であることを示している。つまり、多数派の人々は、貧乏な人々は当然持つべきより少ししか持っていないし、金持ちたちは当然持つべきより多く持っていると感じているのだ。一九九二年にさかのぼる全米の国政選挙研究、彼自身の質問項目に対する回答、さらに自分の調査経験からピストンは、「貧乏人に対する共感と金持ちに対する憤懣（ふんまん）が広がっている」という「明白な結論」を引き出した。さらに、「予測可能な条件のもとで、こうした態度はアメリカの公衆の政治的嗜好に強力な影響を及ぼしている[153]」。こうした明らかな流れにもかかわらず、資本主義に深く根付いた富裕者に有利な規則のおかげで、ゴム雑巾で拭きとるようにかき集められる選挙キャンペーンへの献金が、エリートの政策的嗜好の方向に政治的議論を捻じ曲げているのだ。

ノーリンピックスのアクティビストたちは、オリンピックに対する政治的注視を進めながら、こうした染みついた階級的態度を制御しようと試みている。彼らはそれを、個々のメンバーが創造性を自由に発揮できる余地を残しながら、一人一人の力を真面目に引き出すことを通して行なってきた。ベテランの組織者L・A・カウフマンは、「中心を持たないこの組織化のスタイルは、より中央集権的なやり方よりうまくいくかもしれないし、いかないかもしれない。活気に満ちていて、同時に扱いにくい。しかしそれが、今の時代、支持者の多くを引きつけてきた活動の在り方なんだ。人々は、運動に加わる時、自分の足で投票するし、強い発言力を持ち自律していると強く感じるところで投票する傾向がある」と指摘している。[154]ノーリンピックスのアクティビスト、スティーヴン・ハッチンソンは、「人は、社会主義を信じるだけでは社会主義者でいることはできない。社会主義を実現するために闘うには、実際に何かをしなければならない」と付け加える。[155]ノーリンピックスのアクティビストたちは、まさしくそうしている。

第３章

“ノーリンピックスLA”の闘い

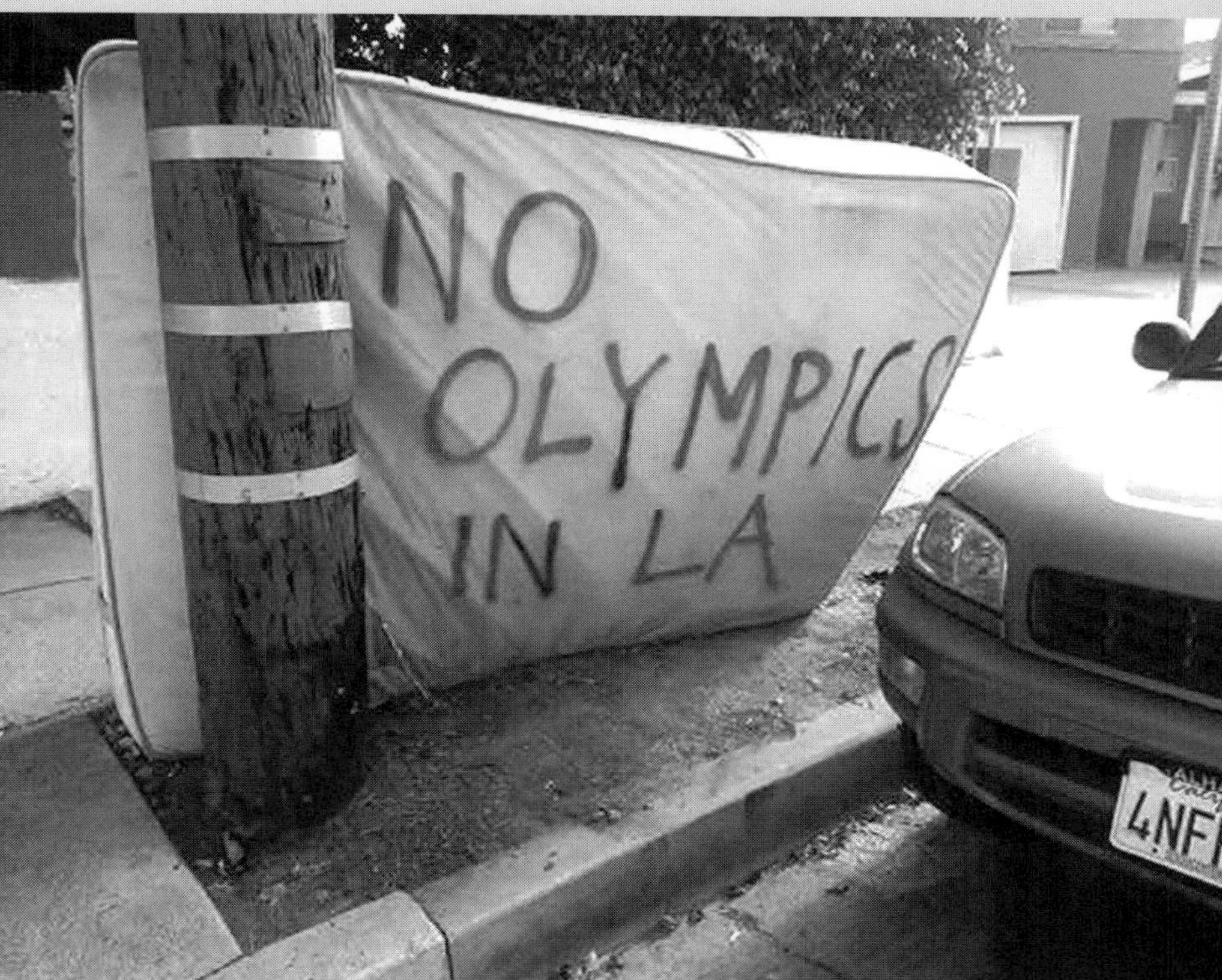

マットレスに書かれた「ノーリンピックス」のストリート・グラフティ。
ロサンゼルス NOlympics LA

1……「IOCはグローバルなカースト制度だ」

ロサンゼルス・メモリアルコロシアムのグランドスタンド上部で騒ぎが起こった。奇妙なことに、それは下のフィールドでこれから展開されるロサンゼルス・ラムズのフットボール試合のヘルメットを叩きつけるリズムとシンクロしていなかった。二〇一七年九月半ば、ラムズと、まるで辞書に書いてあるかのように典型的な人種差別的中傷を特徴とするマスコットを持つワシントンDCのチームとの間で行なわれた、あまり観客が入っていない試合でのことだ。小競り合いは、国際オリンピック委員会（IOC）のトーマス・バッハ会長を紹介する会場アナウンスが流れるなか、アクティビストたちが「NØ Olympics LA」と書かれた二五フィートの横断幕を広げた時に起こった。ジャンボトロンがエリック・ガーセッティ、ケイシー・ワッサーマンと並ぶバッハを映し出すと、アクティビストたちはしっかり立って、バナーを風になびかせた。イベント主催者は、一九六〇年のローマ大会で十種競技の金メダリストとなったレイファー・ジョンソンを、ゲームショーのような赤いボタンを押して聖火台に点火する役に選んでいた。ガーセッティ市長は手を差し伸べて手伝わずにはいられなかった。

バッハは懇談ミニツアーといったものの最中だった。二〇一七年六月、彼はホワイトハウスでのプライベートな会議でドナルド・トランプ大統領と親交を深めたが、IOCの報道担当者によるとそこで「トランプ大統領はLAのオリンピック招致への支持を改めて表明した」[1]。翌月、バッハは二〇二四年の大会をパリで、二〇二八年の大会をロサンゼルスで開催するという取り決めを関係者に持ちかけ、九月にIOCはこの特別な協定を全会一致で承認した。四日後バッハは、この決定を宣伝し、一九二八年のアムステルダム大会で初めて行なわれて以来、定番になった聖火台への点火式に臨むため、このコロシアム——一九三二年と一九八四年の二度にわたり夏季オリンピックが開催された初のスタジアムとなった——にいたというわけである。

聖火台の式典が始まると、ノーリンピックス（NOlympics）のアクティビストたちは横断幕を掲げ、「IOC出ていけ！　LAにオリンピックはいらない！」とスローガンを叫んだ。喧嘩っ早いラムズファンが数人、力任せに横断幕を引っ張り、アクティビストたちを罵った。スタジアムの警備員が割って入り、抗議者たちはスタジアムから追い出されたが、横断幕は取り上げられずに済んだ。横断幕を反体制派のサロン（インドネシアやマレー半島の長い布を筒状にしてまとう腰布）のように身にまとってまんまと運び込んだアリエル・サライは、この行動はけっして反ラムズではないと強調した。「ノーリンピックスは、スポーツ好きの左翼にとって最高のホームですよ」と言っていた。[2]ある意味ノーリンピックスは、IOCのようなスポーツ管理人に任せておくにはスポーツはあまりに重要だと主張しているのだ。サライが横断幕を隠して持ち込むのを手伝ったアメリカ民主社会主義者（DSA）メンバーのクリスティナ・メシェルスキーは「警備員は、彼女が雪だるまのようなだぶだぶの変なドレスを着ていても平然としてましたね」と言い、「こういうイベントで存在感を発揮し、オリンピックに反対する人たちがいることを示すのが大切です」と付け加えた。[3]

驚くべき偶然の幸運に恵まれる才能のおかげもあって、行動はスムーズにいった。前夜、ガーセッティ市長は、コリアタウンのラインホテルで夕食を取ったが、ここでノーリンピックスのアクティビスト、スティーヴ・ドゥシーがウェイターとして働いていた。支配人がドゥシーにガーセッティのテーブルを担当させるという奇跡が起こった。この時点で、ノーリンピックスのアクティビストたちは、聖火台への点火がいつ行なわれるのかを正確には知らなかった。しかし、ドゥシーが私に語ったように、「この行動の前の晩になって、なぜか運命が僕に、市長本人から情報を手に入れる機会をくれたというわけです」。ガーセッティが同席者たちと会計をしている時、ドゥシーはテーブルににじり寄って、明日、LA28◆の人た

◆LA28　「二〇二八年ロサンゼルス・オリンピック」の略号。

ちが聖火台に点火すると聞いたと言い、「パーティは何時から始まるんですか?」とたずねた。ガーセッティの返事は「パーティはいつでも開催中さ!」だった。安っぽい親父ジョークにたじろぎつつもドゥシーは食い下がった。「で、みなさんがドカンと盛り上がるのはいつごろですか? 国歌斉唱のあたりかな?」。ガーセッティがそのタイミングであることを認め、アクティビストたちに必要な最後の偵察情報が手に入った。[4] それは魔法のような一瞬であり、ノーリンピックスのメンバーたちはこれが続きますようにと願った。

ラムズの試合から追放された後も、ノーリンピックスのアクティビストたちはスタジアム周辺にとどまり、ワシントンのフットボールチームの偏見まみれのマスコットであるレ＊＊スキンズに反対してスタジアムの外でデモをしていたアメリカ・インディアン運動(the American Indian Movement：ＡＩＭ)南カリフォルニア支部とレッド・アース・ディフェンス(Red Earth Defense)の二つのネイティブ・アメリカン・グループとの連帯行動に加わった。その後、ノーリンピックスＬＡのメンバーとＡＩＭ南カリフォルニアのメンバーは一緒にデモをしながらコロシアムを離れ、地元のレストランに集まって政治の話を続けた。対照的にＩＯＣのトーマス・バッハ会長は、さっさとエミー賞授賞式会場へ連れて行かれ、ガーセッティ、ワッサーマン、そしての体操のオリンピック・アメリカ代表選手ナスティア・リューキンと共にレッドカーペットを歩いた。[5]

反五輪運動を展開する人々にとって、ＩＯＣは理想的なターゲットだ。一八九〇年代にピエール・ド・クーベルタン男爵によって設立されたＩＯＣは、そもそもの始まりから貴族特権にどっぷり浸かっている。クーベルタンはＩＯＣを元は「三つの同心円」として構想していた。一つは「オリンピックの価値を確信し、活発に活動する少数者からなる核」、第二は「教育すればよいメンバーになれる、意志ある者を育む場」、第三は「グループに威信を与えつつ、国家がハッタリを効かせるために使える、多少なりとも有用な男たちが形成するファサード」である。[6] 地位と見世物は、長い間、能力と正義を矮小化してきた。こうした「三つの同心円」は、今日もほぼそのまま残っており、厄介な問題には触れることなく、バッハ会長に忠実に仕えている。バッハのもとでは、IOCは流れ作業のようにハンコを押すだけも同然の存在だ。

高まる批判にもかかわらず、IOCはオリンピック・プロジェクトには何の問題もないかのように、能天気に尊大に前進している。しかし、彼ら以外は、世界中の誰もが気づいているのだ。コメディアンのジョン・オリバーは、IOCがオスロのオリンピック招致委員たちに七〇〇〇ページにも及ぶ傲慢な要求をしたことを辛辣にあげつらった。IOC委員のホテルの部屋には季節の果物やペストリーが用意されていなくてはならない、また、「笑顔で前向きな、歓迎の心溢れるスタッフ」が、オリンピックのお偉方のニーズを満たすためにスタンバイしていなければならない、といった要求である。IOCは、自分たちは国家元首に自由にアクセスできてしかるべきだ、とも考えている。ウィキリークスは、二〇〇八年にバラク・オバマが大統領に選出された三日後に書かれた、二〇一六年シカゴ大会招致委員会会長ダグラス・A・スミスのメールを公表している。デイヴィッド・アクセルロッドに宛てたこのメールで、スミスは「IOCから見て、新政権はパートナーとしてIOCと積極的に協力する用意ができている、と考えられることが決定的に重要だ。そのためには、政権移行期に誰かがオリンピック関係の流れを担当するのが非常に役に立つだろうと思う」と主張している。IOCがシカゴを二〇一六年五輪の開催都市に選ぶようにするには、「オバマ大統領は直ちに、米国オリンピック委員会（USOC）、招致委員会と連携して、政権内にタスクフォースを指名する準備をすべきだ」とあった。[7] 来たるオリンピック招致が次期大統領にとっての緊急事項だと考える者がいるということは、オリンピック関係者の仲間内では至るところで厚かましさが湧いていることをよく物語っている。

しかし、部外者にとっては、オリンピックと目の前の現実はろくに言葉も交わさない関係であるように見えることが時々ある。カリフォルニア州で生まれ、クパチーノで育った反五輪アクティビストのサンギータ・ライアサムは、ヒンドゥー教徒は「カースト制度のような感じのものに対する、ちょっとした警戒心」を持つようになるのだと言い、IOCはグローバルなカースト制度といった風の社会政治的バイブレーションを放っている、と語ってくれた。ライアサムは「IOCは、惑星を食べてそのエキスを吸収し、次の惑星に移動する、マーベル・コミックの超悪玉ギャラクタスのようなものだ」と言い、「IOCは、オリンピックがいかに制度的で、設計されているものであるかを見せてくれる、とても漫画チックな超悪役の悪者で」、「資本主義自体がマキャベリ的な権力を動機づけるのと同じやり方で」金持ちを優遇するものなのだ、とも言った。[8] IOCの歴史は、フレイザーが資本主義の二重のエンジンと呼んだ、搾取と収用に向かって弧を描いている。[9] そして、資本主義と同様に、IOCは腐敗を振りまいている。

2……腐敗まみれの五輪

多額の金がオリンピックというシステムをじゃぶじゃぶ流れていくわけなので、五輪には長年汚職がつきまとってきた。何の不思議もない。ここ数十年だけでも、オリンピックはIOCの恥知らずな委員たちが起こしたスキャンダルに見舞われてきた。オリンピックに伴う特権が腐った連中をつけ上がらせてきたのだ。一九九八年冬季大会の招致レースでは、長野の招致委員会がIOC委員に大量のプレゼントを贈った。六二票を獲得するために使われた額は一人平均二万二〇〇〇ドルにものぼった。IOCは一九九一年、委員への贈り物の上限を二〇〇ドルとする決まりを設けていたが、長野の招致委員会はそのルールを破っていた。長野の招致委員会には、大会後すべての記録をシュレッダーにかけたという疑いがあり、さらなる不正行為の証拠を隠滅したと考えられている。[10]

二〇〇〇年のシドニー夏季大会も賄賂まみれだった。シドニー大会の招致チームは、IOCの票を買うために二八〇〇万豪ドルの予算を設けた。[11] あるルーマニアのIOC委員の票を得ようと、招致チームは、彼の義理の息子にニューサウスウェールズ州鉄道公社の仕事を提供した。招致委員会副委員長だったシドニー市長フランク・サートアは、招致チームが「シドニーへの票をあと一票獲得するために売春をした」ことを認めた。彼は、多くのIOC委員が頻繁に訪れていたモナコのオテル・ド・パリを「パリの売春宿」と言った。あるる招致担当者も、セックスワーカーにちなむ低質な比喩を用いてこう合理化した。「目を閉じて二〇〇〇年のシドニーのことを考えるんです。そうしなければならなかったから、決めたのです。ローマとマルセイユの間で見つけられる最高の売春婦になるんだ、と」[12]。オーストラリア・オリンピック委員会の会長で、シドニー招致チームのリーダーの一人だったジョン・コーツは、スワジランドのIOC委員デイヴィッド・シバンズィの娘のために、同市の国際ケータリング研究所にポストを確保した。また、コーツは投票前夜、ウガンダとケニアの二人のIOC委員に七万ドルを送金した。翌日、多数のアフリカのIOC委員の支持を得て、シドニーは四五票対四三票で北京を破った[13]。現在、コーツはIOCの委員であり、東京2020調整委員会の委員長を務めている。

五輪の腐敗はソルトレイクシティで頂点に達した。地元ユタ州のジャーナリストによって、とてつもない規模の贈収賄が明るみに出たのである。コンゴ共和国のIOC委員であるジャン・クロード・ガンガは六回にわたってソルトレイクシティを訪れ、本人の肝炎治療、義母の膝の人工関節手術、妻の美容整形に、計二五万ドル以上を招致委員会が支払っていた。招致委員会委員長トム・ウェルチは、ガンガと手を組み、ユタ州オグデンの不動産取り引きで六万ドルもの利益を得た。さらに、招致チームはIOC委員のデイヴィッド・シバンズィの息子に一一万一〇〇〇ドルを超える額の金を送った。一方、カメルーンのIOC委員ルネ・エソンバの娘は、ワシントンDCのアメリカン大学へ授業料無料で通えることになった。生活費も招致委員会が負担し、一〇万八〇〇〇ドルが費やされた。IOC委員がユタ州を訪問した際には、ソルトレイクシティの招致委員会から、ショットガン、狩猟旅行、買い物旅行、スキー、衣類、ビデオゲーム、ナショナル・バスケットボール・アソシエーション（NBA）の試合のチケット、また、あるケースでは、五二四ドルのバイオリンなどが贈られた。彼らは現金も受け取っており、ケニアのチャールズ・ムコラが三万四六五〇ドル、チリのセルヒオ・サンタンデール・ファンティーニが二万五〇〇〇ドルを懐に入れている[14]。

IOCの委員たちはある意味では、IOC会長に倣っていただけだった。一九八一年にIOC会長に就任した元フランコ政権官僚のファン・アントニオ・サマランチは、五つ星のサービスを期待していた。あるソルトレイクシティの招致担当者は、「来訪時には、プライベート・ジェットでの移動と、プレジデンシャル・スイート、つまり当地のホテルで最高の部屋での宿泊が要求されました。トレーニング用に、ある特定の型のノルディック・トラックを使っていたので、それも用意しなければなりませんでした。リムジンも必要でした。リンカーンタウンカーではダメだというので」。[15]最終的には、上院の特別委員会によって、一四〇〇回、約三〇〇万ドル相当の贈賄が明らかにされた。[16]こうしたスキャンダルにもかかわらず、サマランチは会長職にとどまったばかりか、改革の立案を任務とする委員会を指揮することまでした。この委員会は立候補都市への訪問中止、新委員への七〇歳定年制導入、倫理委員会の設立などの五〇の勧告を立案し、IOCはこれをそのまま承認した。[17]

だが、こうした改革で汚職を止めることはできなかった。二〇一六年のリオデジャネイロ五輪では、アイルランドのパトリック・ヒッキー委員がホテルで逮捕され、三〇〇万ドルのチケット転売行為で告発された。ヒッキーはその後ブラジルで収監されたが、公判前に国内オリンピック委員会連合（ANOC）の手配で保釈され、アイルランドに戻った。[18]マネーロンダリング、脱税、犯罪集団との関わり、および窃盗の容疑をかけられたヒッキーの弁護のためにアイルランド・オリンピック連盟が負担した金額は、二〇一九年初頭までで二〇〇万ドル以上に達した。[19]

リオ五輪後、別の大きな汚職スキャンダルが浮上した。セネガルのメガイベントの黒幕パパ・マッサタ・ディアックが、二〇一六年と二〇二〇年の両夏季オリンピックのアフリカの票を仲介するために賄賂を受け取っていたという疑惑である。IOCはしばらく右往左往していたが、リオへの招致を仲介したブラジル・オリンピック委員会のカルロス・ヌズマン会長が、スイスに一六本の金の延べ棒を隠し持ち、ロシアの銀行に秘密口座を有し、リオの高級マンションにロシアのパスポートと複数通貨で一五万五〇〇〇ドルを所持していたとの疑惑が浮上して初めて、ヌズマンとの関係を断った。[20]

日本オリンピック委員会（JOC）の竹田恒和会長が、二〇二〇年オリンピックの東京招致にまつわる贈収賄計画でフランス当局に摘発されたように、汚職は極端な権利意識と王室待遇を期待する風潮のなかで、時には文字通り繁殖していく。竹田は、一九六七年から一九八一年までＩＯＣ委員だった竹田宮恒徳王の息子であり、一八六七年から一九一二年まで日本の君主だった明治天皇の曾孫である。彼はＩＯＣの委員であるだけでなく、ＩＯＣマーケティング委員会の委員長でもあり、彼のもとで、アリババ、アリアンツ、インテルとの新たな企業スポンサー契約が締結されている。

二〇一九年一月、竹田は、シンガポールに拠点を置くブラック・タイディングスという会社への二〇〇万ドルの支払いを承認した汚職容疑で起訴された。彼はこれらの支払いがコンサルティング業務のためだったと主張しているが、フランス当局はこれが、セネガル人ブローカーのパパ・マッサタ・ディアックへの賄賂だったと考えている。パパ・マッサタ・ディアックはブラック・タイディングスの口座につながりがあり、元ＩＯＣ委員で国際陸上競技連盟会長でもあったラミン・ディアックの息子である。ラミン・ディアックは、フランスで汚職や薬物検査の結果を隠蔽したり、選手を脅迫したりした容疑により、ＩＯＣからも国際陸連からも追われ、自宅軟禁下にある。フランスの検察は、日本からの金はラミン・ディアックにあてたものだったとしている。竹田は二〇一九年半ばにＪＯＣ会長を退任した。[21]

竹田の傍らで働いてきたのが、シェイク・アーマド・アル＝ファハド・アル＝サバーハである。長年にわたってＡＮＯＣ会長、ＩＯＣ委員を務めた後、スイスでの文書偽造容疑により辞任に追い込まれたこの人物は、米国での国際サッカー連盟（ＦＩＦＡ）汚職事件にも首謀者の一人として関与したが、不起訴となっている。[22] ようするに、ＩＯＣの上層部は、オリンピックへの信念と前科の両方を抱えている者たちなのだ。世界中のアクティビストたちは、こうした汚職事件を捉えて、オリンピックの後ろ暗い一面に脚光を当て、ＩＯＣ委員たちは、磁石に引き寄せられる鉄粉のように、利権に引き寄せられる連中なのだと主張している。

アクティビストたちはまた、ＩＯＣは、違法でこそないものの不道徳きわまりない取り引きを堂々と行なっていると訴えている。オリンピック開催都市ではどこでも、コネのある政治的・経済的エリートが五輪を利用して個人的な利益を上げている。一九九八年の長野大会を例に上げると、大物実業家で日本一の富豪だった堤義明が、その影響力を招致の実現だけでなく、政府からインフラ整備の金を引き出すことにも使った。比較的無名だった山のリゾート地を新幹線で東京に直結したり、山岳地域の自動車道整備、会場施設や地域の通信網の改良整備などの事業に、日本は二二〇億ドルを注ぎ込んだのである。オリンピック史家のデイヴィッド・ゴールドブラットはこれを「インフラへの過剰な投資」と呼んだが、堤はここから直接利益を得た。彼は長野に多くのホテルを所有していたし、ほかにもさまざまな不動産を所有していたのである。[23] 当時、多くのオリンピック通は、IOCが、すでにスポーツ・インフラがかなり整っていたソルトレイクシティではなく長野を選んだことに驚いた。しかし堤は、どうしたらサマランチIOC会長に気に入られるかを心得ていたのだ。サマランチ以下委員一行が東京から長野へ直行できるよう豪華な列車をチャーターし、サマランチからローザンヌに建設中のオリンピック博物館へ寄付を求められればこれに応じて、自分の金を一〇〇万ドルほど提供し、ビジネスの関係者からも総額一〇〇〇万ドル以上の金を集めてみせた。[24] 倫理的にはどうあれ、法的には何の問題もなかった。

オリンピックの要人たちも、自分たちの評判が芳しくないことをだいぶわかってきている。トリニダード・トバゴ国家オリンピック委員会のブライアン・ルイス会長は、『アラウンド・ザ・リングス（*Around the Rings*）』に対して、「もはやスポーツへの愛や、ポジティブな変化をもたらすためにしていることなどではないのです。ステータスや特典について、つまり、自己利益についてなのです」と認め、さらに「私たちの多くは、焦点や目的意識を失っていると思います」と付け加えている。[25]

ルイスの批判は、IOC理事会のメンバーがオリンピックの任務に従事する間、九〇〇ドルの日当を受け取っているという驚くべき事実を際立たせている。他のIOC委員――ルクセンブルグのジャン大公殿下、スペイン王女ピラール・デ・ボルボン、サウジアラビアのナワフ・ビン・ファイサル・ビン・ファハド・ビン・アブドゥルアジーズ王子などの名誉委員を含む――は、一日四五〇ドルを請求することができる。さらに、IOCのメンバーは毎年、「年間業務支援経費」として七〇〇〇ドルを手に入れることができる。これらすべては、五つ星ホテル、豪華な食事、ドア・ツー・ドアの交通機関などの特典に加えて得られるものだ。一方、ＩＯＣ会長には、「会長の職務遂行に関連した個人的な費用をカバーする」ために年間二二万五〇〇〇ユーロ（二四万二〇〇〇米ドル）の裏金がある。住居としてＩＯＣから提供されているのは、スパ付きの高級ホテル、ローザンヌ・パレスのスイートルームだ。[26]

これは、副会長で、同名の元ＩＯＣ会長の息子であるファン・アントニオ・サマランチ・ジュニアのようなＩＯＣ委員が、ただオリンピックに出席するだけで、メダルを獲得した米国の選手よりも多くの日当や事務経費を手に入れられるということを意味する。二〇一八年の平昌冬季オリンピックから米国の五輪選手には、金メダルで三万七五〇〇ドル、銀で二万二五〇〇ドル、銅で一万五〇〇〇ドルが贈られている。チームスポーツでは、これらの金額がチームメンバーの間で均等に分けられる。これは、二〇一六年のリオ・オリンピックのメダリストたちが獲得した額より五〇％多い。[27]

それでも、アスリートがオリンピックの舞台に上がるまでにかかる莫大な出費は、メダルを獲得してもまず相殺できない。必要な現金を捻出するのにクラウドファンディングに頼るアスリートが何十人といる。例えば、二〇一六年のリオ大会で銅メダルを獲得した米国のオリンピック代表フェンシング選手モニカ・アクサミットは、クラウドファンディング・サイトの「GoFundMe」にエントリー料や旅行費用などの必要なコスト内訳を明記したページを開設した。そこには、二〇一六年リオ五輪に出場するための費用に使った借金の返済がまだ済んでいないと書かれている。二〇一六年リオ大会出場の夢を支える資金を確保するため、一〇〇人以上のアスリートがクラウドファンディング・サイトを利用した。[28]

選手たちがオリンピック出場の夢を叶えるために、資金援助を請い、個人的な犠牲を払う羽目に陥っている一方で、ＩＯＣはさらに肥大化している。二〇一四年に鳴り物入りで採択された「アジェンダ２０２０」の提言のなかには、コスト削減のために、ＩＯＣ会長は「ＩＯＣに設置される委員会の範囲と構成を見直す」べし、というものがある。[29]それ以来、委員会の委員数は実際には三五五人から四一九人に増加した。[30]委員会メンバーにはＩＯＣ委員ではない者もいるが、彼らは委員会活動一日につき四五〇ドルの日当を得ている。委員長たちは一日九〇〇ドルを手に入れている。ベテラン五輪ジャーナリストのフィリップ・ハーシュは、「IOCがその委員たちに贅沢をさせていることは、IOCにとって何の得にもならない。このせいで委員たちは、理想に燃えるボランティアというよりも詐欺師のように見える。現在の日当のレートでは、委員のうちの何人かは」、五輪に出ると「本質的に休暇でしかない三週間で二万ドル以上を手に入れることになる」と書いている。[31]

こうした背景があるため、IOCの二〇一九年一〇月二五日のツイート「IOCとオリンピックはお金儲けのためにあるのではありません。お金はそれ自体が目的なのではなく、価値観にもとづく私たちの使命を達成するための手段にすぎません」は、ネット上に腹の底からの高笑いを引き起こした。オリンピックというと、IOCにとっては社会主義であるが、選手も含めた他の全員にとっては緊縮財政であり、大会を実現するために無償で労働をしている何千人ものボランティアにとっては言うまでもない。ノーリンピックスLAは、IOCが五輪アスリートたちに対して働いている不正をIOC批判の一つ[32]として掲げており、IOCが正真正銘の悪党であることがはっきりわかるような活動をしてきた。アメリカのスポーツ専門チャンネルESPNが運営するスポーツのポップカルチャーをテーマとするブログである『グラントランド』のスポーツ・ジャーナリストだったころから、IOCの特権に精通しているノーリンピックスのアクティビスト、スパイク・フリードマンは、「どう改善したところでIOCが許容できるものになるとはまったく思えない」と私に言った。[33]

3……“ノーリンピックスLA”と“DSA-LA”

オリンピック同様、資本主義は、金持ちのために、金持ちによって不正に操作されている。バーニー・サンダースが二〇一九年六月にワシントンでの演説で民主社会主義擁護の熱弁を振るった時、すでに優遇されている者の優遇が中心テーマだった。サンダースは「二一世紀に、世界史上最も裕福な国では、経済的権利は人権である、とわれわれは認識しなければならない。私が言う民主社会主義とはそういうことだ」と言った。「基本的な経済的権利」とは「質の高い医療を受ける権利、社会で成功するために必要なレベルの教育を十分受ける権利、生活賃金が払われる良い仕事につく権利、普通の人に手が届く価格で住宅を購入する権利、退職後の保障に対する権利、清潔な環境で暮らす権利」という意味だ、とサンダースは説明している。[34]

サンダースの「経済的権利は人権である」という考え方は、バスカー・サンカラが「階級闘争社会民主主義」と呼ぶものが足がかりを得る空間を作りだす。[35] それはまた、社会民主主義者たちが、ケインズ的な考えを使って勤労者のために物質的な利益を勝ち取ることに成功したこと――主にヨーロッパでだが、北アメリカでもそれに及ばないまでもそこそこに――の裏にあるものでもある。だが、アダム・プシェヴォルスキが指摘するように、ベルンシュタイン流の進化論的社会主義の支配下では、国家権力を行使したいという社会民主主義者の願望は、そこまでしかいかなかった。彼らは「彼らの役割を、市場の力の働きをやわらげること、と定義し、事実上、国有化というプロジェクトを完全に放棄した」のである。[36] ようするに、彼らは、資本主義を廃止するのではなく、飼いならすことを目指したのだった。社会民主主義のもとでは、資本家は、正しいことをするように説得され、国家に押さえられながらも、同時に草の根からの巨大な上向きの圧力にさらされた。成功した改良主義の呪縛のもとでは、生産手段を所有することは余計なことになり、また、潜在的に扱いにくいものにもなったのである。

その後、大きな揺り戻しが起こって、社会民主主義的改良主義は新自由主義的資本主義に完膚なきまでに敗北し、いまだに立ち直っていない。資本主義の構造的優位性が、有意義な成果を着実に削ぎ落としていくことを可能にし、最終的には、特に組織化された労働者の力が衰退するにつれ、重要な改革のいくつかは完全に失われてしまった。今日、左派は、医療・教育・育児といった基本的な社会的構築分野を、民間資本家の商品領域から取り戻して社会化することに新たな関心を寄せている。民主社会主義が復活しつつある。ヴィジェイ・プラシャドは「(マイケル・ハリントン／バーバラ・エーレンライクの伝統に由来する)『民主社会主義』と(ヨーロッパのマルクス主義者の運動に由来する)『社会民主主義』の違いは、アメリカ対ヨーロッパという文脈の違いであり、政治の違いである」と指摘している。プラシャドは正しい――これらの伝統の間の距離は、新自由主義下で左翼が相対的に衰弱したことにより、かつてなく小さなものになっているのだ。「左翼が非常に弱いために」、「社会民主主義、民主社会主義、共産主義、アナキズムについての議論をなぞることは、ささいな違いのナルシシズムのように見える」とプラシャドは言う。[37] そうでないと考えるのは、政治的な好機に派閥主義を煽る危険を冒すことだ。

とは言え、自称社会主義者が推す「民主社会主義的」政策は、見る人によっては、ユージン・デブスなどの二〇世紀の社会主義者たちが掲げた産業の公有化の要求に比して、生ぬるい考えを混ぜ合わせた、FDR◆の温め直しのようなものに見えてしまう。新自由主義の巻き返しによって、政治的色彩の配列は保守的な右派の方へ大きく寄っている。こうした文脈では、サンダースが「民主社会主義」という言葉を公然と採用し、自身の取り組みをFDRの歴史的な馬車につなげようとしていることは、この考えの主流化を助けている。これは政治理論家のジャック・ランシエールが「感性的なものの分割（パルタージュ）＝共有」、あるいは「共同なものの現実存在と同時に、そこでの各々の居場所と分け前を規定する区分を目に見えるようにする」「感性的な諸明証性がなす体系」[38]と呼んだものを入れ替えるものだ。サンダースの「民主社会主義」は思想的なオーヴァートンの窓［第1章原注90参照］を広げることにとどまらず、二〇二〇年の大統領選候補のなかで、彼をほかの左派リベラルと区別するという政治的に重要な役割を果たしてもいる。ジャーナリストのジャメール・ブーイは、ややこしい定義の話はカッコにくくって、「サンダースはある種のプラグマティズムをモデル化しているのかもしれない。よく言われる、実現可能なことをするという『プラグマティズム』ではなく、物事の真実は定義ではなく、実行することのなかにあるという、アメリカの哲学的伝統からくるプラグマティズムだ」と結論づけている。[39]

DSAが申し合わせてビッグテント戦略の採用を決定したのは、こうした洞察と同時に、彼らが、人的被害を緩和するために力を合わせることの緊急性を認識していることを反映している。アメリカ民主社会主義者・ロサンゼルス支部（DSA－LA）とノーリンピックス両方のメンバーであるジョニー・コールマンは私に、「私たちには確たる政党路線はありません。私たちはビッグテントですが、それはグループのなかに多くの傾向があるという意味です。そのなかには私が賛成していないものもたくさんあるし、私と同じ考えでない人もきっと大勢います。角突き合わせるようなことも時にはありますよ」と語った[40]。ようするに、DSAのこの戦略において重要な支柱の一つは、少なくとも左翼的傾向については政治的に寛容だ、ということである。DSA-LAのメンバーであるルネ・クリスチャン・モヤは、DSAが開放的なのは、反動的な必然的帰結だったというところもある、と指摘する。「私たちの組織が今ゆるやかなものであるのは、じつは、おおむね歴史的偶然の副産物なんです。二〇一六年の選挙の後でDSAが再生したという歴史的偶然のね。政治的な原則ではありません」[41]。アリエル・サライも言う。「私たちには規約も正式プロセスもありませんでした。何かを組織したかったら、ただ始めるだけでよかったんです」[42]。DSAが内部の派閥的な違いをうまく制御でき、違いのせいでだめになるのではなく、違いから何かを生み出せる限り、このグループは成長し続け、柔軟性を保ち続けることができるだろう。DSA-LAに加わって長いブランドン・レイ・ラミレスは、「今は何が違うかというと、DSAには文化的な空間があって、そこでは、うまい言葉が見つからないのでインフルエンサーと言いますけど、そういう人たちが、私たちが何をしているのかを知っているということですね。私たちは一般大衆に対して左翼を代表しているようなものだという認識がありますが、これは今のような時には、非常に重要な役割だと思います」と指摘した[43]。また、アン・オルチエはこう付け加えている。「自律的な左翼空間としてのDSAは、本当に、本当に重要です。大衆的左翼空間を持つことが重要なんです」[44]。多くのDSA-LAメンバーにとって、選挙政治の政治的なリズムに屈しない「大衆的左翼空間」を作ることが第一の目標になっている。

　民主社会主義についての演説のなかで、バーニー・サンダースは、「規制なき資本主義という問題は、単なる学問的な議論ではなく、貧困、経済的困窮、絶望は、わが国の何百万人もの働く人々にとって、生

◆**FDR**　フランクリン・デラノ・ルーズベルト米大統領のこと。彼のニューディール政策のことを指している。

命を脅かす問題だ」と述べている。[45] 全国のDSA支部——DSA-LAを含めて——は、この「経済的困窮と絶望」に対処するため、具体的な被害軽減の取り組みを開始した。ノーリンピックスLAは、資本主義がもたらす日々の緊張とストレスに反撃して、DSA地方支部が地元で実施している活気に満ちたキャンペーンの好例である。ノーリンピックスLAは、さまざまなグループや組織と手を組み、長期的な視野を持ってコミュニティに根を下ろしている。協働相手は「公正な経済のための戦略的行動（Strategic Actions for a Just Economy：SAJE）」、「ロサンゼルス・コミュニティ・アクション・ネットワーク」、コリアタウンでホームレスの人々を支援している「みんなのためのKタウン（K-town for All）」などの多様なグループで、ノーリンピックスLAはこうしたグループの行動に参加し、強い絆を築いている。ノーリンピックスの撮影担当メンバーであるエリック・シーハンは、「オリンピックは、ロサンゼルス中のこうした組織の共通の敵のようなものです。それぞれの闘いをただ結束させて、みんなで活動して回るわけです。もし、こんな協働関係をちゃんと残せば、こうした最初の闘いの後も、オリンピック後も、私たちが住んでいる本質的に搾取的な資本主義の地獄の世界に対する制度的な解決策を構築するうえで、決定的に重要になるでしょう」と言った。[46]

ロサンゼルスの政治地理学を考えると、これは簡単なことではない。ノーリンピックスのアクティビスト、アザド・アミア=ガセミは私にこう言った。「LAはアトム化された政治環境です。運動を進めていくなかで、それをひっくり返すことをしていくのが必要だと思うんですよ」。[47] DSAは、資本主義の重要な一面であるアトム化という時代精神から遠ざかり、集産主義的精神を浸透させようと闘っている。マルクスによれば、人々は「社会的生産過程のなかでの単なるアトム的な振る舞い」をするようになり、「したがって人間のコントロールと自覚的な個人的行動から独立した、彼ら自身の生産関係の物的な姿は、さしあたっては、人間たちの労働生産物が一般的な商品形態をまとうという事実に現われてくる」。[48] これにもとづいて、アンリ・ルフェーヴルは、アトム化は「階級の武器」であると簡潔に主張した。[49] マルクスの「純粋にアトム化された」個人と、より広い超アトム化された社会構造が、構造よりも「行為主体（エージェンシー）」が重要であるという考え方を助長し、ロサンゼルスの労働者階級の生活の厳しさよりも、シルク・ドゥ・ソレイユのアクロバットとより密接に関係する「自助努力」メンタリティを促進している。社会学者のウルリッヒ・ベックが述べたように、「制度的な矛盾に対して、伝記に書かれているような解決策を見つけるようにと、社会はわれわれに促す」[50]。アトム化は、民主主義国の住民を、政府なき統治の商店街にいる、資本主義者の消費者に変えてしまうが、これは特にロサンゼルスのような大規模な都市化された地理空間の広がりのなかでは、現場での組織化を複雑にする。

ＤＳＡは制度的矛盾に対する構造的な解決策を模索してきた。そうすることで、彼らはあらゆる場面で民主主義を擁護してきた。バスカー・サンカラは『社会主義者宣言（*The Socialist Manifesto*）』のなかでこう書いている。「今日、社会主義者であることは、より少しの、ではなく、より多くの民主主義が社会の病を解決するのに役立つだろうと信じることである。そして、普通の人々が、彼らの生活を形作るシステムを形作ることができると信じることである」[51]。社会主義の話となると、このことは必ずしも理解されていない。四三％の回答者が、何らかの形の社会主義がアメリカ全体にとって良いことであろうと考えていると答えているギャラップの世論調査が、その同じ調査のなかで「今後五〇年の間に世界のほとんどの国が持つことになる政府は、どれだと思いますか？　民主主義政府？　共産主義政府？　社会主義政府？」と質問している。このように、ギャラップは民主主義と社会主義を相互に排他的なものとして扱い、回答者にもそう考えるよう微妙なやり方で促している[52]。ＤＳＡは民主主義を全面的に信奉している。スカンジナビアの社会民主主義のその先へ進み、生産を社会化し、社会的権利を強化し、職場の民主的支配を獲得するという最終目標を掲げ、民主主義を経済的・社会的な領域にまで拡大することを考えているのだ。ＤＳＡメンバーの多くにとって、それこそが民主社会主義なのである

社会主義は、思想として、志として、勢いを増しているが、現時点でのその現実の力はもちろん、一般の人々からの共感についても、誇張すべきではない。気候危機に鑑み、学者でロウワー・ブルール・スー族の一員であるニック・エスティスは、これ以上の危機はあり得ないとして、「地球が生きていくために

は、資本主義は死ななければならない」と記している。[53] しかし、エスティス自身が指摘しているように、資本主義の深刻な欠点についての認識が高まっているからといって、それで誰もが社会主義支持へとなだれ込むわけではない。「社会主義は構築されなければならない」とヴィジェイ・プラシャドは言う。「それには膨大な量の仕事が必要だ」と。[54] ＤＳＡ－ＬＡとノーリンピックスＬＡはその仕事をしている。彼らはその仕事の輪郭をはっきり示し始めている。

内部的には、ノーリンピックスの指導体制は、その母体であるＤＳＡ－ＬＡのものと似ている。ノーリンピックスはＤＳＡ－ＬＡに倣って、共同議長体制をとっており、ジョニー・コールマンとアン・オルチエがまずその任に就いた。ノーリンピックスは、正式な委員会ではなく、ＤＳＡ－ＬＡの規約ができる前に発足しているため、常設の委員会よりも自律して、柔軟に活動できる。例えば、ＤＳＡ－ＬＡの他のどのグループとも違って、ノーリンピックスには専用のソーシャルメディアと予算がある。ＤＳＡ傘下ではない多くのグループと連合して活動しているワーキンググループであるという事実も珍しい。ノーリンピックスＬＡで活躍しているメンバーで、ＤＳＡ－ＬＡ運営委員会の委員を務めたことがあるアリエル・サライによると、ノーリンピックスＬＡは十分に機能しているので、ＤＳＡからの監督はほとんど必要ないという。[55] ノーリンピックスＬＡはＤＳＡ－ＬＡを通じて新しいメンバーを集めている。そしてＤＳＡ－ＬＡはノーリンピックスＬＡの活動を下支えしている。

意思決定や会議の持ち方、内部のキャパシティ構築をどのように行なうかという点では、ノーリンピックスＬＡは、常に手探りの練習の繰り返しだ。隔週のミーティングが情報を並べるだけの場になってしまうと、一部の人々が耳を貸さなくなったり、さらには自分の時間が無駄にされていると不満を抱くことになったりするので、そうならないようみなで心がけ、グループ内で権力と責任を分け持って、行動に集中するようにしている。会議は毎回二人の進行役が、書記、タイムキーパー、スタックマネージャー（コメントしたい人の順番を整理する人）と協力して行なう。メンバーの参加とスキル向上を最大にできるよう、これらの役割は順番に務める。ノーリンピックスは、議論の幅を広げることを狙って、周縁化された者の発言を優先する「進歩的スタック」を採用している。

ノーリンピックスは二〇一八年九月に活動の前線から一時的に撤退し、会議の持ち方を改善し、共同議長の権力と責任を分散させてより多くの人がより活発に参加するようにするための方法について、ブレイン・ストーミングをした。「私がいないと物事が動かない時には、自分がオーガナイザー失格だと感じます」と、共同議長のアン・オルチエは私に言った。「私は、みんながノーリンピックスをオーガナイザーやリーダーとして成長するための場として使うことができている時に、自分がよくやっていると感じます」[56]。小さなタスクを割り振ってメンバーに具体的な貢献をするよう依頼する、という伝統的な組織化の手法を、ジョニー・コールマンは効果的に実行している、と多くのメンバーが称賛していた。レイチェル・レイェスは、会議の進行役を務めることが「すでに参加しているメンバーの自信やリーダーシップのスキルを築く方法になりますし、続けて活動してもらううえでも効果があります。組織のなかに居場所があると感じれば、人はまた来てくれるし、仕事もしてくれるものです」と言っている[57]。

ミーティングは毎回、グループの長期的な目標と短期的な優先事項についての議論から始まる。例えば、私が二〇一九年六月に参加したあるミーティングでは、長期目標は二〇二八年のオリンピックを阻止すること、都市への権利をスローガンにしてより良いLAのために闘うこと、そしてメディアの語り口や一般の人々の五輪に対する認識に影響を与えることだった。短期的な優先事項としては、ハームリダクション［健康被害を予防または軽減させること］と物質的な進歩の両方を達成するプロジェクトの支援、教育と意識の向上、他組織との連携強化などが挙げられた[58]。全体像をはっきりと前景化するこの会議構造は、目標・戦略・戦術をめぐって繰り返し話し合うことを可能にする。

LA中のアクティビストたちが、ロサンゼルスでまたしてもオリンピックが開催されることに対して反撃することに強い関心を示していたが、ほとんどのグループは既存の活動ですでに手いっぱいになっている。アクティビストの世界では、どの団体も危機また危機という状態で、戦略的優先順位付け（トリアージ）が切実な問題だ。アン・オルチエが言うように「組織的な反対運動がなかったという事実は、人々がオリンピックを望んでいるという事実の反映などではない、私たちにはそのことはわかっていました。組織的な反対運動がなかったのは、私たちのコミュニティがどこも毎日、次から次へと緊急な問題に襲われていて、オリンピックがあらゆる問題を悪化させることは誰もがわかっているけれども、闘いに優先順位をつけなくてはならないという事実を反映しているのです」[59]。ノーリンピックスLAは、アクティビストの空白を埋めるために乗り出したというわけだ。

4……インサイド・アウトサイド戦略

当初からノーリンピックスLAは、制度化された権力の回廊を突っ走ると共に、その外側から断固とした闘争も行なう、インサイド・アウトサイド戦略を採用してきた。ノーリンピックスLAは、市議会やその他の公共の場で証言するという制度内の活動も行なうが、直接行動や混乱を起こす政治活動も実行している。言い換えれば、ノーリンピックスLAは、「抑制された闘い」と「境界侵犯する闘い」の間を行き来して活動しているのである。「抑制された闘い」と言う時、社会運動の学者たちが通常意味するのは、伝統的な政治アクターが「十分確立された方法を用いて要求を上げる」ことで、一方「境界侵犯する闘い」とは、「新たに自らを政治的アクターとした者」が、合法性の一線を越えることすらあり得る「革新的な政治的行動」を行なうことを指している[60]。ほとんどの二分法がそうであるように、この二分法は現実世界の政治によってぼやけているため、シドニー・タローは、伝統的な制度内の戦術も、新しい想像力に富んだ戦術も両方用いる「複合形態」のアクティビスト・グループという区分をつくっている[61]。この組み合わせが、状況の求めるところに応じて、政治権力の制度的な経路を柔軟に出たり入ったりするインサイド・アウトサイド戦略のもとになっている。ノーリンピックスLAのような五輪イベント反対で結集した連合体は「複合形態」であり、政府の会議での証言や選挙で選ばれたリーダーへのロビー活動といった伝統的な形の反対運動をしばしば行なう一方で、伝統的な政治の外にいる人々との新たな闘いのレパートリーも活用している。

インサイド・アウトサイド戦略は、内部の緊張で波風が立つ。選挙で選ばれた公職者とそのスタッフのようなインサイダーたちは、自分たちが推し進めたい特定の政策に政治エネルギーをターボ・チャージするような外圧を大歓迎するが、同時にこうしたインサイダーたちが、草の根アクティビストの急進的な戦術や遠慮のないメッセージ発信に我慢できなくなることもしばしばあり得る。一方で、境界侵犯する戦術がより一般的になっているアクティビストのコミュニティでは、既存の制度内で政治的なゲームをすることが希少な資源の最善の使い方なのかどうかについて、懸念が消えない。さらに、米国の左派の間では、政治的な傷に絆創膏を貼って満足しているように見えるリベラルに対する軽蔑の念がかなり蓄積している。穏健派政治家は、直接行動による抗議活動は効果がなく、逆効果でさえあると考える傾向があり、他方、アクティビストは穏健派が権力者に簡単に忖度してしまうと考えることが多い。改革に熱心な政治的インサイダーは、アクティビストの動員を、システム内で働く人々が立法に利用するためのテコ入れのバールや政治的な送電網が故障した時の発電機といった、単なる道具のようにしてしまうことがある。しかし、多くのアクティビストにとって、動員とは長期的な草の根の力や自律的な自由の空間を構築することであり、それは必ずしも特定の政策的成果、特に意気地のないリベラルな政策的成果を目指しているわけではない。ようするに、アクティビストが自分たちの仕事を変革をもたらすものだと考えているのに対し、政治的インサイダーはしばしばアクティビストを取り引きのような観点から見ているのだ。

「私たちの大きな強みの一つは教育すること、人々の意識を揺さぶることです。私たちは市庁舎のなかでも活動し、外でも活動します」。アクティビストのレイチェル・レイェスはこのような言い方で、ノーリンピックスのインサイド・アウトサイド戦略に言及した。▼62 社会主義組織のメンバーが、市庁舎で証言して、公選職者に圧力をかけることに時間を費やすことに驚く人もいるかもしれない。しかし、ノーリンピックスLAのほとんどのメンバーにとって、この時間は必ずしもすぐに結果が出るとは限らないとしても、費やすに価するものだ。二〇一九年六月に私は、DSA-LAメンバーのリズ・ハーシュが六か月の娘イーサを腕に抱えて証言する姿を見たが、その彼女はこう言っている。「そうする機会があれば記録に残る形で異論を唱えること、そして、根本的には共感を抱きつつ警戒心はきちんと言葉にすること――権力を持つ人たちに対して、ですが、それだけでなく、注意を払ってくれるどんな人に対しても――そうすることは意味のあることだと思います」。「私たちは今、試練のなかを生きていますが、潜在的に有望な時でもあります。LA市議会の議場に立って、社会主義者だと名乗るのに、今ほど良い時はありません」[63]。

市庁舎での訴えによって見えないところで起こっていることがあるという点は、アン・オルチエも同じ考えで、彼女はこう明かしてくれた。「私たちは、必ずしもこれで何かを変えようと思って市庁舎へ行っているわけではありません。私たちは、〔市議会の〕誰かが私たちの話に耳を傾けてくれると思うから行くわけではないんです。ある意味で、私は主にそこにいるメディアとか、会議室にいる他の人たちに向かって話しているのです」。メッセージを受け取って、一般大衆に向けて反射させる「私たちの支持基盤、私たちが一緒に組織化する人たちに向かって話しています」[64]。オルチエは、証言をしに市庁舎に行くことは、仲間意識を強めつつ、話術を磨くことでアクティビストの能力を高めるのだと強調した。また、市庁舎と関わり合うことは、闘争には時間がかかり、市議会の会議は、熟議民主主義についての、かつて放映されていた子ども向け教養テレビ番組『スクールハウス・ロック』のような理想化された予定調和の一部ではないというメッセージを、ノーリンピックスに参加してからあまり経っていないメンバーに暗黙のうちに伝えることにもなる。

二〇一九年六月中旬、私は、市議会での会議でアクティビストたちが証言するのを見にいった。証言は、ある施策がホームレスの人々が車を住処として暮らすことをより困難にしかねないことについてのものだったが、アクティビストたちが直接取り上げられている問題――ロサンゼルスの路上での制御不能の危機――についてだけ話すのでなく、資本主義がもたらしたより広範な危機についても話していたのが非常に印象的だった。証言は、ホームレスの急増を詳述した二〇一九年の悲惨な数字が発表された数日後に行なわれ、ノーリンピックスのメンバーは、住宅とホームレスの危機をオリンピックに結びつけて証言した。

これはノーリンピックスがLAのアクティビスト・シーンにもたらしている、比類のない貢献である。少し引いてより大局的に眺めるならば、LA28の招致から実現までの異例のタイムラグによってもたらされた意図せざる恩恵だ。モリー・ランバート、ジョニー・コールマン、ジョン・モッター、ジェッド・パリオット、リズ・ハーシュなどのアクティビストたちは点と点を結びつけ、オリンピック目当てにLAを訪れる人々の気まぐれを満足させるためにホテルを増やすことが、オリンピック式の開発によく見られるジェントリフィケーションのプロセスにどう寄与しているかを指摘した。

人的資源の機会費用も圧倒的な大きさだ、と彼らは主張した。ノーリンピックスのアクティビストであり、UCLAで都市計画と法律を専攻する大学院生であるジェイコブ・ウーチャーは、「オリンピックに費やされる資源の量は、LAの街頭で私たちが目にするものを考えると、人道に対する罪と言える。市は三週間のイベントのために無尽蔵の政治的エネルギーを注ぎ込もうとしている」と説明し、こう問いかけた。「どれだけの官僚が日々、人々にどうやって住宅を供給するかを考える代わりに、このイベントのために働いているでしょうか？　これは本当にゼロサムゲームだ。あるプランナーがオリンピックに集中している一秒一秒は、どうやって人々に住宅を供給するかに費やされない一秒一秒なのです[65]」。

ウーチャーはノーリンピックスの戸別訪問などの地道なキャンバス活動に携わってきた。これも一つの「抑制された闘い」の戦術で、アクティビストたちが市内のターゲットとなる地域に出没して、反オリンピックの福音を説き、この闘いをジェントリフィケーションやホームレス問題といった差し迫った課題に結びつける、というものである。二〇一九年二月にエコーパークで行なわれたキャンバス活動を振り返って、オリンピックへの言及で会話を始めることは、「LAの政治について人々と話すのに、これまでで一番簡単なやり方でした。誰でもオリンピックについては何かしら考えているからです。LAで進行中の政治力学のうち非常に多くの点が、オリンピックで捉えられるのです」と彼は語った[66]。私はエコーパークでのキャンバス活動と、その二週間ほど前に少数のノーリンピックスのアクティビスト——ジョニー・コールマン、グロリア・ギャラード、ジェッド・パリオット、アリエル・サライ、マシュー・テイラー——が、トポ・チコのミネラルウォーターを飲み、トルティーヤチップスをつまみながら、キャンバス活動で話す内容を作った小委員会の会議に参加した。アクティビストたちはそれぞれ意見を出して、どうすれば緊張を解き話を聞いてもらえるか、アイデアを話し合っていた。自分たちはボランティアだ――どこかの組織の有給スタッフではない――という事実を強調しよう、ということになった。そうすれば、特定の利害目的で、クリップボードを抱きかかえてうろうろして、金を出させようとする連中から声をかけられるのにうんざりしている人たちも警戒心を解いてくれるだろう、というわけだ。また、話す際には、LAを、五輪開催のような大きな決定について人々が十分考えて決められる、より民主的に運営される市にしたいのだというノーリンピックスの考えを強調すべきだということも決定した。さらに、クイーンズに本社を置くというアマゾンの決定を撤回させることに成功した、ニューヨークでの市民の圧力との類似性を描くのがいいのではないか、という話も出た。アマゾンのこの決定は、全国の自治体が平身低頭で税控除などの優遇措置を競った挙句のことで、底辺への競争の一側面としてさかんに報道されたのだった。

エコーパークのキャンバス活動では、公園に向かう前、午前一一時に二〇人以上のアクティビストが集まって準備をした。コールマンが初めに挨拶をし、参加者たちが話す内容を通して確認した。それから、参加者たちを二人一組に分けた。この時、カップルや親しい友人は別々のペアになるように、また、どのペアも少なくとも一人はスペイン語の話者で、さらに、オリンピックの歴史に詳しいノーリンピックスLAの中心メンバーが含まれるように、注意を払っていた。リーダーたちを手伝っていたジャックス・アリオラは、ノーリンピックスのアクティビストたちが「居心地の悪い状況に慣れること」がポイントだ、と言った。話しかける際にする「大きなお願い」は、ノーリンピックスとDSA-LAに参加することで、「小さなお願い」は、ソーシャルメディアでノーリンピックスをフォローすることだ、とアリオラは参加者たちに指示した。コールマンは「招致をぶちこわせ!」と冗談を言って、打ち合わせを終えた。オリンピックという略奪についての話を広めることは、間違いなくこの活動の目標だった。が、これはより広範な会員の増強戦略を反映したリクルート活動でもあった。文字通り人々がいる場所で人々に出会い、近隣の空間で住民を活性化し、共感を持つ人々に大義への参加を促そうというものだった。キャンバス活動はキャパシティを築き、支持基盤を広げるための意図的な努力である。状況を診断するという要素もあった。アクティビストは、人々がオリンピックについてどのように感じているかを知ることができ、それによって、住民投票という手段を追求することに資源を投入するかどうかを知ることができるわけである。

公園に来ていた人々の圧倒的多数が、ノーリンピックスのメッセージを受け入れていた。活動の途中で、ブレイク・ロバーツは、『はい、オリンピックにワクワクしています』と言った人は、まだ一人もいませんよ」と私に言った。[67] モリー・ランバートは特にこの活動に長けているメンバーだが「若い人たちは理解しています。貧しい人々も理解している。家を持たない人たちにも話が通じる。オリンピックはよくないと説得しなければならないことがあるのは、高学歴すぎる人たちだけです」と付け加えた。[68] ジョアンナ・スワンは、この活動のより深い意味を指摘した。「公共空間で地域の人たちとのつながりを作ることは、こうした空間を取り戻すよい方法です。懸念を共有する気持ちを活性化するのです。反オリンピックという枠組みは、批評のための構造を提供します。オリンピックを取り上げて、それをさまざまな問題に結びつけることができるので、LAで資本主義によって展開されている不気味なゲームをはっきり示すのに役立ちます」。[69] スティーヴン・ルイスは、キャンバス活動は「私たちの基本的な考え方を言葉にして伝えるのにも役立ちます。オリンピックを中止させるなら、私たちがその場その場で、なぜ中止すべきかを本当にうまく説明できるようになる必要がありますからね」と付け加えた。[70]

四か月後、私は、「ホテルではなく住宅を」キャンペーンのために、二〇人のノーリンピックスのアクティビストたちと一緒にキャンバス活動に向かった。LA28は、「新設(ノービルド)をしないオリンピック」として宣伝されているにもかかわらず、公の文書には、そうではないことが書かれている。市役所のある提案には、「LAの二〇二八年オリンピック・パラリンピックに向けた準備として、市が新しいホテル開発を支援することが不可欠である」と述べられている。[71] こうした時、ホテル建設のために地元の借家人たちが立ち退きを迫られるのが常である。六月の暖かい、そよ風の吹く日曜日、私たちはハリウッドのデ・ロンプレ公園に集合した。ヒューゴ・ソトとアリエル・サライが共同で計画を練り、台本、ステッカー、情報提供のチラシ、市議会議員ミッチ・オファレルにディベロッパーの利益よりも借家人の権利と保護に焦点を当てるよう促す署名集めのための請願書フォームをはさんだクリップボードを参加者各組に用意した。簡単な手続きや連絡と新しい参加者のためのトレーニングの後、参加者たちはソトとサライが作った地図に記された割り当て地域で戸別訪問をするため、ハリウッドの街に散っていった。

ソトはLAで生まれ、メキシコからアメリカに渡ってきた両親のもと、サウス・セントラル（ソトいわく「今ではサウスLAと呼ばれていますが、私にとってはずっとサウス・セントラルです」）で育った。彼は一〇年以上にわたり労働組合のオーガナイザーとして働き、時間の経過と共に彼の街が「とんでもなく大きな変化を遂げる」のを目にしてきた。この間、家賃規制のあるアパートのワンベッドルームの彼の部屋の家賃は、何年も前に彼の両親が自宅を購入した時の住宅ローンの支払いを上回った。ソトによると、「オリンピックは、私が大好きな街の優先順位が間違っているということを示している」し、「ホテルではなく住宅を」のキャンペーンはこれを具体化して、はるか頭上でクレーンが動き回っている時、その下では近隣住民が追い出されているのを見て、人々がそのことを理解できるようにしたものだという。[▼72]

私は、ソトとジョニー・コールマンのペアについていった。経験豊富で才能のあるソトは、この活動は熱意と自信がすべてだと言っていた。二人は集合住宅の建物に入り、各戸のドアをノックし、英語とスペイン語で住民と話をした。彼らは真っ先に取り壊し候補になる低層の建物に焦点を絞って訪問した。ある時点で、ソトは外のフェンスに引っかけられた六個のロックボックスを見てうなずいた。これは、いくつかの部屋が長期契約の借家ではなくエアーB&Bになっていることを示していた。彼らは、一棟の家賃規制のあるビルをくまなく回って、入居者たちにこのビルが取り壊し対象として狙われる可能性があると伝えた。多くのビルで住民が、近隣の入居者が家主からの現金オファーにつられて出ていったと話した。[▼73]

ソトとコールマンは、すかさず、自分たちがこの街のことを気にかけているボランティアだと明かし、裕福な開発業者は勤労者庶民の敵であるという階級論を展開した。その日、彼らが話した人たちはみな、彼らのメッセージに賛同し、近隣で起こった、リノベーションや取り壊しによる立ち退きの話をしていた。多くの人々が、ノーリンピックスがオファレル議員に送るために用意した請願書に署名した。その日、ノーリンピックスのアクティビストたちは、六七枚の請願書を集めた。こうしたキャンバス活動は、技術と連帯を築き、信頼と信念が証明される、闘いを特徴づける活動だ。「キャンバス活動は、都市への権利の実践です」とレイチェル・レイエスは言っていた。

また、ノーリンピックスは、学校や大学を対象にした多くの公開イベントやティーチ・インを開催するという「抑制された闘い」も行なってきた。これは、ノーリンピックスLAの綱領の最後にある「私たちは、いつでも、どこでも、誰とでも、公の場で会話をします。だから、話をしましょう」という言葉と一致している。[74] 私は、ノーリンピックスのアクティビストたちが、学術的な場（例：UCLAの公共政策大学院ラスキンスクール）や左派の会議（例：ニューヨーク市の「私たちの時代の社会主義（Socialism in Our Time)」から、宗教的な場（例：ロサンゼルス・カトリック・ワーカー）やパブ（例：ポートランドの「トフィー・クラブ」）まで、さまざまな場所でプレゼンテーションを行なうのを見てきた。彼らはLA全域の公立小、中、高校で講演することに力を入れてきた。生徒たちは将来の有権者であり、アクティビストになる可能性のある者もいるからだ、と言う。プレゼンテーションは毎回、スライドにたくさんの情報が盛り込まれており、アクティビストは聴衆の背景や発表者自身の知識分野に合わせてスライドを調整する。普通は、エリック・ホブズボームの、歴史は「現在が根を下ろしている土壌」[75]であるがゆえに重要である、という主張に倣って、オリンピックの政治史に関する重要な事実を提示する。確かに、オリンピックの歴史はまったく同じに繰り返すものではないが、しばしば現在と同じリズムを刻んでいる。

UCLAのラスキンスクールでの講演を企画したメグ・ヒーリーとスパイク・フリードマンによると、ここでイベントを開催するのには特別な理由がある。ラスキンスクールで都市計画を専攻するこの二人の大学院生が強調したのは、ここの学生たちが将来、市・郡・地域レベルでLAと近郊の都市計画を担う人々だということだった。こうした人々の頭に問題意識を植え付けておけば、ゆくゆくは現実に違いが起きる可能性があるというのだ。ヒーリーは、「オリンピックのための複数年の計画プロセスの期間に、都市プランナーとしての私たちの役割と責任に何が伴うのか、議論していくことがとても重要だと思います」と言った。[76] フリードマンは、この公共政策大学院が衡平と正義を強調しており、したがって学生は、大学のこの社会的公正の使命に反するオリンピックの「具体的なパターンと影響」に特に興味を持っているはずだ、と強調した。[77] 将来影響力を発揮しそうな人々に影響を与える、という考えだ。

ジョニー・コールマンは、ノーリンピックスは「常に数年に及ぶプロジェクトとして活動してきた」と強調した。その文脈のなかで、大衆教育としての講演は「社会主義について話をするための口実」を作り出し、「良くも悪くも、オリンピックのブランドは非常によく知られているもので、それをハイジャックして自分たちに有利なように使うことができます」と言う。[78] モリー・ランバートは、公共のイベントは「社会主義への入口」だと付け加えた。[79] レイチェル・レイェスによると、学生と話すことは「基盤構築」だという。「小さなことから始めなくてはなりません」。家族や社会的ネットワークを介して会話が屈折するにつれて「小さなグループが大きなグループになるんです」と言った。[80]

公開講座には多くの利点がある。講座が参加のきっかけになったメンバーがいること、アクティビストがメッセージの伝え方を磨くことができること、講演者が交代することで結束力が生まれること、そして、講演が資金集めに役立つことだ。さらに、アクティビストたちは、若者たちがオリンピック・プロジェクトに内在する問題を十分に理解したのを目の当たりにして、将来についての士気が高まったと指摘している。それでも、このような小さなグループと話すことは、特にノーリンピックスのような資源に乏しいグループでは、費やした努力に見合うだけの価値があるのかどうかという疑問は否めない。二〇一九年二月にカトリック・ワーカーで行なわれたアン・オルチエの講演では、(私を含む)一〇人の聴衆がいて、多くの人が実際の講演よりも、講演後の軽食タイムに興味を持っているようだった。ノーリンピックス動画チームのジャスティン・ガーがいて、先々に宣伝活動に使える映像を撮影していたとは言え、このような小さなイベントを行なうことは、エネルギーと時間がかかるのに比して、直接的な効果がどれほどあるかは疑わしい。

世論調査も「抑制された闘い」の場の一つだ。二〇一九年六月のIOCの投票で、ミラノ＝コルチナ・ダンペッツォが四七対三四でストックホルム＝アーレを破り、二〇二六年の冬季オリンピック開催地に選ばれた時、トーマス・バッハは、イタリアの方が世論調査の数字が高いことが差をつけたようであることをほのめかした。スウェーデンのわずか五五％に比し、イタリアでは八三％が招致を支持していたのだ。[81] オリンピック招致の世論調査は、独裁者のような数字を出していると長らく批判されてきたが、ロサンゼルスの二〇二四年大会招致について行なわれた最小限の世論調査も例外ではなく、ロヨラ・メリーマウント大学の調査では八八％の市民が支持していると出た。LAの招致関係者が二〇二八年大会招致に向けて舵を切った時には、同大は八三％の支持と主張し、IOCの委託で行なわれたある調査では、七八％が招致を支持しているという結果だった。[82]

ノーリンピックスLAはこうした結果に納得せず、世論調査と調査構成の経験を有するメンバーがいることから、自分たちで調査を行なうことを決めた。二〇一八年一〇月に発表された結果は、以前に出されたバラ色の数字とは対照的なものだった。一〇〇〇人以上の回答者を対象としたノーリンピックスの調査では、四七％が二〇二八年大会をロサンゼルスで開催することに反対しているのに対し、賛成は二六％にとどまった。回答者の四分の一以上が「どちらでもない」だった。さらに、回答者の五四％は、ロサンゼルス市が進めるオリンピックの陰謀を注意して追いかけておらず、一方「非常に注意深く」追っていると答えたのはわずか一％であった。[83] ノーリンピックスの世論調査は、市民が五輪に熱心なはずだという推定は強いが、実際の証拠は弱いということを示したのだった。

このノーリンピックスの調査はプッシュ・ポールと呼ばれる、選挙時の電話勧誘戦略の一つで、世論調査と見せかけて、さりげなく敵対候補のマイナス情報を流すことだという批判が一部にあるが、調査票の作成に協力したアザド・アミア＝ガセミは、そうではない、ノーリンピックスは、単に五輪についての意見を形成するうえで重要な文脈を提供しただけだ、と主張した。彼は私に「文脈によらない調査にもとづいて議論することはできません」と言った。彼は重要な教訓を導き出している。「現実という宇宙に心を開き、人々がオリンピックについてもっと理解すれば、議論は変わります。オリンピックについて人々がより知ると、議論がより複雑になることがわかりました」[84]。

ノーリンピックスの調査と過去の世論調査との間に生じた乖離は、ロサンゼルスの大会に関する住民投票の必要性が大きいことを示している。住民投票は、すべての開催都市の招致プロセスにおいて、必須の要素であるべきだ。ＩＯＣすらこの結論に達したようである。オリンピック招致は「あまりにも多くの敗者を生む」というトーマス・バッハの懸念に応えて、ＩＯＣは二〇一九年六月に、将来の招致都市には、立候補前に住民投票を実施するよう求めると発表した[85]。ジョニー・コールマンはこれを受けて「ＬＡとパリは住民投票をするべきだったと認めているんでしょうかね？　何しろ二〇一四年大会と二〇一八年大会の立候補都市で住民投票がなかったのは、この二つだけだったんですから。すべてのLA住民は、なぜわれわれは住民投票をしなかったんだ？　と問うべきですよ」と言っていた[86]。

住民投票は、賛成派と反対派の双方に、公の場で自分たちの議論を発表するために意見を研ぎ澄ますことを迫り、そして住民には、オリンピックが自分たちの町にやってくる前にこのスポーツ大会の化け物をどうするか決めるよう迫るものだ。ノーリンピックスＬＡのアン・オルチエは、「はっきりさせておきますが、私たちの調査を含めていかなる世論調査や調査も、この大会が、私たちの街で最も弱い立場にあり、周縁化されている人々にどのような影響を与えるかについての真の対話に代わるものではない、と私たちは考えています」と私に語った。「今回の調査は、オリンピックをめぐる、より有意義で民主的な対話を生み出すという私たちの目標の延長線上にあると考えています。この対話がなければ、ロサンゼルスでのオリンピック開催の決定は、富裕層と権力者だけが行なうものであり、その生活が取り返しのつかないほど害されたり、破壊されたりすることさえある人々の意見を取り入れずに行なわれ続けるでしょう」とも言っていた[87]。民主主義を深化させようとするオルチエの努力は、エリック・オリン・ライトが言うところの「団結を促す目的」を戦略的に形成し、「反資本主義のアジェンダ全体にはあまり共感しないかもしれない人々」との共通の基盤を築くことになる。[88]

オリンピックを住民投票に付すという取り組みは、多数の反五輪グループが自分たちに有利になるように利用してきた「非修正主義的改革」の一例であり、民主的な出口車線とでも言うべきものである。二〇一三年から二〇一八年の間に、一一の都市が、住民投票で敗れた結果（ドイツのハンブルクとミュンヘン、スイスのダボスとシオン）、住民投票で先行きが危ぶまれた結果（ボストン、ブダペスト、オーストリアのグラーツ）、または、選挙で選ばれた公職者への政治的圧力が高まった結果（クラクフ、オスロ、ローマ、ストックホルム）、オリンピック招致を断念した。アクティビストの間では、住民投票をオリンピックという吸血鬼の心臓に突き刺すための木の杭のように見る人が増えている。

二〇一九年六月にデンバー――一九七二年に招致実現後に開催を拒否した唯一の都市――が再び唯一無二のことをした。デンバーのアクティビストたちが二〇三〇年大会への立候補をからくも食い止めた後、彼らはもう一歩踏み込むことを決め、将来のオリンピック招致に公的資金を投入する前に有権者の承認を得ることを必要にする条例改正を行なうかどうかの決定が、市民の投票にゆだねられた。条例改正案は七九％対二一％という圧倒的な支持を得て、デンバーは将来のオリンピック招致に税金を使う前に有権者の承認を得ることが義務付けられた。[89]

ノーリンピックスもまた、パワーバランスを攪乱するのに、フランシス・フォックス・パイヴンとリチャード・クロワードが「ディセンサス（決裂、異議表明）」と呼んだものに依拠している。ディセンサス政治は、エリート集団の裁量によってメンバー追加を可能にする略式任命措置（cooptation）を回避しつつも、同時に変化を起こすより効果的な方法としての定期的な混乱に――政府の内部で影響力を結集するコンセンサス（合意）政治ではなく――根ざしている。ディセンサスは弱者に奉仕するのに対し、コンセンサスは、社会のなかで権力や特権を握っている人々のいいように利用される傾向がある。混乱が不確実性を注入し、力のバランスを捻じ曲げる時、混乱は反対表明の重要な形態である。しかし、パイヴンとクロワードが指摘するように、それはどちらか一方だけのものではない。「民主政治において、抗議者が負けるか勝つかは、攪乱的政治戦術と選挙政治の相互作用にかかっている」[90]。「攪乱的政治戦術」は故意に緊急性を高め、焦点を絞ることによって、圧力を高めることができる。タローは攪乱的な闘いの形態の抗議を「社会運動の最強の武器」と呼んでいる[91]。

ノーリンピックスの幅広い闘いのレパートリーのうち、混乱の最高の例は二〇一八年一二月に起こった。南カリフォルニア大学（ＵＳＣ）で開催された世界人権宣言七〇周年記念イベントで、エリック・ガーセッティ市長が基調講演を行なう予定だった。ガーセッティが話し始めると、ＤＳＡ－ＬＡ、ノーリンピックスＬＡ、ロサンゼルス・コミュニティ・アクション・ネットワーク（ＬＡ－ＣＡＮ）の人々が、群衆のなかから、アクティビストのビックリ箱のように飛び出してきて、ホームレスの人権にまったく関心を示さない市長の偽善をあざ笑った。ＬＡ－ＣＡＮの理事長ピート・ホワイトは市長をさえぎって世界人権宣言第二一条を示し、ＬＡは宣言の精神に違反していると主張した。ガーセッティはホワイトを黙らせようとしたが失敗し、彼とＬＡ－ＣＡＮの名前を呼んで、「私たちは市の行政に対するあなた方の支援に感謝しています」と言ったが、無駄だった。ある時点では、「サンタが町にやってくる」のメロディにのせて「気をつけるんだよ、泣きを見ないように。エリック・ガーセッティは嘘をついてる。人権侵害が起こってる」と、ガーセッティを馬鹿にしてがなりたてた。イベント主催者は何度も事態を収拾しようとしたが、二〇分後には到底無理だとわかり、ガーセッティのスピーチは中止された[92]。

それが人権デーの祝典の場だったという事実が、ノーリンピックスに戦術的な自由を与えることになった。騒々しかったとは言え、平和的に反対意見を表明しているアクティビストをもし取り締まったなら、恥知らずな矛盾になってしまったからだ。国連人権高等弁務官代理のケイト・ギルモアは、このイベントのスピーチで「トラブルメーカー」を繰り返し擁護した。講演と講演の合間に流れる、感情に訴えるビデオ画像には、「人権のために立ち上がれ、あなたも声をあげよう」といった明快なフレーズが使われていた。まさにそれをしていた現実の「トラブルメーカー」を鎮圧したなら、ひどいダブルスタンダードになったことだろう。「私たちは、警備員は私たちを追い出さないと予想していました。私立大学がお金を出して雇っている武器を持った警備員が、人権を祝うイベントの場で私たちを押さえつけて講堂から放り出すのは、非常にみっともないですから」と、アン・オルチエは私に言った。[93] 権威に立ち向かう反体制派の勇気を支持しておいて、いざ自分たちのところで誰かが本質的には同じことをしたらそれは追い出す、というわけにはいかない。

この事件はまた、人権についての言説が外国の人々には制約なく適用されているにもかかわらず、自国の反体制派にはそうではない、というアメリカでの力学を示している。アメリカ大統領のジミー・カーターが人権レトリックを受け入れたのは一九七〇年代になってからのことで、学者のバーバラ・キーズが指摘するように、その時ですら、「人権は他国へと関心をそらす方法になった。自国の至らなさを正すのではなく、世界の他の国々を改善するためのプログラムだったのである」。人権の言説は、こうした理想が、激動の一九六〇年代の後で「アメリカの美徳を取り戻したいと切望する国民の間で、並々ならぬ力を持って共鳴した」ために「新しいマントラ」として浮上したにすぎなかった。[94] 人権学者は、「米国は国際的な人権状況における『立派な見本』からはほど遠い」と指摘している。[95] ロサンゼルスのアクティビストたちはこの見方に完全に同意しており、破壊的な方法でそれを指摘することに決めたのだ。

数日後、『ロサンゼルス・タイムズ』の論説委員会はアクティビストを厳しく非難した。「講演者を怒鳴りつけたりする――あるいは、公開の会議を中止に追い込んだりしてもそうだが――抗議者は、自分たちの意見を表明しているだけではない。他の人が自分たちの意見を他者へ伝えることを不可能にしているのだ。この種の力づくの行動は、抗議の目的を達成するかどうかは別として、言論の自由の概念からは逸脱している」。[96] このような否定的な報道にもかかわらず、多くのDSA-LAのアクティビストたちは、これが重要な行動だったと私に語った。クリスティナ・メシェルスキーは、USCでの混乱は「より大きな公共の語り口を、少しずつ削っていくこと」だったと述べた。オルチエは「あの会場へ行った目的は、［ガーセッティの］写真撮影の機会を台なしにし、混乱させることでした」と付け加えた。「必ずしもイベントを中止させようと狙っていたわけではありません。楽をしてメディアに取り上げられる機会を与えまいとしたのです。彼が簡単に屈して、批判に対応する能力が無かったという事実には驚きました」。[97]

このアクションは、ノーリンピックスがどのように細い道を切り開いていくのかを浮き彫りにしている。一方では、制度的な場で反対意見を表明する際にしばしば出てくる穏健な論理と価値観によって骨抜きにされるのを避けようとしている。他方では、権力者に対して手加減することを断固として拒否することにより、アクティビストたちが関心を寄せている問題に対処するための手助けをしてくれるかもしれない政治的なインサイダーから疎外される危険がある。この場合ノーリンピックスは、ノーリンピックス連合のなかの、より制度的なトラックのなかで活動しているために、ガーセッティを混乱させるための戦術的自由度が低い他のグループにとって、ポジティブな革新的側面効果をもたらした。ノーリンピックスは、言説と戦術を拡張し、それによって、目標を共有している共闘仲間の他のグループを、より権力に受け入れやすくし、より効果的な変革の行為体にする可能性を生んでいるのである。[98]

「境界侵犯する闘い」の他の例には、マットレスを使った運動がある。この戦術では、ノーリンピックスのアクティビストたちはロスの路上から捨てられたマットレスを拾い集め、「ＬＡはガーセッティのオリンピックを望まない」、「クソ食らえ、オリンピック」、「オリンピックはどこにもいらない」、「リオとの連帯」などのスローガンをスプレーで書くのだ。他にも「五輪（ゲームズ）でなく住宅（ホームズ）を」、「資本主義は楽しい（メリー）クリスマスをなくしている」、性的マイノリティの権利に配慮したふりをする「レインボー資本主義、クソ食らえ」といった奇抜なフレーズもある。マットレス戦術には象徴的な価値が加味されている。マットレスには、立ち退き、そして、より一般的に住宅危機を意味する強力な提喩としての機能があるのだ。「ガーセッティ、ＬＡでのオリンピック開催は住宅危機の解決にならないぞ」と書かれたマットレスもあった。

サンギータ・ライアサムは「これはどこから見ても立ち退きの比喩なわけです。だから、マットレスにスプレーで『クソ食らえ、資本主義』とか『ＬＡでオリンピックをするな』と書くのは、主張を明確にする辛辣で破壊力のある方法です」と語り、さらに、「これに対して何ができるでしょう？　どのみち捨てられるものにスプレーで何か書いたからといって、その人を逮捕しますかね？」[99]と言った。大勢のアクティビストたちが、マットレスの戦術は、法を犯すことなく、楽しくタグ付けをする方法だと私に言った。さらに、アクティビストたちはしばしば自分たちの取り組みを記録し、ソーシャルメディアとソーシャルメディア上でその様子を紹介する。アリエル・サライは、「マットレスは、伝統的な草の根の美学とソーシャルメディアを組み合わせて、基本的には路上のマットレスのような大きさのあるものをミームに変えようとする試みの良い例なんです」と言った。[100] スプレーでスローガンが書かれたマットレスは、政治学者ジーン・シャープが言うところの「象徴的な挑戦」とは何かを示している。これは「民衆の気持ちを試し、盛り上げ、また非協力や政治的抵抗を通して続けられる」ことを目指すものだ。[101]

ノーリンピックスのアクティビストであるスティーヴン・ルイスは、このマットレス戦術を「ユーモア、対立、戦闘性を混ぜあわせたもの」と表現した。ユーモアは、ノーリンピックスの政治活動アプローチに不可欠な要素である。彼らは、エリック・〝嫌いなCEOなど会ったことがない〟・ガーセッティ、[102] ケイシー・ワッサーマン、IOCの大物、さらに二〇〇〇年にIOC「名誉委員」となったヘンリー・キッシンジャーのような人々をターゲットにした、辛辣な風刺のブランドを展開している。常に権力者たち、特権を持つ者たちにパンチを食らわし、けっして周縁化された、相対的に無力な人々に打撃を与えないよう力を合わせている。

人類学者のアンジェリーク・ハウグルードは、「パロディは真面目な営みだ」と論ずる。政治的動機のあるユーモアは「政治家のブランディング・メッセージを攪乱すること、〔……〕そして、矛盾した意味を暴くことで、支配的な企業と言説の枠組みを不安定化させることができる」。[103] ノーリンピックスのアクティビストたちは、皮肉とパロディのダブルパンチ――風刺では支配的なスタイルだ――を放って、政治的な地勢を切り開いたり、ゆるめたりすることができる。ユーモアは、ベル、ホイッスル、スクリーンと多くの音でいっぱいの世界で、人々の注意を引くのに効果的な方法だ。しかし、ノーリンピックスでは、ユーモアは真正のものだ。「ユーモアは私たちそのものであり、私たちの組織化のやり方なのです」と、アン・オルチエは言う。「調子やスタイルの指針があるわけではありません」。[104] これは、第2章で述べたガーセッティのオーディションのパロディ・プロジェクトを主導したノーリンピックスの映像専門家であるエリック・シーハンにも共通していた。彼は、ノーリンピックスにはユーモアが自然に備わっていると言った。「それがこのコミュニティの交流の仕方なんです。私たちはみな、けっこう若いし、真面目です。でも、ずっと真面目一本槍ではやってはいけないこともわかっています。だから、運動にも何か面白いことを持ち込まないとね[105]」。スティーヴン・ハッチンソンはノーリンピックスのことを「皮肉に毒されたミレニアルズ」とふざけて表現した[106]。

喜劇は盾であり武器でもある。ジグムント・フロイトが「機知工作」と呼んだものは、インターネットの騒乱の容赦ない騒音を少しばかり減らすことができる[107]。笑いとユーモアは普遍的な人間の経験である。コメディは相対的に力の乏しい者の武器にもなるが、痛みのなかを進んでいくための方法でもある。ユーモアには本質的に左翼的なものは何もないが、一流の政治コメディのほとんどは左派からもたらされる。ノーリンピックスのメンバーは、コメディアン、俳優、作家、そして即興ができる人々で溢れている。シーハンは、ノーリンピックスが強烈なテーマを扱っていることを指摘した。「この運動にはユーモアを持ち込むことが超重要だと思います。口当たりを良くするとか、憂鬱なだけにならないような方法で人々がこの話に興味を持ってくれるようにするとかという意味でね。特にトランプだとか今の世のなかの状況がこうですから、人々にはそういうものを少しの間、忘れられるような何かが必要です。そして私たちが運動のテーマに取り組みながら、同時に、人々が悪夢のような地獄の世界から一瞬逃げ出せるようにしてあげられたら、それはいいことだし、私たちにとってはよかった。それに私たちのメッセージを広めるのに役立つとも思います[108]」。コールマンは「9・11は、私が大学に入った最初の週に起こったんです。私たちは非常に不愉快な世界を受け継いだわけです。ユーモアはこんな世界で生きる私たちの対処法なんです。ユーモアを使って人々がいるところで人々に会うんです」と言っている。しかし、と彼は付け加えた。「私たちも時には本当に大真面目になりますよ。もし、いつもはしゃぎすぎていたら、人々は私たちの言うことをきちんと聞いてくれないですから[109]」。

しかし、ノーリンピックスにとって、ユーモアは一般向けの営為というだけではない。メンバー間のセルフケアの一つの形でもあるのだ。DSA－LAメンバーのデイヴィッド・クァトラチーは私に「ユーモアとか何らかの風刺とかがない運動は重すぎます。この内容は重すぎる。運動の場にいて、酷いものごとを目にするのはキツイですよ」。スキッドロウ地区［ロサンゼルスの貧困地区セントラル・シティ・イーストの別名］でボランティア活動をした後、彼は感情的に打ちのめされて家に帰ることになる。コメディに頼ることで、彼と彼の仲間たちは「自分たちが何者であるかについてユーモアのセンスを保つ」ことができた。彼は、苦難に遭っている人々についてジョークを言ってもぜんぜん笑えないと強調した。「それでも、そういうことを乗り越えて、活動を続けるのにユーモアは役に立ちます。そうじゃなかったら、重すぎるんです[110]」。

風刺は、長丁場の戦いに備えるか、否定の霞のなかに滑り込むかの二方向へと枝分かれする感情的な距離を作ることがある。皮肉もまた、シニシズムへの滑りやすい坂道になり得る。このことを念頭に置いて、ノーリンピックスはしばしば、皮肉な内容を真摯さでふくらませている。ユーモアは、たいていの場合、政治的な目的のため、つまり観客の心を掴み、考えさせるためのものでなければならない。シェイクスピアはこうした動態を捉え、『恋の骨折り損』のなかでこう書いた。「冗談が栄えるのは、聞く人の耳のせいであって、言う人の舌のせいではありません[111]」。これは単なるユーモアのためのユーモアではないということである。

明らかなのは、ノーリンピックスは、インサイド戦略とアウトサイド戦略の間の一線上に乗り、短期的な目標と長期的な目標を追求するなかで、戦術的な柔軟性を発揮し、ナンシー・フレイザーが言うところの「境界闘争」、つまり「生産と再生産が出会い、経済と政治が出会い、そして人間社会と人間以外の自然が出会う」資本主義のなかに刻み込まれた社会政治的な発火点に足を踏み入れていることである。「矛盾と潜在的な危機の結節点として、これらの境界は闘争の場であると同時に、闘争で争われるものでもある、対立が勃発し、同時に衝突の対象でもある場所である[112]」。

5……オリンピック／非オリンピック戦略

このグループが攻撃の対象としているのはオリンピックであり、グループの名称はノーリンピックスLAだが、オリンピックに反対することは、より大きな営為の一部である。ノーリンピックスLAは、オリンピックとは直接的には関係のない、ロサンゼルス各地で進行中のさまざまな闘争に、深く関与している。このグループのオリンピック／非オリンピック戦略は、DSA－LAとの結びつきを強く保ち、共闘パートナーとの関係を強化し、新メンバー勧誘の可能性を開くのに役立っている。この戦略は、ノーリンピックスの闘いがどれほど本当にオリンピックに関わるものなのかという疑問も投げかける。

「私たちのほとんどは、オリンピックは資本主義の症状であるという理解で、この運動に加わりました」とアン・オルチエは私に語った。「私たちの運動の標的は、こうしたより大きな構造やイデオロギーであり、オリンピックはそれを理解し、枠組み化するための方法、組織化のための具体物なのです」。さらに、「オリンピックが実現するかしないかにかかわらず、私たちの反対運動は、こうしたシステムとそれが直撃を受ける現場や周縁化されたコミュニティに及ぼす影響に反対することに根ざしているということは、私たちがオリンピックについてどのように語り、どのように組織化するかから、非常に明確だと思います」と付け加えた[113]。ノーリンピックスにとってオリンピックは、ガーセッティのリベラリズムの枠を打破し、それによって象徴と現実との間のギャップに光を当てるための道具（ツール）なのである。

そうすることでノーリンピックスは、資本主義は労働者階級の人々に対する執拗な低沸点の攻撃を繰り出してきたという考えを、絶え間なく声高に主張し続けている。ここではロブ・ニクソンが理論化した「緩慢な暴力」があてはまる。「見えないところで徐々に発生する暴力、破壊がもたらされるまでに時間差があり、破壊が時間的・空間的に分散して発生する暴力、一般的にはまったく暴力とはみなされない消耗的な暴力」である[114]。ニクソンが焦点を当てたのは気候変動や森林破壊のような生態学的な現象だが、ジェントリフィケーションのプロセスは、人々を居住地から追い出し、所有していたものを奪うことによってその人々の生活にくさびを打ち込む「緩慢な暴力」、センセーショナルというよりは平板な、瞬間的というよりは漸進的な、ある種の残酷な加害の例である。これは、共同体を粉々にするような壊滅的な影響をもたらす、漸進的な暴力である。それは貧しい人々にとっては仮借ない追い立てであり、ジェントリフィケーションを行なう者たちにとっては、シャロン・ズーキンが「カプチーノによる和平工作」と呼ぶものである。[115]

住宅、ホームレス、ジェントリフィケーションという一連の問題は、アメリカ全土の都市中心部における社会的再生産の危機を垣間見せる窓のようなものだ。ジェントリフィケーションは、肌の色で人を区別しない市場が動かす魔法のような事業ではなく、一九六〇年代後半から一九七〇年代初頭にかけて、権力者による意思決定・選択・対応の積み重ねから生まれた都市のプロセスである。庶民は家を「失う」のではなく、人為によって、政策によって、制度によって、家から追い出されるのである。ピーター・モスコウィッツの次のような記述は、ジェントリフィケーションが激しく階級化されたプロセスであることを、私たちに思い出させてくれる。「ジェントリフィケーションは、その最も深いレベルでは、都市の目的を、貧困層や中産階級のための空間から、金持ちのための資本を生み出す空間へと方向転換することに他ならない」。[116]また、ジェントリフィケーションは、あからさまに人種化されてもいる。「土地とは、じつは、経済学とイデオロギーが一緒になる場所である」。「そして、強烈に人種差別主義的な過去が現在の私たちの生活にまで、強い力を持って生き続けている場所である」と、ロサンゼルスのアンドレア・ギボンズは書いている。[117]このように、ジェントリフィケーションは、白人至上主義を助長する「緩慢な暴力」の一形態である。ジェントリフィケーションにはインターセクショナルな分析が必要であり、ジェントリフィケーションはインターセクショナルな運動のチャンスを開くものである。

現代の資本主義のもとで、都市はサミュエル・スタインが「不動産国家」と呼ぶもの、つまり「不動産資本が私たちの都市の形、政治のパラメーター、そして私たちが送る生活に対して過度の影響力を持つ政治構成体のための価値抽出地帯」になってしまった。[118] ロサンゼルスのようなグローバル資本が非常に大きな投資をしている都市では、不動産は富を一時寝かせておいたり、資本の余剰分を吸収したりするのに有利な空間となる。選挙で選ばれた公職者たちはブローカーのような働きをしており、投資家の飛来を促し、資本のための道を切り開く再ゾーニング条例を可決し、不動産の価値が急騰するのを見守り、立ち退きの動きが活発になると肩をすくめてみせる。これがフレイザーの「土地収用を通しての蓄積」の実践である。[119] このようなシステムのもとでは、都市の建物は、生身の人間ではなく超富裕層の富を住まわせるために造られている。LA－CANのアクティビスト、ジェネラル・ドゴンは私にこう言った。「LAでは、やつらは貧しい人々を犠牲にして、特権階級のための遊び場を作っている。われわれのような庶民は結局負けを見るんだよ[120]」。

ロサンゼルスのような都市は資本の蜜壺と化し、市長は、投資を呼び込むためにエリート仲間の周囲やワインの貯蔵庫でコソコソ動き回っているだけの存在になってしまった。ロサンゼルスでは、このようなプロセスが一五の地区で生じており、各市議会議員がそれぞれの領地で覇権を握っているため、贈収賄の誘惑の扉が開かれている。その証拠AがLA市議会議員のホゼ・フイザールで、二〇一八年一一月、選挙区内でのビルやホテル建設に関連した汚職の容疑で、自宅と事務所がFBIに家宅捜索された。他の市職員や、ガーセッティ市長、ハーブ・ウェッソン市議会議長の現・元補佐官たちもFBIによって調査されているため、捜査がフイザールだけで終わるとは考えにくい。[121] ロサンゼルスの市議会は、各議員が約三〇万人を代表する大規模なものなので、さらに上昇志向を持つ野心家たちは特に、不動産業界のような大口の政治献金者に活動の主導権を握られることになる。

このことは、ロサンゼルスのダウンタウンやその他の地域での建設ブームが、普通の人々に手の届く価格の住宅の増加を伴わなかった理由を説明するのに役立つ。「不動産国家」は、一九九五年にコスタ・ホーキンス賃貸住宅法が可決されたことでも、その意志を発揮した。この州法は自治体による家賃規制を制限するもので、一戸建て、マンション、および一九九五年以降に建設されたあらゆる建物への家賃規制適用を禁じている。家賃規制された住宅でも、借家人が退去すれば、家賃を市場価格まで、あるいはそれ以上に、上げることができる。この法律は借家人の力を著しく弱めた。DSA-LAは二〇一八年、コスタ・ホーキンス法を廃止するための取り組みを支援し、この闘いに多大な政治的エネルギーを注ぎ込んだが、大敗に終わった。問題をさらに複雑にしているのは、公営住宅を建設する前に有権者の承認を必要とするカリフォルニア州憲法第三四条である。この階級主義的・人種主義的・反社会主義的な規定は、一九五〇年に不動産業界の強い要請を受けて成立した[122]。その結果、一九五五年以降、公営住宅はほぼ建設されていない[123]。これらすべての要因が組み合わさって、ロサンゼルスは住宅専門家のランディ・ショーが言うところの「住宅取得能力の悪夢」になっている[124]。ある調査により、ロサンゼルスの世帯の四七％で住宅費が家計を圧迫していることが明らかになった。所得の三〇％超を住宅費に費やしているという意味である。ロサンゼルスは、アメリカの都市のなかで最も住宅費負担の大きい都市になっている[125]。

DSA-LAとノーリンピックスが推進する社会主義のブランドは、住宅を普遍的かつ保証された社会権とみなしている。この社会主義は、住宅を脱商品化し、住宅の価値を、まずその価値を生産し再生産する労働に実際に従事する労働者のために奪還するうえで役立つ方法によって住宅政策の方向性を変えることを目指している。ノーリンピックスにとって住宅問題に取り組むことは、この問題が一見、五輪とは明らかな関係がないように見えても、重要なことである。オルチエは、「オリンピックに直接関係していないなら私たちノーリンピックスは顔を出さない、といったゼロサムゲームのようなものではありません。私たちは、互いにつながっている、私たちの綱領の一環である種々の闘いのなかの、この部分に取り組んでいるわけです」と述べている。肝心なのは「五輪の話題が出なくても、私たちはそこに行きます」ということだ[126]。

ノーリンピックスLAは、資本主義を具体的に語るための分析の三つの柱として、ホームレス、住宅、ジェントリフィケーションに焦点を当ててきた。結局のところ、ロサンゼルスでは、無慈悲なブランドの資本主義が、ますます多くの人々を路上に追いやっていることが、これほどまでに明白になったことはかつてなかった。政治に無関心なロサンゼルス市民でさえ、このことに気付いている。ホームレス問題はスキッドロウ地区で具体的に表われている。ジェッド・パリオットはスキッドロウ地区を「LAの資本主義のクローゼットのなかにある骸骨」、「反撃の震源地」と表現した。もちろん、ホームレスはスキッドロウ地区だけにいるのではない。家のない人々はロサンゼルス郡全域に点在しており、市街にも郊外にもテントタウンが出現している。パリオットは、サンフェルナンドバレーのエンシノで育ち、彼の言い方によると「白人特権のバブルのなかで暮らしていた」。二〇〇四年にLAのエコーパークに引っ越した彼は、「地域再活性化とは本当に暴力的なジェントリフィケーションである」ことを知った。[127]

この危機は生身の人々に恐ろしい結果をもたらしているが、一方で、政治的な地平を開くものでもある。極度に深刻化したホームレス問題を考えると、オリンピックなど余計でしかないことがわかる。パリオットは「オリンピックは二週間のイベントに七〇億ドルの予算があるのに、ホームレスへの住宅提供のために投資した金額は一〇年間で一〇億ドルだけです。こんなのむちゃくちゃですよ。優先順位は明白なはずです」と主張した。パリオットが言うのは、二〇一六年に市の有権者によって可決されたホームレス支援住宅にコストをかけるための住民提議（Proposition of the High Cost of Homeless Housing）で、ロサンゼルスの支援住宅に一二億ドルを割り当てて、住まいのない人々のために一万戸の住宅建設を目指す債券法案である。二〇一九年秋の時点ではただの一戸も供給されていなかった。パリオットは、私が話した多くの人々が疑問に思っていることを口にした。「解決に何年もかかることが明白な、これほどの規模の貧困をかかえている市で、オリンピックなんか話をすることさえできないんじゃないですか」。[128]

ホームレス問題という危機は、資本主義への率直な告発であり、アクティビストにとって利用価値がある。「新自由主義はアメリカの多くの都市で行き詰まりを迎えており、人々は他のアプローチを検討しようという気持ちになっている」とジョニー・コールマンは言った。「ここは攻めていかなくちゃならない」。[129] DSA－LAが「攻勢に」出た方法の一つで、オリンピックとは直接関係ないものが、ストリート・ウォッチという取り組みをつくったことである。LA－CANのスキッドロウ地区のためのコミュニティ・ウォッチ・プログラムをモデルに、ストリート・ウォッチは、ノーリンピックスのジェッド・パリオットが、DSA-LAの住居・ホームレス問題委員会の共同議長を務めていた時に考案したものである。ストリート・ウォッチは、貧困層を非難する懲罰的な言説に対抗し、それによって、政治的断層線を無化するものだ。この取り組みの核心には、人権を守りたいという願望がある。

この取り組みは、二つの絡み合った基本からなる。路上暮らしの人々へのアウトリーチを実施する、住まいのない人々に対する警察の扱いを監視する、の二つである。[130]前者について、パリオットは私にこう言った。「私たちは家を持たない人々に対して、あなたたちは声を上げることができる、権利がある、立ち上がって闘う力がある、と言い、また、あなたたちに起きていることが非人間的で不当だということをコミュニティの家のある人々はわかっていて、あなたたちを支援している、と言うためにそこにいるのです」。住まいのない人々と不安定な住まいしかない人々という点どうしをつなぐことも、この取り組みの狙いである。パリオットはこう言っている。「ストリート・ウォッチの使命の一部は、家を持たない人々や家を失いかけている低所得の借家住まいの人々を励まし、そうした人々が互いに理解し合い、また、家のある人たちが彼らのそばにいてサポートしていることを知って、立ち上がれるようにすることです」[131]。

アウトリーチは、路上生活の人々が直面している主な問題を、アクティビストがより明確に把握するのにも役立ち、それによって、より効果的な被害軽減のための実践を計画するのに役立つ。しかし、この取り組みは、警察が法律を遵守しているかどうかを確認する監視にも関係している。アクティビストは、市の関連条例を十分に理解したうえで記録をとる訓練を受けている。こうした記録から抜粋された資料は、先行き訴訟を起こすことがあればそこで利用され、また、大衆教育の目的でソーシャルメディアを通じて拡散される可能性がある。「反撃の一部は、何が起こっているかを文書化し、それに対する意識を高めることです」とパリオットは言い、さらに、「こうした、違憲すれすれの条例は、決められたとおりに執行されていても、人々を不当に処罰していることを明らかにすることもしています。ストリート・ウォッチはこうした条例を廃止するための取り組みです」と付け加えた。[132]私はストリート・ウォッチに参加した多数のアクティビストから話を聞いたが、彼らは、オリンピック開催となれば市は本当にホームレスを弾圧する、と当事者たちが恐れていると語っていた。

LAには、住まいを持たない人々が家畜のように囲い込まれている、ディストピアのような地域が点在している。二〇一九年六月、私はストリート・ウォッチに参加し、ロサンゼルス中心部のエル・プエブロ地区にある、こうした地域を訪れた。ノーリンピックスのメンバーであるジェッド・パリオット、ジョアンナ・スワン、そして私は二時間にわたり、市の衛生部署のスタッフと二人のロサンゼルス市警の警官を追跡した。彼らは市の条例を執行するためにテントからテントへと渡り歩くのだ。路上で暮らす人々は日中、歩道の通行に支障がないようテントをたたんでおく必要がある。私は、DSAのメンバーが毎週毎週ここへ来て、この地域の住民たちとの間に培ってきた信頼関係から恩恵を受けた。私たちは、LAで一〇年以上も家のない暮らしを続け、この地域の非公式市長と目されている、ハビエル・″ハーヴェイ″・フランコという男性に話を聞いた。彼は、以前どのようにして、その地域で暮らす、家のない人たちに、ストリート・ウォッチが「味方だ」ということを説明したか語ってくれた。こうした人々のほとんどは、カメラを持っている者を当然ながら嫌っていたからだ。私たちが出会った家のない人々の多くが、パリオットとスワンを見て喜んでいた。二人を名前で呼び、ハグをしに来る人もいた。私たちが話をした人のなかには、ストリート・ウォッチが監視していると、市の当局者からぜんぜん違った対応をされる、と言った人が一人ならずいた。

″ハーヴェイ″・フランコに初めて会った時、彼は両手を大きく広げて「現代のアウシュビッツへようこそ」と言った後、丘を下ったところにある短期シェルターの方へ手振りをし、「あれは強制収容所だ」と付け加えた。二週間ほどして彼と話をした時には、ユダヤ人に対して無神経な表現をしたのはわざとではないが、あの譬えは間違いではないと思っている、と言った。「LAでオリンピックをしてほしくない。あいつらは、ここのホームレスの人たちに問題を引き起こしている。市の中心部に一番近いところから俺たちを追い出そうとしてるんだからな。あいつらはただ、街が「クリーン」で、よその国からオリンピックのために来る人たちが誰もここで俺たちを目にすることがないようにしたいだけなんだ」と彼は言った。フランコは会費を払ってDSA－LAのメンバーになっている。[133]

パリオットは高品質のソニー製デジタルビデオ・レコーダーを持ってきていて、エル・プエブロ地区を巡回する間、ずっと録画ボタンに指をかけていた。ストリート・ウォッチ・プログラムは、「下からの監視」行動の典型的な例だ。「下からの監視」とは、一般の人々が権力者に対して監視技術を使うことを指して学者が作った言葉である。[134]携帯電話のような、広く普及していて常に進化し続けるカメラを備えたテクノロジーは、一般の人々が監視者を監視することを可能にしている。一九九一年に、ロサンゼルス市警から暴行されるロドニー・キングの姿をジョージ・ホリデイがビデオ録画した時、ホリディは学者のシモーヌ・ブラウンが「暗色の監視」あるいは「監視に応答し、挑戦し、立ち向かうモード」と呼ぶことを行なっていた。監視はしばしば人種化されている。ブラウンが書いているように、「原型的な白さは、暗色物質がなければ意味をなさない」。[135]ロサンゼルスの街頭で駆逐の標的にされている家のない人々の多くは、間違いなく人種化されている、つまり「暗色物質」だ。ストリート・ウォッチの取り組みは、下からの監視を使って権力の台本をひっくり返そうとするものである。

多くのDSAメンバーにとって、ストリート・ウォッチに参加することは非常に重い経験だ。ハリウッドとその周辺でストリート・ウォッチを行なっているリズ・ハーシュが、自己紹介と「あなたの権利を知ろう」のチラシを配布するためにホームレスの人に声をかけた時、その人のひざまずくような反応は「私を傷つけないでください」というものだった。ハーシュは私にこう言った。「ストリート・ウォッチによって、貧困と経済的暴力についての私の理解は変わりました。概念が人の顔を持ったんです。それは、ホームレスの存在をめぐって、どんどん増えている誤解を招くような語りを崩していくのに役立っています。そして、私たちの文化では一般的に起こり得ないと思われている人々の間の社会的な結びつきを促進してくれます」。[136]ジョアンナ・スワンにとって、貧しい人々や家を持たない人々との信頼関係を築くことは、このプログラムの重要な機能である。感情にかかる負荷は大きいが、その甲斐はあると彼女は信じている。[137]

運動では、最初の足場を見つけるのが難しいこともある。ストリート・ウォッチは、差し迫った問題をより強力に、現実に根ざして理解するための有意義な入口を提供している。そして、この取り組みは拡大している。私は二〇一九年六月下旬、LAの中心部にある全米最大の非営利法律事務所で、無償の法律相談を提供しているパブリック・カウンセルで開催された会議に参加した。これはLAヴァレー・カレッジでも同時に開催された、協働するグループが集まる会議の一つだった。スピーカーのクリスティナ・メシェルスキーとジェッド・パリオットは、DSA－LAの取り組みの哲学と、警察を録画する、映像のアップロード、Discordなどのチャット・アプリを使用する、などなどの重点化戦術について議論した。会議には約五〇人が出席した。住宅危機の規模とマイク・デイヴィスが「過剰人類」と揶揄したものがLA全体で急増していることを考えると、これを有意に減少させるには、この取り組みを拡大する必要がある。[138]

前述したように、ノーリンピックスは「ホテルではなく住宅を」のキャンペーンにも力を入れている。これは、LAの五輪招致推進派が推し進める「新設をしない(ノービルド)オリンピック」の論理に異議を唱えるために企画された活動だ。おしゃべりなディベロッパーたちは、オリンピックが彼らの不動産プロジェクトを活性化するのに役立つと踏んで、招致推進の支援を買って出ている。不動産ブローカーのフリオ・ルイズは、二〇二八年のオリンピックをホットな新市場だとみなしている。「アメリカンドリームは、ワッツ、コンプトン、そしてすべての忘れられたゲットーでまだ手に入れられる」。彼はジェントリフィケーションの先駆者になるのではなく、「ジェントリフィケーションの一歩先」に居続けることを目指していると、妙なことを言った。[139] 別のマーケットアナリストであるスティーブ・バシャムは、オリンピックを控えているので、LA中心街の空室について心配してはいないと述べた。[140]

このような認識はともかく、「ホテルではなく住宅を」は、ノーリンピックスが、五輪との関係が明白ではないキャンペーンに、アクティビストのエネルギーを注ぎ込んでいるもう一つの例である。その際、ノーリンピックスは、「労働者から空間を盗み、それを利益の空間へと転換することは、立ち退きを通じて達成される」という地理学者イプシタ・チャタジーの議論を支持している。[141] ジョニー・コールマンは、「オリンピックは立ち退きマシンだ」とよく言っている。[142] ノーリンピックスがあらゆる機会に強調している重要な点は、オリンピックは、家賃規制のある住宅を破壊するための口実だということである。コールマンにとって「ホテルは、LAに住んでいない金持ちのための住宅です。連中は、金持ちたちに場所を作ってやろうとして、脆弱な状況の人々や、ギリギリの給料で生活している底辺の人々を追い出しているのです[143]」。

ノーリンピックスLAは「ノー」と言う、反対する運動だが、都市への権利の構築という点では、大きな「イエス」、賛成を表わしている。DSA-LAはその活動の多くを「都市への権利」という枠組みのなかに置いており、その輝かしい例が、ストリート・ウォッチと「ホテルではなく住宅を」のキャンペーンだ。彼らの考えは、市民権に根ざした言葉としてのこの言葉の司法上の、ないし法律的な理解を超えて、都市への権利をより大きなものとして、それを「都市生活に対する変容した新たな権利」と表現したフランスのマルクス主義者アンリ・ルフェーヴルの考え方に沿って捉えている。[144] 参加と衡平は倫理的な道標である。都市への権利とは、誰もが民主的な意見や行動、影響力を表明、行使でき、貧しい人々のニーズが富裕層の願いと同等の影響力を持つような、公正な都市空間を形成することができるということである。グローバル資本の裕福な特権階級はすでに都市に対する権利を行使しているが、それは政治的・経済的なエリート層によって独占されている。学者のカフィ・アブロデ・アットーは、これを「自分たちのイメージで都市を形成するのに熱心な資本家階級の専制政治」と表現している。[145]

オリンピックは、このような「専制政治」の事例研究になる。オリンピックのソフトな影響力とハードな期限のもとで、少数の安定した立場のエリートたちが五輪の緊急事態を口実にして都市空間に関して、基本的にやりたい放題をしている。LAのアクティビストジェネラル・ドゴンはLA出身で一九八四年の大会の時にもLAにいた人だが、彼はこの現実の裏側を捉えている。「俺たちにはオリンピックの夢なんかない。悪夢があるだけだ。オリンピックのせいで多くの人が苦しんでいる」。彼は続けてこう言った。「貧乏人は何を勝ち取ったのか？ 俺たちは金メダルのためのジェントリフィケーションでめちゃくちゃにやられちまった。俺たちにとっちゃ、金メダルは酸っぱいレモンだったってことさ。結局、俺たちは出て行かなくちゃならなくなって、追い出されて、立ち退かされたんだからな」[146]。彼の分析は、ノーリンピックスが推進する都市への権利の裏側にある暗部を捉えつつ、政治的な視点を通して階級権力の微小なレベルを拡大し、観察している。

ノーリンピックス・キャンペーンにとって、「都市への権利」という枠組みは、三つの明白なメリットを持っている。受け身で反応するのではなく、積極的に打って出るものだということ、現実世界の目標と結果に結びついていること、そして、言説的に「反資本主義」よりも柔らかく、過去の白骨化した反社会主義的イデオロギーから生じる本質からずれた反発を、アクティビストたちが回避することに役立つということだ。ノーリンピックスのスパイク・フリードマンにとって、「都市への権利」とは、LAの人種化された、居住地からの立ち退き、住まいの収奪の歴史を理解することに根ざしたコミュニティの自己決定のことである。そうした歴史から被害を受けた人々が、自分たちが住んでいる土地の使い方を決定して、前進できるようにすべきである[147]。ノーリンピックスと共闘を組んでいるＳＡＪＥの理事長シンシア・ストラスマンにとって、都市への権利を真剣に考えるということは、「資本主義の命令に抑えこまれてしまわないように、公共政策をどのように構築するかについて非常に慎重に」なることを意味する[148]。

ルフェーヴルをベースにして、デイヴィッド・ハーヴェイは、「私たちの都市と私たち自身を創造し、作り変える自由は［……］私たちの人権のなかで最も貴重でありながら、最も無視されてきたものの一つである」と主張している[149]。この定式化は、法的擁護とイデオロギー的野心のための言説的空間を形成し、司法的なものと先見性の境界線を乗り越えるものである。しかし、アン・オルチエが指摘するように、この言葉には、二律背反性がある。「この言葉の魅力は、はるかに大きな概念につながる明確でシンプルな方法であることです。技術的なものではありません。誰でもこれに関わることができます。その裏返しとして、こうしたより大きな考えを明確かつ簡潔に説明しているために、非常に安易に勝手に用いられ、さまざまに無力化されています。充当する、力をつかむ、二重の力を構築するといったことについて言うのではなく、テーブルで席を得ることについて言う言い方になってしまいました」[150]。「都市への権利」という言葉は本質的に反資本主義の軽目のものであり、直接そう言わずに資本主義についての会話を始める端緒なのか、と私がオルチエに尋ねると、彼女は「都市への権利は、一度その会話を始めると、より深く掘り下げて、なぜこれが起きているのか？ を問う機会になります」と言った。彼女は、物質的な闘争にも柔軟に対応できる、都市への権利というコンセプトを高く評価している、と言っていた。[151]エドワード・ソジャは良い面をこう指摘した。「世界的な正義の運動を都市への権利に根拠付けると、ただ新自由主義的資本主義や、グローバリゼーション、地球温暖化といったことに反対して組織化するよりも、より具体的で達成可能な目標が生まれます。特に、この三つは全部一義的には現代世界の大都市圏で発生したり、明確になったりしていますから」[152]。ノーリンピックスのアクティビストたちは、都市への権利をめぐる闘いを具体的な政策と具体的なヴィジョンのなかに根付かせている。そして彼らはそれを、連合体をつくって、世界に目を向けて行なっている。

6……“国際反五輪サミット”の開催

第1章では、反五輪キャンペーンが通常はどのようにして、既存の社会運動やアクティビストの組織を、オリンピック・マシンに立ち向かうためのリソースを組み合わせた一時的な連合に結集させてきたのかを説明した。このため、反オリンピックの組織化は、いろいろな運動のなかの一つの運動（*movement*）というよりも、いろいろな運動の延長線上にある一つの瞬間（*moment*）といったものとなった。この動きはアクティビストたちが自分たちの本来の活動に戻り、反オリンピックの傘が閉じられた時に消えてなくなる。

しかし、ノーリンピックスLAは、世界のオリンピック開催都市のアクティビストたちとチームを組んで、これをまったく変えようとする取り組みをリードした。オリンピック開会式まであと一年となった二〇一九年七月の東京で、歴史的な国際反五輪サミットを開催したのである。社会学者のジェイムズ・ジャスパーは、社会運動とは、「普通の人々の組織化されたグループによる意識的・協調的・比較的持続的な努力であり、〔……〕制度外の手段を用いて社会のある側面を変えようとするものである」と定義している。[153] ノーリンピックスと彼らと共闘した世界各地からのパートナーたちは、これまで欠けていた「比較的持続的な努力」の部分を、反五輪の方程式に加えることを目的としていた。それは、オリンピックに挑戦する多面的で地球規模の運動を生み出すことであった。反オリンピックの組織化の歴史のなかで、この取り組みは、ナオミ・クラインが「たくさんの運動からなる一つの運動——いくつかの連合からなるさらにいくつかの連合」と表現したものに最もよく似ている。[154] ノーリンピックスを訴える、社会主義の国際主義的なブランドは、二〇二八年のLA五輪を超えた多国籍の運動を盛り上げる概念と一致したのである。

国境を越えた反オリンピックの連帯と相互支援のうち、最も早い例の一つは、二〇一六年のシカゴへのオリンピック招致をめぐる反対キャンペーン成功に功績のあったボブ・ケロスと、二〇一〇年の冬季オリンピックに反対する闘いを準備していたカナダ・バンクーバーのアクティビストとの間で芽生えた。彼らは、通常はそれぞれの土地から連絡を取って、時には直接会って、知識や戦術を交換した。ケロスは、リオデジャネイロやロンドンの反五輪アクティビストとも協力した。[155]

ロンドンからケロスと連絡を取り合っていたうちの一人は、二〇一二年の夏季オリンピックで立ち退かされた約一〇〇〇人のロンドン住民の一人だったジュリアン・チェイニーである。チェイニーは、ロンドン東部にあるクレイス・レーンの住宅地から強制退去させられるという困難にもめげず、オリンピックの監視を目的とした二つのウェブサイト「カウンター・オリンピック・ネットワーク」と「ゲームズ・モニター」を設立した。[156] チェイニーは私にこう言った。「汎アンチ・オリンピック運動のようなものを作るのはいい考えだと思うんだが、それがどう機能するかは別問題だ。招致プロセスは都市から都市へと移っていくから、活動する人たちが入れ替わるのでね」[157]。チェイニーがこう気にしていたのは、彼自身の経験による。ロンドン2012を前に、彼は平昌とリオから反五輪のアクティビストを集め、半日のワークショップを開催した。私はこのイベントに参加し、フォローアップのためのメールのやりとりに加わっていたが、結局、こうした連絡は途絶えてしまった。

チェイニーはまた、トイレ用のラバーカップに反オリンピックのスローガンを書いた薄い布の短冊をつけたオリンピック貧困聖火が、都市から都市へ渡されていくよう、調整を助けた。この聖火はもともとバンクーバーで作られたもので、車輪の上に巨大な貧困聖火が乗せられていた。アクティビストたちは、小さな持ち運びができるものに変えて、ロンドンに送った。チェイニーはそれを、ニュージャージー州を拠点とする、二〇一四年のソチオリンピックへの抗議活動をしていたチェルケス人のアクティビスト・グループに渡した。もう一つの聖火は、最終的にはリオと平昌へ行き、その後、歴史的な反オリンピックジャンボリーのために東京に到着して、イベントの花形になったのである。

社会学者のヘレン・ジェファーソン・レンスキーは、分析者とアクティビストの点をつなごうとする、国際的でありながら草の根の反五輪活動を求める主張をしている[158]。二〇一九年七月、一週間のアクションのために東京に集まったアクティビストたちが実行したのが、まさにこの取り組みだった。東京を拠点とする運動団体の集まりである「おことわりンク」と草の根集団「反五輪の会」は、ロサンゼルス、パリ、平昌、リオからの訪問者との協働でさまざまなイベントを開催した。東京の五輪会場と関係施設をめぐるバスツアー、早稲田大学での「祝賀資本主義とオリンピック」と題されたシンポジウム、福島へのフィールドトリップ、外国特派員協会での記者会見、上智大学での研究セミナー、「五輪(ゲームズ)でなく住宅(ホームズ)を」討論集会、そして、「オリンピックを終わらせよう」と題した、アクティビストの戦略会議が行なわれた[159]。

最大の一般公開イベントは、東京大会開催のちょうど一年前にあたる二〇一九年七月二四日に、消費主義の熱気で知られるネオン輝く空間である東京・新宿で行なわれた集会とデモだった。「新宿で一番熱い抗議デモ」を合言葉に、アクティビストたちはさまざまな言語でスピーチをし、その合間には「ノー、ノー、IOC! ノー、ノー、JOC! オリンピックはどこにもいらない!」と力強いスローガンを叫んだ。オリンピック貧困聖火を振りかざしながら、反五輪の会のオーガナイザーの一人、首藤久美子は、大勢の参加者に向かって「私たちの間にナショナリズムの入る隙はありません」と、このアクション週間の核心にある協調的国際主義を強調した。ノーリンピックスLAのジェッド・パリオットもこの感情を反響させて、見物している数百人に訴えた。「やつらは世界中でかき集めた金をたんまり持っているが、われわれが団結すれば、やつらにわれわれを止めることはできない。だから、われわれはここ東京から、リオに向けて、スキッドロウに向けて、『オリンピックはいらない』の声を上げるんだ」。

集会に続いて、デモが行なわれ、新宿の街をにぎやかに練り歩いた。警察の隊列が両側から安全確保のガードレールとなってついてくるなかを、一〇〇〇人ほどの抗議者たちが、反オリンピックのバナーやプラカードを手に、買い物客でごった返す街を力強く行進した。スローガンにはドラムやトランペットの伴奏がついた。デモ参加者たちは、いろいろな言語で書かれたたくさんのバナーを掲げていた。一つには「オリンピックは貧困者を殺す」とあり、別のバナーには「二〇二〇年東京オリンピックは返上」と日本語と英語で書かれていた。また別のバナーはフランス語・日本語・英語で「東京の放射能オリンピックにノー!」と訴えていた。今回の遠征のためにノーリンピックスLAが作ってきたバナーには「NØlympics Anywhere(オリンピックはどこにもいらない)」とあり、尖った歯のピンクの顔の男が、円・ユーロ・ドルでいっぱいのブリーフケースを手に、炎上する街の炎のなかから飛び出してくるのが描かれていた。このバナーにもう一つの意味を加えているのは、これは、ノーリンピックスのメンバーであるジョアンナ・スワンが、至るところでジェントリフィケーションが進むLAの中心地から強制立ち退きさせられる前に彼女のアパートのカーテンを使って制作されたという事実だ。デモが通ると大勢の通行人が手を振ったり、スローガンを叫んで賛意を表わした。視線をそらした人たちもいたが。ほとんどの人々は、目の前で繰り広げられる国際的なスペクタクルに興味をそそられているようだった。デモは人通りの多い商業地区を通った(なかには狭い路地もあった)ため、何千という人々が「オリンピックには深刻な弊害があるので、多くの国々で反対運動をしている人たちがいる」という考えと向き合うことを余儀なくされた。[160]

イベントの雰囲気は刺激的なものだった。ノーリンピックスLAの映像制作チームの一人エリック・シーハンは、「あれだけ多くの人が抗議に来ているのを見て、圧倒されました。畏敬の念を禁じ得なかった。私はマイク用のポールを持って一マイルも後ろ向きに歩いたのに、最後まで元気いっぱいでした。本当にエネルギーをくれるイベントでした」と語ってくれた。[161] ジョニー・コールマンにとって、この抗議行動は「まったく夢みたいでした」。商業地区という場所柄のせいで、「超資本主義のビデオゲームのなかにいるような感じだったなぁ」。[162] ノーリンピックスLAのオーガナイザーであるレオナルド・ヴィルチスは、「さまざまな国から来た人たちが、あんな繁華街をオキュパイしている様子はとても印象深かったです。私たちがロサンゼルスに戻っても、自分たちはもっと大きな規模で起きている出来事の一部なんだとわかっていられる。これはとても重要なことです」と言っていた。子どものころメキシコシティで、一九六八年のオリンピックに対する抗議活動に参加していたヴィルチスは、オリンピックは「グローバルなプロセスなので、お互いに助けあってこれに反撃することは、まったく理にかなっている」とも言っていた。[163] グロリア・ギャラードはこの抗議イベントを「圧倒的で、一生忘れられないもの」だと語った。[164] ノーリンピックスのメンバーで、ヴィルチスの息子であるレオナルド・ヴィルチス＝サラテに、デモでどのように感じたかを一言で表現するとしたら、と聞いたところ、大学を卒業したばかりの彼は「なくてはならない(imprescindible)」と答えた。このスペイン語は命の本質を指すだけでなく、正義のために、置かれた状況を乗り越えてより大きな善のために闘うことに命を捧げる人たちと結びついている。[165] デモの途中、東京の反五輪運動のオーガナイザー、いちむらみさこはノーリンピックスLAのケリアン・ロバートソンに、こんな大きなエネルギーに溢れた抗議行動ができてとてもうれしい、と言った。ロバートソンは「反五輪の会がハッピーなら、私たちもハッピーです。私たちが東京に来た目的の一つは、彼女たちを応援することですから」と言っていた。[166]

スポーツとジェンダー研究者である関西大学教員の井谷聡子は、外国人のアクティビストが街頭にいることで、警察はデモの取り締まりに及び腰だったのだろうと見ていた。「前回のデモでは、盾とヘルメットを身につけた機動隊員が警察車両数台分も来ていたのですよ。メディアの前で外国から来たアクティビストや研究者を取り締まったらみっともないことになったでしょうね」。さらに、「国際的な連携関係を築くことが重要なのは、一つにはこのためです。地元のアクティビストを保護するのに役に立つのです。私たちだけだったら、警察は躊躇なく力づくできます」と言った。[167]

ノーリンピックスのアクティビストたちにとって、国境を超えて飛躍的に活動規模を拡大することには、完璧な意味があった。UCLAラスキンスクールの卒業生で、以前リオデジャネイロの非営利団体「触媒のコミュニティ（Catalytic Communities）」のオリンピック監視プログラム「リオ・オン・ウォッチ」で働いていたメグ・ヒーリーは、IOCが都市から都市へ次々に移っていくために、開催都市のオーガナイザーたちが劣勢を強いられると主張した。「押し返すには国境を越えた組織化が不可欠だと私は思います」と、彼女は言った。「開催都市の住民の間では、真の改革には協力が不可欠だというコンセンサスが高まっています[168]」。ニューヨーク大学のメガイベント研究者クリス・ギャフニーも同意見だった。彼は歴史を目撃するために東京へやってきたと言い、新宿でのデモは「けっして忘れられないものだった」と述べた。アクティビストたちが世界から集まる企てはこれまでも行なわれてきたが、「軽蔑と精査の対象がオリンピックだった企画はかつてなかった」。長い期間リオで暮らし、ワールドカップとオリンピックの人民委員会（Comitê Popular da Copa do Mundo e das Olimpíadas）で活発に活動していたギャフニーは、「これは、私がリオで働き、組織化をしていた時に夢見ていた瞬間であり、オリンピックを終わらせるための世界的な取り組みの分水嶺となった瞬間でした」と明かした。[169]

東京では、アクティビストたちが、平昌、東京、パリ、ロサンゼルスの反五輪グループが署名した共同声明を発表した。このマニフェストのような文書（「反五輪国際連帯共同声明――どこにもオリンピックはいらない」と題されている〔本書二六〇頁〜に掲載〕）は、オリンピック廃止が目標だ、と明言している。「現在の国際スポーツ競技を手招く利権や搾取の根本となる原因を取り除かない限り、いかなる改革をもってしても不十分です。政治家が自分の選挙区のニーズを聞く代わりに、グローバルエリートの気まぐれに仕えるために招致活動をする、というインセンティブそのものがなくならない限り、いかなる改革をもってしても不十分なのです」。この反オリンピックの世界連合は、地理的な違いをすらすらと越える具体的な要求も掲げたが、それはDSA流の社会主義の主要な信条と響き合うものだった。[170]

私たちに必要なのは、オリンピックではなく、住民みんなに手の届く、安定した住居です。健やかで持続可能な環境における雇用、教育、文化、コミュニティーの絆が必要なのです。オリンピックの代わりに、マイノリティーの人々や貧困に悩むコミュニティーが犯罪者扱いされないよう、現存する警察や監視制度の抜本的な再考を必要としています。オリンピックの代わりに私たちが望むのは、街への権利です。それは自分たちの街に起こることを、世界の金融エリートの投機的利益にではなく、自分たちの必要に応じて、自分たちで決定する権利です。

声明は、アクション週間の「オリンピックはどこにもいらない」というテーマを強調して締めくくられている。「腐敗した勢力がこの寄生虫のような五輪イベントによる支配を手離すまで、私たちはあらゆる場所でオリンピックへの抵抗を広げ続けます」。

この抗議行動は重要な節目となったし、参加した人々にとって大きな後押しとはなったが、コールマンは、「これは何かの始まりであって、終わりではない」と強調した。[171] LAに戻ると、DSAのアクティビストたちは、ノーリンピックスのメンバーであるスティーヴ・ドゥシーがエリック・ガーセッティ市長に扮して、市庁舎前で偽の記者会見を行ない、二〇二八年のLAオリンピックの中止を発表するというアクションを実施した。「オリンピックは」と偽ガーセッティは口を開いた。「ノ・ブエノ（よくない）だ。市長が自分のインスタグラムでキャンセルしたハッシュタグなのだ。面倒な君とはもうさよならだ。今までありがとう、さっさと次に行こう。LAオリンピック、堂々と退場しなさい」。[172] 一方、リオのヴィラ・オートドロモ・

ファベーラのアクティビストたちは、連帯のビデオを制作した。ロサンゼルスでの同日のアクションの調整を手伝ったアリエル・サライは、この国際的な取り組みについて、「私たちがこの活動をどれだけ真剣に受け止めているかを示すものです。これはロサンゼルスを大きく超えています。私たちが過去のオリンピック開催都市や将来のオリンピック開催都市を巻き込んだ世界的な運動の一部なんだということ、一部のDSAオーガナイザーのペットプロジェクトなんかじゃない、世界全体に広がる本当に真剣な組織化プロジェクトなんだ、ということを示しています」と言った。彼女は、国際サミットの開催を支援するのは、国際的な問題に焦点を当てていないという内部のDSA批判に応えるものだと指摘した。「真剣に社会主義を唱える人は誰でも国際主義者であるべきです」と彼女は言った。「帝国主義は資本主義の巨大な一部です。ノーリンピックスは、国際的な活動についてより踏み込んだ議論をし、世界中の人々と私たちを結びつける数少ないDSAプロジェクトの一つなんです[173]」。

反五輪サミットから発展して、ある重要な取り組みが始まった。インターネット上に国境を超えた活動を展開する人々のためのリソースセンター「オリンピック・ウォッチ（www.olympicswatch.org）」がお目見えしたのである。これは、反オリンピックについての研究、執筆や作戦を収めた情報センターになっている。サイトにはこう書かれている。

オリンピック・ウォッチは、コンテンツとアイデアの多国籍アーカイブです。オリンピックについて公式・主流に語られていることに異を唱えるものです。近年、開催都市や立候補都市からの抵抗が強まる一方で、空間・時間・言語の壁を乗り越えるという課題のために、持続的な運動をさかんにすることが困難になっています。オリンピック・ウォッチは、オリンピックモデルに対する強力な国境を越えた批判を促進することを目指しています。

(a)腐敗まみれの悪名高きＩＯＣ……と、その企業パートナーや政治的パートナーたちのグローバル・ネットワークにノーを突きつけ、

(b)利益よりも人々とコミュニティを重視する「都市への権利」の要求とヴィジョンを大きく広げます。[174]

ノーリンピックスLAのケリアン・ロバートソンは、ウェブサイトの開発で中心的な役割を務めた。反五輪サミットの後、最初の仕事は、東京で作成・回覧された資料をスキャンして、アクション週間のアーカイブを作成することだと教えてくれた。各オリンピック都市のページの編集を統括する人たちを集めることも優先順位の一つである。翻訳ネットワークの構築も重要で、東京での一週間は、こうしたプロセスを始めるためのコンタクトを取るのに欠かせなかった、とロバートソンは言っている。[175]

ロバートソンは、対面での会話の重要性を強調した。このことは、社会学者マーク・グラノヴェッターの「弱い絆は、特定のグループ内に集中する傾向のある強い絆よりも、異なる小集団のメンバーを結びつける可能性が高い」という本質的な観察を立証している。[176] 課題は、DSA-LAやノーリンピックス以外の人々との間に、強い世界的な絆を築くことである。信頼と尊敬に根ざすこのようなつながりは、アイデア、戦略、戦術、適切な政治情報を拡散するのにも役立つ。直接行動や市長公邸の外での破壊的介入など、リスクの高い抗議活動には「強い絆」が不可欠である。また、「強い絆」を持つ人々は、アクティビストの闘いに長期的に留まる傾向もあった。[177]

東京で開催された国際アクション週間も、課題は手元にあることを明らかにした。多くのアクティビストは、言語の壁が大きく、それでさまざまな手続きに時間がかかり、扱うべきことが制限されたことを認めていた。さらに、サミットに参加したさまざまな国のさまざまに異なる法律や規範が、戦術を共有する意義に制約を課している。社会の慣習は、社会的・文化的なコードがコミュニケーションスタイルと組織化スタイルの両方に影響を与えるため、情報共有を表面的に見える以上に複雑なものにしている。アン・オルチエが言ったように、ノーリンピックスLAは、「大衆教育に根ざしていて、組織化はたいていそういうふうにするのが当たり前だと私は考えていたんだと思います」。しかし、他の国からのグループは、フォーマルな形のプレゼンテーションに頼る傾向があった。このため、いささか気まずくなる場面もあったが、オルチエが「遠くからでは死角は見えません。肘までどっぷり活動につかって初めて見えるものでしょう」と言っていた通りだろう。[178]友好が築かれ、一週間の間にさまざまな学びがあったとはいえ、サミットは、明確な目標が確立することなく終わった。ロバートソンが言うように、「ここ東京で大成功だったと感じられるようなイベントがあったからといって、これをどうやって前に進めるのかがはっきりわかっているわけではありません」。[179]

オリンピックは、可塑的なナショナリズムを利用しており、労働者――アスリートを含めて――の国籍を超えた階級意識を、政治的なスペクトルを超えて枯渇させている。ノーリンピックスの一八名の参加者の一人として東京を訪れたジェッド・パリオットは、「オリンピックは世界的な闘いです。資本主義との闘いが世界的なものであるように。私は、他のグループと連帯することが重要だと思いますが、私たちの闘いがそれぞれの国でどのように似ているのか、あるいは異なっているのか、私たちが直面している問題にどのように対処しているのか、お互いに学び合うことも重要だと思います」と指摘し、さらにこう付け加えてピギージャッキングの概念［第1章五四頁の「ピギージャック」を参照］を暗黙のうちに説明した。「そんなグローバルなネットワークを構築することは、五輪というポップカルチャーのアイコンを通して、資本主義の最悪の部分についての意識を高める方法です」。[180]

ノーリンピックスLAの、国境を越えたオリンピック運動を実現するための中心的な原動力という役割は、この運動を、これまでの反五輪キャンペーンと一線を画するものにしている。ノーリンピックスがDSAにつながっているために、支持基盤とオリンピックを超えた長期的な展望があるという事実も違いの理由である。最後に、LA2028が開催の一一年前に決定し、実施まで長い時間があるという異例さだ。タイムラグが緊急性を損なう可能性はあるが、同時に、オリンピックと、開催都市にとってオリンピックが何を意味するのかをめぐる語りを根本的に変えるための時間を生み出す。コールマンにとって、浮かび上がった問題は、「国際的な活動と地元での活動はどう噛みあうのか」というものだ。[181]国境を越えた集まりを組織すること——それにそのための資金を作ることもだが——は、地元で使うことができたはずの貴重な政治的エネルギーを食いつぶしてしまった。それでも、私がインタビューしたアクティビストたちは、東京へ行ったことにはそれだけの価値があったと強調していた。

マーティン・ルーサー・キング・ジュニアは、「資本主義は、集産主義のなかに真実を見出すことができない」と書いた。[182] 反資本主義者であるノーリンピックスは、そのような近視眼的な考えを持っていない。ノーリンピックスは共闘するパートナー組織との間に深い絆とコミットメントを維持している。公式に連合体を組んでいるパートナーは三〇か所あるが、最も活発に共同活動をしているのはLA借家人組合、LAコミュニティ・アクション・ネットワーク、SAJE、みんなのためのKタウン、グラウンド・ゲームLAである。印象的なのは、これらの団体とのパートナーシップが単なる書類上のものではなく、本物の相互支援関係だということだ。例えば、ノーリンピックスはLA借家人組合が行なうアクションに参加するし、その逆もある。こうした支え合いができるのは、ノーリンピックスやDSA‐LAのアクティビストの多くが、パートナー組織のメンバーでもあるという事実による。これらのグループは、日々協力して活動することで、歴史学者のトム・メルテスが言う「真の連帯」の基準を満たそうとしてきた。真の連帯は「検証と問いかけのプロセスを通じて、親和性と関心の真の重なりを通してのみ築くことができる」。[183] 多くのメンバーがジャーナリストとしての訓練を受けているという強みを生かして、ノーリンピックスは、共闘パートナー組織の活動に注目した特集記事を何本も書くことで、こうした組織との絆を深めてきた。第一回目のエッセイでは、二〇一九年に連合体への参加を倍増させた、公平な開発のためのチャイナタウン・コミュニティ（Chinatown Community for Equitable Development）に焦点を当てた。[184]

「強い絆」を作ること、弱い絆とはうまくやっていくこと、というのは、連合体での活動には常についてまわる課題だが、LAのような大規模な公共交通システムがない巨大都市では、それがさらに難しくなる。ロジスティックスの面で、行動に顔を出すというのは簡単ではないのだ。私がインタビューした多くのノーリンピックスのメンバーは、パートナー団体の活動に自分たちが参加することや自分たちの活動にパートナー団体から来てもらうことを増やすのが、今後発展させる必要のある部分だと指摘していた。アリエル・サライに、ノーリンピックスが直面している最大の課題は何だと見ているかと尋ねたところ、彼女は、「共闘しているパートナー団体からもっと活動に加わってもらうこと」と答えた。『連合』という言葉は、組織化の場では非常にゆるい意味で使われていると思います。単なる支持という意味で使われることが多いです。私は、私たちの共闘パートナーが本当の意味で共に活動するパートナーになって、私たちと一緒に組織化に参加するか、少なくとも私たちの活動を導く手助けをしてほしいと思っています」と言うのだ。[185]

また、ノーリンピックスのメンバーの多くが自分たちの問題点として自覚しているもう一つの点は、メンバーに比較的白人が多いことだ。これはより大きなDSA-LAの会員状況を反映したものである。ノーリンピックスには、中南米系の中心的なリーダーもおり、こうした人々の努力と存在感を過小評価すべきでないのはもちろんなのだが、やはりノーリンピックスは大多数が白人で技能労働者だ。パートナー団体の一つSAJEを率いるシンシア・ストラスマンは、政治的には「LAはちょっと中世のようなのです。市長は王子で、市議会議員のような人たちが伯爵で、組合はギルドで、コミュニティベースの組織（CBO）は氏族のようなもので、弁護士は聖職者のようなものです」と言う。ストラトマンにとって、民主社会主義者たちは政治的に重要な役割を果たしている。「DSAは、これまであまり積極的に活動してこなかった人口層、つまり娯楽産業の、不完全雇用の白人のギグエコノミー労働者を取り込もうとしているという点で、新しい存在形態なのです」。[186]

インターセクショナリティは、人種、ジェンダー、階級、セクシュアリティ、エスニシティの歴史によって形成されたイデオロギー・政治・権力の分析マトリックスのなかで、白人以外の人々の経験を中心に据えている。黒人フェミニストの理論から生まれたもので、縦横に重なる抑圧と左翼運動が弁証法的に結びつく分野である。[187] 当初からノーリンピックスは、徹底したインターセクショナリティの概念と、オリてきた。アクティビストのスティーヴン・ハッチンソンは、「インターセクショナリティの概念と、オリンピックが警察国家とどのように結びついているか、移民とどのように結びついているか、開発と、近隣の巨大施設などの建設に賛成する考え方であるYIMBY（インビー）◆主義と、立退きと、どのように結びついているか」にスポットライトを当てることが重要な目標の一つだと言った。「オリンピックはこうした問題を激化させます[188]」。

課題は、オーガナイザーのL・A・カウフマンが要約した「不正義の影響を最も受けている人々がリーダーシップを取るというインターセクショナリティの原則」に沿って、インターセクショナルな分析からいかにしてインターセクショナルなアクティビズムを盛り上げていくかである[189]。共闘パートナーの団体からは、より多くの非白人（ピープル・オブ・カラー）の人々が、ノーリンピックスの闘いに加わってくる。問題は、こうしたパートナー団体を、彼らの関心や強みにしっかり向き合い、実のある共闘体制に組み込みつつ活性化するにはどのようにすべきか、である。結局のところ、インターセクショナルな運動を盛り上げていくことは、連帯感を醸成し、維持するのに役立ち、継続的な闘いを展開する堅固な基盤をもたらすことになる[190]。

二一世紀の左翼運動の最も爽やかで、必要な要素の一つは、女性が前に出ていることだ。エラ・ベイカーとセプティマ・クラークは公民権組織化ネットワークで重要な役割を果たし、アンナ・メイ・アクアシュとメアリー・クロウ・ドッグはアメリカ・インディアン運動に不可欠の存在であり、ドロレス・ウエルタは統一農園労働者運動（the United Farmworkers）においても、また、より広い公民権闘争においても重要なリーダーであったにもかかわらず、女性は主要な指導的立場から外されることがあまりにも多かった。チャールズ・ペインが書いているように「男性が主導したが、女性が組織化した」のである[191]。数十年後、ノーリンピックスLAは、そのような過ちは犯していない。アン・オルチエは、当初から共同議長を務めてきた。レイチェル・レイエス、モリー・ランバート、ケリアン・ロバートソン、アリエル・サ

◆**ギグエコノミー**　インターネットを通じて単発の仕事を受注する働き方のこと。
◆**YIMBY**　Yes In My Back Yard（はい、我が家の裏庭にどうぞ）の略。

ライは、講演をしたり、キャンバス活動を指揮したり、メディアの仕事をしたりと、組織の公的な顔としての役割を務めてきた。フェミニストの分析はイベントの振り付けにまで影響を与え、アクティビストたちがLAで五輪を開催することの負の影響について議論する方法にも浸透している。とは言え、より広いDSA－LAの環境はフェミニストの安息の地からはほど遠いものである。深刻で、事実だと考えられる一連の性的不当行為に関する訴えが二件あり、この組織の内部に隠れていた問題が浮かび上がった。活発に活動していたメンバーが多数、この問題での指導者たちの対応に不満を持ち、去っていった。ノーリンピックスは比較的自律性が高いため、このDSA－LAの深刻で厄介な、もうお終いかと思わせられる事態から最悪の破壊的影響を受けることはなかったが、そのことが、DSA－LAという上部組織のなかでの薄汚い論争からノーリンピックスが受ける悪影響を減らすわけではない。

インターセクショナリティからアイデンティティ政治へ分析が滑り込むことがよくあるが、注意すべきだ、とアン・オルチエは指摘した。彼女はそれを共闘体制内の緊張と見ている。彼女は、「アイデンティティ政治は危険であると同時に、人々を活動に巻き込むのに非常に役に立つ、政治的組織化のためのツールでもあります。アイデンティティとアイデンティティ政治は、人々が抑圧のさまざまな形態を経験し、これに関わることができる方法であり、人々を怒らせることもあるので、有用ではあるものの、私の政治や私の組織化の土台ではありません」と述べ、「解決方法を考えたり、私たちが立ち向かっているシステムについて話をしたりする時には、人種差別や他の形の偏見が人々の経験に影響を与えている仕方を、きちんと認めることが重要だと思います。ですが、それがリベラルなアイデンティティ政治に陥り始めたり、階級にもとづく抑圧から注意をそらしたりする時には、その限りではありません」と、明確化した。▼[192] 階級、人種、エスニシティ、セクシュアリティ、ジェンダーをめぐる緊張はこれまでも今もあって、それはアクティビスト・グループのなかでの、また、グループ間の議論の機会だけでなく、生産的な摩擦の機会をも生み出している。ノーリンピックスLAも例外ではない。

7……反対運動を継続する条件

社会運動の研究者たちは、反対意見を唱える集団行動が成功するには前提条件があるとしている。こうした前提条件には、下記のような能力も上げられている。(1) 連帯を維持する能力、(2) 新たな参加者を引きつける能力、(3) 運動のリーダーを創造し、育成し、支える能力、(4) 比較的好意的な報道を生み出す能力、(5) 共感を得られる可能性のある傍観者の人々から支持を獲得する能力、(6)（運動の防衛や維持のための必要性にリソースを投入するのではなく）社会変革の目標を追求するための戦術的な自由を切り開く能力、である。[193] これらの前提条件はいずれも、運動の成否を説明するうえで、非常に重要である。ノーリンピックスLAは、これらの前提条件の多くを満たしてはいるが、まだまだすべきことはある。

ノーリンピックスが連帯を維持するうえで、ジョニー・コールマンとアン・オルチエがスキルも社会性もあるオーガナイザーだという事実が力になっている。ノーリンピックスの一員であるディヴィッド・クァトラチーは、「ジョニーとアンは、みんなが新しいグループと一緒に活動したり、イベントに参加したりできるように力づけてくれるので、連帯の維持という点での原動力になっています。二人とも何でも自分たちで簡単にできるのに、私が参加できるよう力を与えてくれました。抗議行動でメガホンを渡してくれたり、市役所で発言するよう励ましてくれたり、といったことでです。小さな家族みたいで、とてもクールな感じです」と述べている。[194] しかし、ケリアン・ロバートソンが言うように、この二人がリーダーとして高い能力があることには裏の意味もある。「もし彼らが何らかの理由でLAを離れてしまったら、問題が起きるでしょう。二人は、いつも必ず他の人たちがいろいろなプロジェクトの中心になるようにすることに、積極的に、前向きに取り組んできましたが、結局のところ、この二人はすべての情報をまとめる肝心要の存在なので、もし、どちらかがノーリンピックスから離れてしまうようなことがあったら、たいへんなことになるでしょう[195]」。ノーリンピックスLAは意気高く、自分たちに力があることを感じているが、多くの点で共同議長の二人が軸になっているのだ。

一方で、ノーリンピックスは着実に新しい参加者を惹きつけることに成功している。二〇一九年六月中旬に私が参加したノーリンピックスの組織化ミーティングの後、アリエル・サライは、「ジョニーは委任することに優れています。彼のおかげで、そして、この仕事がエキサイティングでエネルギーをくれる活動であるために、私たちは新しいオーガナイザーを山ほど巻き込んでくることができました。今回の会議でもそれがわかります。常に新しい人たちがきて、その人たちが会議の以外のところでも活動しています。これは、私たちが持続的な成長をするために本当に重要なことです」と言っていた。[196] ＤＳＡ‐ＬＡは、急進的になることをためらわないオーガナイザーを動員するための絶好の場だ、とオルチエも指摘している。「ＤＳＡは、ノーリンピックスにとって、新しい人々を募集し、政治化する機会を提供して、こうした人々を新しい反資本主義的な運動を組織化する空間に引き込むことができます[197]」。

一方で、アクティビストのなかには、ノーリンピックスが全国レベルのメディアから注目を集めているにもかかわらず、なぜＤＳＡの全国組織がノーリンピックスのキャンペーンに関与してこなかった――あるいは、ノーリンピックスＬＡの活動をあまり宣伝してこなかった――のかという疑問を口にしている人もいた。また、レイチェル・レイエスは、さらに改善すべき点を指摘している。「私たちは、一対一でのキャンバス活動で出会った人々を動員して、会議に来てもらうようにすることを、もっとうまくできるようになる必要があります。そのような人々に活動に加わってもらうことができないなら、それは、私たちがオーガナイザーとしての仕事で力を最大限に発揮できていないということです[198]」。レイエスも認めているように、新しい参加者の加入を増やせるかどうかはメンバーの多様化にかかっている。「ＤＳＡは非常に白人が多く、人種的にはあまり多様性がありません。私の参加を拒まなかった程度［の多様性］はＤＳＡにもあります。でも改善した方がいいでしょう[199]」。

一九六〇年代のアメリカで社会運動が爆発的に盛り上がった後、私たちが目にしてきたのは、Ｌ・Ａ・カウフマンが言うところの、「草の根の組織化の性質が、トップダウン型のリーダーシップや伝統的な構造の組織からより流動的で参加型のモデルへ長い時間をかけてゆっくりと移行したこと」である。[200] それでも、リーダーシップは、絶対に欠かせないものだ。行進の先頭や舞台裏での振り付けにはとどまらない、どころの話ではない。リーダーシップについては、さまざまな人々がキャンバス活動のリーダー役に取り組んだり、ミーティングの進行役を務めたりしたことで、育成、維持に成功してきた。前述のように、より多様なリーダーシップを育むための自己批判はあるものの、これはノーリンピックスの強みとなっている。レイェスは「運営委員会と委員会のリーダーは、私たちが誰に発言させようとしているのか、誰の声を増幅させているのかを熟慮しなければなりません。私たちは、女性と女性を自認する人々の声を増幅するということでは良い仕事をしています」と指摘した。しかし、この仕事はまだ進行形だと彼女は言う。「時には間違えてしまうこともあるとは思いますが、少なくともＤＳＡ‐ＬＡのなかでは、かなり意図的にこういう話をしようとしています。ＤＳＡがただの男の放牧場ではないことを人々に知ってもらうことは重要なことですから」。彼女はまた、バーニー・サンダースを熱心に支持する白人、高学歴、中流の若い男性たちを単純化して呼ぶ「バーニーの兄弟たち」という色彩をＤＳＡに当てはめることは、「私たちを貶めようとするメディアや他の団体が話したがることのために、女性や白人以外の人々が消されてしまう」ことになると指摘している。[201]

公的な言説の地勢は著しく不均等だ。政治学者のジョン・マンリーは「資本主義のもとでは、ある思想は他のものよりも自由で平等である」と書いている。[202] マスメディアは、観念とその価値の社会的判断、すなわちランシエールの「感性的なものの分割(パルタージュ)＝共有」[203]において、きわめて重要な役割を果たしている。メンバーに多くのジャーナリストがいるノーリンピックスは、好意的なメディアの取材を受けることの重要性と、ＬＡに存在する構造的な障壁を痛いほど理解している。ＬＡの構造的な障壁とは、新聞が一紙のみで、オリンピック推進者のケイシー・ワッサーマンが、ＬＡのもう一つのメディアであるカーブドＬＡの親会社ヴォックスの役員として、度外れた影響力を保持しているということだ。[204] さらに、自身が名の通ったジャーナリストであるモリー・ランバートは、「非常にエキゾチック化したとでも言えるやり方で」Ｌ

Ａを報道することになる「東海岸のメディアバイアス」があることを見定めている。[205]

かつてＤＳＡ－ＬＡのコミュニケーション・ディレクターだったアリエル・サライは、「コミュニケーションとメディア戦略は、勝つために必要なものの半分ほどにもなります。なぜなら、コミュニケーションとは、最終的に説得であり、人々を説得してあなたの意見に賛成してもらわなければ勝つことはできないからです」と強調している。[206] 大会は予算オーバーになるのか？ 会場は予定通りに建設されるのか？ チケットはすべて売れるのか？ といった、オリンピックメディアの言説の予測可能なリズムに始まる前から疲れてしまうことは簡単だが、ノーリンピックスは、独自のメディアを作り、「尊敬すべき人々」が言うことの壁を回避して、攻撃的な行動に出た。それでも、この面ではまだやるべきことがたくさんある。サライは「メディアのなかでＤＳＡがどう見られているか、また、この国の政治的な言説に介入するために、私たちが現在持っている注目度をどのように活用することができるか、ということにも注意を払う必要がある」と言っている。[207] 一言で言えば、これこそが、ノーリンピックスＬＡが、主流メディアに対してこれまで以上に大きな影響力を確保しようとする際の、目前の課題である。

ノーリンピックスが改善しなければならないもう一つの分野は、共感を得られる可能性のある傍観者からの支持を獲得する能力、である。社会主義者の組織であるノーリンピックスは、一貫して左翼的なスタンスを守ってきた。エリック・ガーセッティ市長に対する、時には強硬な対決姿勢もその一つであるが、これは、ロサンゼルスのリベラル派から疎んじられる理由になったかもしれない。ロサンゼルスは民主党支持が最も強い州の最大の都市である。理論的には、アメリカのどこよりも味方を見つけやすいはずだ。一般的に、ノーリンピックスは、彼らの活動に参加するかもしれない、中道リベラル派の人々に対して、ほとんど忍耐を示さない。そして、成長の余地は十分にある。ＤＳＡ－ＬＡメンバーのルネ・クリスチャン・モヤは、ＤＳＡは「いかなる意味においても、まだ大衆組織ではない。会員数は、目覚ましい成長を遂げているとはいえ、まだ六万人程度と少ない」と書いている。六万人は、合衆国全人口の○・○○二％でしかない。[208] ノーリンピックスのメンバーとＤＳＡ－ＬＡは、どのようにして、オープンな感覚の傍観者を運動の大義に巻き込めるような方法で権力関係を表面化させながら、対決の範囲を広げることができるのだろうか？　彼らはまだこの暗号を解読できていない。

社会変革という目標追求のために戦術的な自由を切り開くという点では、ノーリンピックスは、特にソーシャルメディアの活用を通じて、成功を収めてきた。ソーシャルメディアを利用することは、自分のクラスにいる、いつも何か言いたいことがあって、絶対に間違っている時でもとんでもなく自信満々でいる子――たいていは男の子だが――から常に闘いをしかけられているのと、少し似たところがある。ソーシャルメディアは有用な政治情報を見つけ出し、選別する早道にもなり得る。また重要なことに、非対称の政治的闘いにおいては、弱い者の武器になり得る。ソーシャルメディアを利用することで、アクティビストは、大手メディアという門番を回避できるのだ。この戦線では、ＤＳＡはかねてから成功を収めている。例えば、ブランドン・レイ・ラミレスとクリスチャン・ボウは、全国レベルのソーシャルメディアチームで活動していた時、バラの絵文字を使って、オンライン上で自分がＤＳＡに加入していることを示すというアイデアを実現した。[209]これはすぐに国中で流行した。

ノーリンピックスＬＡは、活動への参加者を増やすためにインスタグラムやフェイスブックなどのソーシャルメディアを利用しているが、ジョニー・コールマンは、「ツイッターは北極星のように指針となる」と言っている。[210]ノーリンピックスのツイッターは、共同作業で運営されている。いつでも、五人ないし六人がアカウントから発信できるようになっている。パンチの効いた読みやすいコピーと共に読み応えのある資料が提示され、躍動感がある。ランバートは彼らのソーシャルメディアの仕事を、一九六〇年代にアメリカで活動したサイケデリック集団「メリー・プランクスターズ（陽気ないたずら者たち）」に喩えた。「面白くてバカバカしいものを作って、それが真実を説明してくれるなら、なぜ悪いことなのかをただ説教するよりも、気に入ってもらえますからね[211]」。オリンピックの記念日やイベントに合わせて、事前にスレッドを用意することも多い。グーグル・アラートを使って、オリンピック関連の話題を常に把握し、キーフレーズを監視している。批判する対象の政治家やオリンピックのボス、ジャーナリストたちに拍手（や時にはハイタッチも）を送ることで知られている。ノーリンピックスLAは、人のフィードに介入して会話を盛り上げる「リプライガイ」型のツイートも行なう。共闘パートナーと共にソーシャルメディアのブリッツを振り付けて、味方の声を増幅させるのである。ケリアン・ロバートソンが言うように、「ノーリンピックスのソーシャルメディアは、共闘パートナーによる現場での活動を取り上げ、オリンピックがどのように関連しているかという大局的な分析にまで広げるものです」[212]。ツイッターでこれだけの活動をしていることは、まだはるか先のオリンピックを批判の枠内に入れておくうえで大きく役立っている。

ソーシャルメディアには落とし穴や欠点が多数ある。よく言われるようにツイッターは、現実の生活ではない。ツイッターのユーザーが、より広い人口を代表しているわけでもない。ツイッターのユーザーは若く、高学歴な人口に偏り気味で、民主党員を自称する傾向も強い。平均より高い収入を得てもいる[213]。ある意味でこれは、DSAの考えを受け入れやすい受け手の、重要な人口統計的特徴を説明している。しかし、それはDSAが関与し、活性化しようとしている周縁化されたコミュニティから離れていることを示している。

しかし、潜在的な問題はもっと深いところにある。ヘルベルト・マルクーゼは一九六〇年代の著述で、二一世紀のソーシャルメディアの両刃の性質をこう予示している。「テクノロジーは、これまでより有効で快適な新しい社会統制と社会的結合の形態を創り出すのに役立つ」[214]。ジョディ・ディーンは「社会的統制」の要素を取り上げ、「私たちの政治的な介入を捉え、それを感情と娯楽の回路に至らせてくれるものにフォーマットする――私たちが、本当に重要な貢献をしている者のように、政治的で、関与している気分になる」ものとして、「コミュニケーション資本主義」という批判的概念を展開している[215]。ディーンに言わせればこれは、ピクセル化された蜃気楼であり、自己欺瞞的で、テクノロジーのジョギング・マシンのような、私たちの自作自演にすぎない。このアプローチによると、ソーシャルメディアは偽の参加を刺激するものである。実際、「コミュニケーション資本主義におけるコンテンツの集中的な流通は、敵対心を無数の小さな問題や出来事に増殖させ、政治に必要な敵対心に蓋をしてしまう」[216]。ソーシャルメディアによる運動としてのキーボード・アクティビズムとパンチの効いたソーシャルメディアのコンテンツを作成する能力は、現場での組織化という重要な仕事を忘れさせかねない。ディーンは、ソーシャルメディアで得られる「参加の約束」は、「テクノロジーが私たちの無力さを覆い隠し、積極的な政治参加者としての自己像を支える、より深く、根底にある空想」へと変質すると述べている。これは急進的な政治変革を阻害する「行き詰まり民主主義」を助長する[217]。

ノーリンピックスはこうしたテクノロジーの危険性を念頭において、オンラインでの介入と地に足のついた政治的組織化との融合を目指している。現在私たちが置かれた状況では、失う恐れのあるものの大きさを考えれば、特に、ソーシャルメディアを使わないなどという選択肢はない。ソーシャルメディアでできることなどないも同然だ、と主張する人もいるかもしれない。しかしノーリンピックスは、地道な積み重ねを続けてきた。それは前衛詩人ロバート・フィッターマンの洞察力と同調する。「どうでもいいことはたくさんある／それが積み重なっていく」[218]。ノーリンピックスは決意と楽観主義を抱いて前進してきた。コールマンは言う。「僕らは、DSAや共闘パートナーたちとどんな問題が起こっても乗り越えられる自立したモジュールです。回復力があるんです。何があっても僕らの活動は続きますよ」[219]。レイエスも「DSAには持久力があります。この街で信頼を築いていますからね」と付け加えた[220]。モリー・ランバートはノーリンピックスの闘いをこう語った。「誰が勝つかが本当に重要な時があります。今がそういう時の一つなんです」[221]。

◆**ブリッツ**　アメリカン・フットボールの戦術で、守備側のラインバッカーかディフェンシブ・バックが、一人または複数で相手のバックフィールドに突入する作戦のこと。

第４章

国境を超える抗議活動

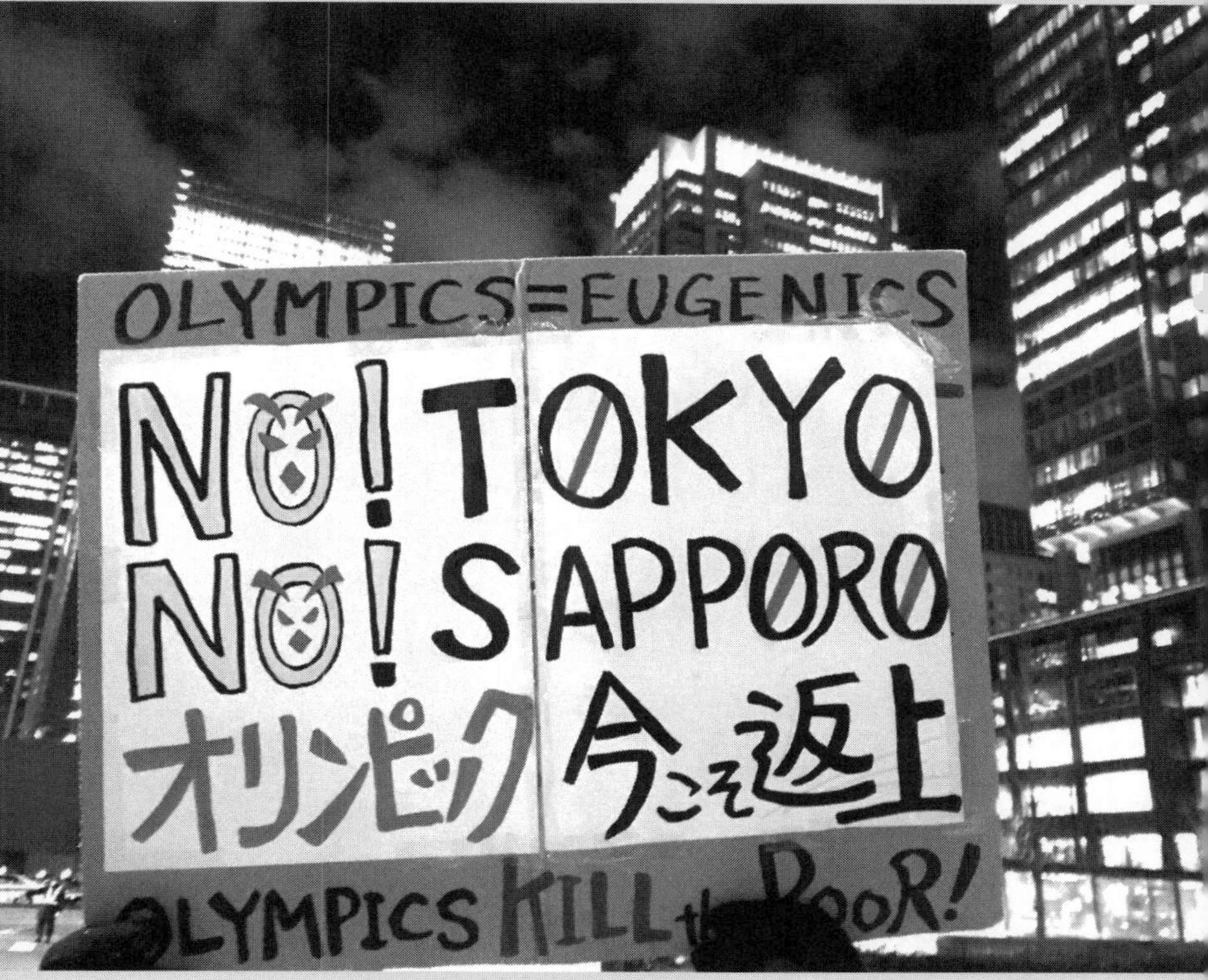

オリンピックへの抗議行動で掲げられたプラカード
（2019年12月24日、反五輪の会 NO OLYMPICS 2020）

1……社会正義と反オリンピック

私が最も鮮明に覚えているのは、サンガブリエル山脈だ。一〇代のころ、私はアメリカのオリンピックのサッカー・チームとして知られているアンダー二三のナショナル・チームに初めて招集され、その合宿がロサンゼルスのすぐ東に位置するカリフォルニア州オンタリオで開催されたのだった。ウィスコンシン州マディソンで生まれ育った私にとって、そのような壮大な地理的形状には慣れ親しんではいなかった。私が住んでいた州で一番高位にあるのはせいぜい標高六〇〇メートルのティムス丘(ヒル)（私たちはあえて山とは呼ばなかった）だった。ロータル・オシアンダー・コーチのもとで行なわれた訓練は戦術と技術の練習が渦を巻いていたが、私は練習場の上にそびえ立つ峰々に心を奪われてもいたのだ。それは現実というよりも、まるで絵葉書のようなものだった。多くのオリンピック愛好家にとって、彼らが手にする大会は実際に行なわれるイベントのこうした絵葉書版であって、それは開催都市――とりわけその最も周縁化された住民――に経済的社会的ダメージを絶えずもたらし犠牲を強いる神のごとき存在ではないと言えるだろう。

その数か月後、一九九〇年の五月に私が一九歳でオリンピックチームのためにフランスの国際トーナメントに出場していた時、練習と公式行事の慌ただしいスケジュールの合間を縫って、私はトゥーロンの街を散策した。私は散歩の途中で二人のフランスの憲兵隊に偶然出くわし、なぜだか説明できないような由によって写真を撮るために全員でポーズを取るよう私はお願いしたのだ。彼らは快く受け入れてくれたのだが、カメラがカチッと音を立てる直前に、私はまるでチームメイトのように彼らの肩に腕をかけた。この写真を今見返すと、私は自分の無知さ、白人としての特権への無自覚さ、不注意と気楽さの間に漂う何かあるものを感じてぞっとする。

しかし、私の自嘲は、警官たちと親しくするという私の奇妙な決断を超えて拡張していった。私はアメリカのオリンピックチームを代表していたが、オリンピックというマシンが働きかける、より広範な策略には気づいてはいなかった。オリンピックが開催地の貧困層や社会から疎外された人々の生活に混乱をもたらしているとは知らなかったし、また、女性が初めてIOCに参加することが一九八一年に認められてから、一〇年も経っていないことも知らなかった。そして、オリンピックがフランシスコ・フランコのファシスト組織から生まれた頑固な役人、ファン・アントニオ・サマランチによって運営されていたことも知らなかった。さらに、その前年［一九八九年］には六都市が一九九六年のオリンピック開催を招致していたことすらも知らなかった。トロント、メルボルン、マンチェスター、ベオグラードが落選した後の第五回投票で、アトランタがアテネを破った時、私はアメリカの都市が選ばれたことに確かに多少の興奮を覚えたかもしれない。それに、一九九〇年のその数週間が、私のオリンピックのチームにおけるキャリアの頂点だったと言えるかもしれない。しかしそれは、新興のスポンサープログラムの一環として企業の巨額な資金が五つのリングの財源として流れ込み、多くの都市がスポーツの祭典の開催を熱望するような、オリンピックの頂点の時期でもあったのだ。

ある意味では、恥ずかしいほどに信じ込みやすいアスリートから、激しく批判的な学者にしてアクティビストへの私自身の変貌は、メガイベントをめぐる言説が独りよがりの無知から情報にもとづいた批判へと大きく変化したことの反映だとも言えるだろう。

こうしているうちに二一世紀には、反五輪のアクティビズムと社会主義の両方が台頭し始めた。長い間オリンピックを支えてきた神話が公の論争の場でますます暴露されている状況にあると共に、オリンピックはもはや傷ついたリヴァイアサンとなっている。これらのことはすべて、二〇二八年に開催されるロサンゼルス・オリンピックについてアメリカ民主社会主義者・ロサンゼルス支部（DSA-LA）が座り込みの標的とするようなノーリンピックスのキャンペーンにつながった。確かにオリンピックのアスリートと言えば、機敏な運動能力と目を見張るような競争性を思い浮べるが、一方でアクティビストたちは、オリンピックの長い歴史のなかに批判の根を下ろして、その戦略と戦術で論争を展開するようになってきている。すべてのアクティビストの介入と共に、歴史は、反五輪闘争を規定するのではなく、それに必要な情報を与えるものとなる。ハンガリーのマルクス主義哲学者ゲオルク・ルカーチが指摘したように、洞察が、「きわめて明確に示されるのは、われわれが現在の問題を歴史的問題として考察する場合」である。[1] オリンピックが経済を活性化させる豊饒の角だという、非歴史的で旨すぎる話は、アクティビスト、学者、そして批判的なジャーナリストによって挫かれてきた。われわれは、新しい時代に突入したのだ。

本書は、オリンピック開催への注目が低下したことと、反オリンピックのアクティビストが台頭するという、二つの軌跡の交錯を検証することを試みるものである。この連鎖を明らかにするために私はロサンゼルス――この都市に生まれ育ったリンネル・ジョージが言うところの、「やっかいで、句読点がない文章とも言うべきロサンゼルス」[2]――に焦点を当てることにした。そこではアメリカ民主社会主義者が、二〇二八年の夏季大会の準備が進むにつれて、反五輪異議申し立て運動の前面に立っている。その作業の途上で私は、ロサンゼルスがオリンピックとのあいだに持っている、双面神ヤヌスを思わせる無比の関係を分析した。アクティビズムとオリンピックが同時に生起するこのような関係を分析すること、その展開を追うことは、その開催時期に止まらない広がりをもったオリンピック期間中に加速していく政治的・経済的なダイナミクスについての、そしてまた、スポーツのメガイベントという当面の課題を超えて持続し得る、アクティビストの抵抗と連帯の力点についての、私たちの理解を助けてくれる。ロサンゼルスでのアクティビストの戦略と戦術は、反オリンピックの意義をよりよく理解するのに役立つだけでなく、より大きな視点から概観しようとすれば、現代のこの瞬間において広範にわたる社会正義の課題を発展させようとする活気に満ちた、インターセクショナルな抵抗への理解にもつながるのだ。ロサンゼルスでは、言説的・物理的なバトル・ロイヤルが繰り広げられており、オリンピックは、抵抗と規制の弁証法を目撃するための重要な視座となっていると言えるだろう。

第3章で記したように、世界中から集まった反オリンピック抗議に合流するために、ノーリピックスL

Aの一八人のアクティビストたちが東京へ渡った。本書の最終章では、ノーリンピックスLAに対する評価をもとに、東京オリンピック2020と北京オリンピック2022をどのように捉えることができるのかを明らかにすることを目的としたい。さらにまた、推進派と廃止派の間で板挟みとなっている私の立場から、オリンピックをより公平なものへと改革するために何が必要なのかを具体的に示したいとも思っている。私は、ノーリンピックスLAの「オリンピックはどこにもいらない」というアプローチは心に留めているし、現状のままオリンピックを開催するよりも中止する方が望ましいという意見に同意するものの、同時に、近い将来にオリンピックが開催される都市で、日々の生活者である人々を助けることができるような、あるがままの世界と関わり、そして損害を減らすような提案をすることも重要であると考えている。そしてまた私はここで、反オリンピックを組織化のための二つの重要なフロンティア、すなわち、国境を越えた抗議活動を促進し、アスリートをアクティビストとして活性化していくことについても論じたいと思う。

2……東京オリンピック2020——〝ポスト真実〟としての「復興五輪」

二〇一三年に国際オリンピック委員会（通称ＩＯＣ）が東京に二〇二〇年大会の開催権を授与した際、ジャック・ロジェＩＯＣ会長は東京を「安全な手の内にある大会」と称賛を浴びせた。二〇一一年に日本は壊滅的な地震と津波の災害に見舞われ、六基の原子炉のうち三基がメルトダウンするという福島第一原子力発電所の環境破壊を引き起こしたばかりだったが、信頼を誇張するこのような論調が、東京の対抗馬だったイスタンブールとマドリードを打ち負かすことに貢献したのだ。東京は福島からわずか二二五キロ南に位置しているため、投票日にはこの災害がＩＯＣのメンバーの頭のなかにあったことは間違いない。安倍晋三首相は東京をオリンピックに売り込むスピーチの際、彼らの不安をやわらげようとした。「フクシマについて、お案じの向きには、私から保証をいたします。状況は、統御（アンダー・コントロール）されています。東京には、いかなる悪影響にしろ、これまで及ぼしたことはなく、今後とも、及ぼすことはありません」[3]と安倍は言い切ったのだ。

しかし、日本ではそのような楽観視を想定することは困難であった。環境社会学とエネルギー政策を専門とする京都精華大学の細川弘明教授は、「状況はアンダー・コントロールされていない。ほぼ毎日新しいことが起きており、この先の数か月や数年でこの状況がコントロールされる見込みはない」と安倍に反論している。[4]海洋生態学の研究者や地元住民の実体験にもとづく証言は、福島原発から太平洋に流出している放射性物質を含む水は、原子力発電所の沿岸に囲い込まれているという安倍首相の主張を真っ向から否定するものであった。[5]リオデジャネイロ２０１６・パラリンピック開会式の日、小泉純一郎元首相は「安倍首相の『アンダー・コントロール』発言は嘘だった」と露骨に批判した。[6]

二〇一九年七月、私はスポーツライターのデイヴ・ザイリンと一緒に『ネイション』誌のための取材をしに福島を訪れた。そして藤田康元教授も放射線量を追跡する装置である線量計をかざしながら一緒に同行した。福島から二時間の距離にある茨城県守谷市のサービス・エリアで藤田教授を迎えにいくと、線量計はすでに〇・〇四を示しており、彼は〇・二三以上は安全ではないと言った。廃墟と化した二号機に近づくと、針は〇・二五と危険な領域へと振り切れた。東京電力廃炉アーカイブ・センターの外では針は〇・四六に跳ね上がり、メルトダウンした三つの原子炉のうちの一つである福島第一原発一号機に近づくと、三・七七という不穏な値にまで上昇した。オリンピックの聖火リレーは、これらの高汚染地域のいくつかを、通過地点の候補として挙げていた。

福島の至るところには、作業員が収集した放射性物質を含む表土が入った黒いビニール袋が点在する風景ができていた。これらの目立つゴミ袋の山を、地元では「黒いピラミッド」と呼んでいた。二〇一三年に安倍首相が福島原発は「アンダー・コントロール」されていると表明したことについて、福島県大熊町から選出された町議会議員の木幡ますみに尋ねると、木幡は苦笑した。「事態はまったくアンダー・コントロールされていないし、何も終わってはいない」と彼女は言った。「核放射能の数値はまだ非常に高く、清掃が行なわれているのはごくわずかな領域だけ。あとの広い地域はまだ避難区域です。放射能はまだこの区域に残っています。それなのに私たちはオリンピックを開催しようとしているのです」[7]。大会によって設けられた期限は、実際には地元の人に対してより多くのリスクを生み出しているかもしれない。『サイエンティフィック・アメリカン』紙は、「緊急事態への対応を急いでいた日本政府は、事故から二か月後に、被曝許容量を国際的な基準である年間一ミリシーベルトから二〇ミリシーベルトに引き上げた。避難者は今、安倍首相が国民に原発事故を終わったことと思わせようと決心していることが、被曝の影響を特に受けやすい子どもたちを公衆衛生上の危険にさらしているのではないかと心配している」[8]と報じている。

信頼できる複数の専門家たちが、福島は東京に影響を与えないという主張に異議を唱えている。[9]ある科学的研究は、福島の放射能レベルはチェルノブイリの放射能レベルの二倍から四倍であることを明らかにしている。また、福島の子どもたちの甲状腺癌はメルトダウン以後に増加しているとされているが、放射能によって引き起こされた甲状腺癌と恒常的に発生する癌の区別が難しいことも指摘されており、調査は継続中である。[10]二〇一七年には、福島の原子炉からがれきをかき集めるために設計されたロボットが、極度の放射線レベルによってその電子機器とカメラが焼かれてしまい、わずか二時間の作業の後に故障した。ロボットには人間が数秒で死ぬほどの一〇〇〇シーベルトの放射線が照射されていたのだ。[11]メルトダウンから二年後に、ライナス・ポーリングからノーベル平和賞にノミネートされたオーストラリアの原子力専門家ヘレン・カルディコット博士は、「福島の災害は終わってはいないし、今後数千年経っても収束することはない。日本は広い範囲で放射性降下物に覆われ、その毒性は何十万年も残るだろう」と断言している。[12]

福島のメルトダウンは、オリンピックという部屋のなかに放射能という巨象がいるようなものだ。恐怖心を鎮め、清掃作業にスポットライトを当てるために、オリンピック主催者は二〇二〇年の東京オリンピックを「復興五輪」と呼んでいる。日本のオリンピック担当大臣は、東京オリンピック2020の期間中に福島県で野球とソフトボールの試合を開催することを提案し、IOCはこの提案を承認したため、オリンピックの競技は被災地からわずか八八キロの距離で開催されることになった。オリンピックの聖火リレーもまた福島県の、被災地から約二五キロの複合スポーツ施設Jヴィレッジで開始されることになっており、その後、縦横に全国を横断する予定であった。[14]

とはいえ、多くの人々は、オリンピックのスペクタクルが公共の安全や選手の健康を圧迫していることについて懸念している。二〇一七年、原子力技術者であり、業界の重役から内部告発者に転身したアーニー・ガンダーセンは、科学者のマルコ・カルトフェンとチームを組み、野球場と聖火リレーのルートから土壌と粉塵のサンプルを採取した。彼らの摂取した土のサンプルから「高濃度の放射性物質」のセシウムが検出された。[15] またウスター工科大学による別の分析によれば、オリンピックの聖火リレーのルートは、東京に比べて「放射性物質の量が著しく多い」ことが判明した。[16] ガンダーセンはこの大会を福島原発事故の「いんちき治療薬」と呼び、「東京でのオリンピック開催は、福島第一原発のメルトダウンの影響を小さく見せ、日本の民衆の健康と安全のために解決しなければならない緊急事態から公衆の注意をそらすための策略であったし、今もそうである」と書いている。[17]

それにもかかわらず、安倍首相はリオ・オリンピック2016に出席した時のように、公衆衛生の問題を小さく見せようとし続けてきた。大会の閉会式では、スーパー・マリオのコスプレをしてカメラ出演さえした。[18] しかし、派手なコスプレを世界に向けて放映しても、東京オリンピックの費用が高騰した事実から目をそらさせることはできなかった。当初は七六〇〇億円と見積もられていた費用は、二〇一八年一〇月には約二兆七〇〇〇億円にまで膨れ上がり、小池百合子東京都知事によって設置された専門家による委員会は調査の結果、費用が三兆二五〇〇億円に達する可能性があることを示したが、これは招致ファイルに挙げられていた数字の四倍以上であった。[19] これもまたよくあることだが、IOCのトップが東京に飛んできて、予算の削減を要求し、東京の主催者は公式にはそれに応じ、コストをギリギリまで削減すると主張した。エコノミストのアンドリュー・ジンバリストは、東京都のお定まりの対応を「粉飾会計」と称しているが、これは単に紙の上でコストを切り貼りするだけのオリンピックの詐欺とも言うべき事態に等しく、IOCはむしろこんなお馴染みの茶番劇を奨励してもいると主張する。[20]

二〇二〇年東京大会の予算高騰は、主催者側が著名な建築家であるザハ・ハディッドの事業を確保することを決定したこともあって、その費用はおよそ二一七〇億円にまで膨れ上がった。首相も含む外部からの圧力が高まるにつれ、ハディッドはコストがかさむような複雑な設計デザインを抑えるようになった。しかし、日本国内の建設パートナーとの価格交渉が行き詰まると、日本人の建築家である隈研吾が間に割って入り、ハディッドの半分以下の費用の設計図を提出したのだ。[21] だがデザイナーは聖火台のための空間を取っておくことをどうやら忘れてしまったらしく、するとこの新しいプランも批判にさらされた。大会期間中聖火を収容しておく台は、どこに投げ下ろしてもいいわけではない。スタジアムの内部は木材でできている上に、日本の防火規制は厳しい。[22] 一方で、米国に拠点を置くNGO「レインフォレスト・アクション・ネットワーク」は、東京2020の木材提供元であるコリンドが、インドネシアの森林破壊を助長する持続不可能な慣行や違法行為にどのように従事していたかを詳述している。オリンピック会場の数多くの建設に使用される木材は、非倫理的に調達されているものなのだ。レインフォレスト・アクション・ネットワークは、「東京2020への提供者たちが、有意味なデューデリジェンス◆を行なわずに、リスクの高い木材を論争の的となっているような企業から調達し続けることを認めることで、オリンピックは日本に苦い遺産を残すことになるだろう」と述べている。[23]

スタジアム建設によって、近くの公営住宅・霞ヶ丘アパートからの住民の強制移住も発生した。ザイリンと私は、一九六四年と二〇二〇年の東京オリンピックの両方で移住を強いられた六〇代と九〇代の女性二人に話を聞いた。彼女たちは、東京2020で強制移住させられた約三〇〇世帯のなかに含まれていた。報復を恐れて匿名を希望した六〇代の女性は、「政治家は耳を貸さない。オリンピックは最優先事項

◆**デューデリジェンス**　企業などに要求される当然に実施すべき注意義務および努力のこと。

で、そのことを問題にするために立ち上がろうとする政党はない」と語った。彼らのコミュニティはオリンピックによって分断されたのだ。[24]

過去のオリンピックと同様に、東京２０２０は警察の取り締まり強化の遺産を残すことになるだろう――これは、すでに脚本のなかに用意されていた、忍び寄る恐ろしいオリンピックの作用なのである。オリンピックの警備担当者は、日本のハイテク大手企業ＮＥＣと提携して、オリンピック史上初めて、すべてのオリンピック会場に顔認証を導入することにした。[25] さらに、日本のセキュリティ企業アルソックが開発した「感情可視化システム」を使ったローミング・ロボットの群れが群衆を監視し、取り締まりの機能を果たすことになる。[26] このような技術によってデータマイニング◆が可能になるが、そのデータへのアクセス権は誰にあるのか、どのように保護されるのかという大きな問題が浮上したままである。

二〇一七年にインテルは、５ＧプラットフォームとＡＩ（人工知能技術）を大会に持ち込む野心的な計画を掲げ、二〇二四年までの新たなワールドワイド・オリンピック・パートナーとなることに署名した。[27] インテルは、平昌２０１８の開会式で一二一八台のシューティングスター・ドローンを同時に起動させてオリンピックを照らしだしたように、東京大会にもドローン技術を持ち込む予定である。この技術は、機械的なつぶやきで同時に同期したドローンの数の世界記録を樹立したものであった。[28] すべてのドローンの使用が無害であるというわけではなく、プライバシーの専門家は、ドローンがデータ収集やプライベートな空間への侵入を可能にし、そのことが正常化してしまうことを懸念している。

東京オリンピックのサイバーセキュリティも管轄する日本の桜田義孝五輪相は、政府が市民のプライバシーに対する権利を配慮しているという信用を人々に感じさせることはなかった。ある記者会見で彼は、ＵＳＢドライブが何であるかを知らないだけでなく、仕事でパソコンを使ったことがないことを認めた。自分自分が特権階級であることをうっかりさらけ出して、「二五歳から社員や秘書に指示しているので、自分ではパソコンは使わない」と弁明した。[29] その後、桜田は二〇一九年四月に福島についての配慮ない発言をしたことで退任に追い込まれた。与党自民党の高橋ひなこ議員のパーティで講演した際、桜田は、高橋を支援することが復興よりも重要であるとも主張した。[30]桜田のこうした振る舞いは、東京2020の主催者たちがブランド化した「復興五輪」なるものが、シニカルな「ポスト真実」の政治であることを行動で示しており、これはノーリンピックスLAと協力関係にある東京の反五輪のアクティビストたちが焦点を当てていることでもある。

3……オリンピックとIOCを改革するためには

ピカピカのオリンピック招致選考資料のなかで常に約束されている経済促進をもって、オリンピックが開催都市にとっての平等主義的な力になるには、多くのことを変える必要がある。二〇一三年にトーマス・バッハが第九代IOC会長に選出された時、オリンピックの再構築の必要性を公言していたことから、多くの人々が大きな期待を寄せた。しかし、ローザンヌの宮殿のような城に落ち着くと、すぐにバッハは、IOCの行動を目にあまるほど過大評価した広報資料の流れをおびただしく作りながら、オリンピックを有意義に改革することについては最低限のことしかしないという方針に安住してしまったことがわかった。

二〇一四年一二月に全会一致で可決された「アジェンダ2020」の勧告は、この変化の型を示す好例とも言える。[31]提案には繰り返しが多いため、本格的な政策と言えるものではなく、オリンピックが直面している問題はほのめかされているだけで、実際にそれらに対処するための真摯な行動計画には踏み込んでいない。この中途半端な取り組みに続いて、二〇一八年初旬には、「新規範（New Norm）」という、低俗な宣伝文句の束を並べた隠語のレトリックがまた一つ生まれた。この文書には、大会の選考や演出にかかるコストを抑制するための一一八個ものアイデアが盛り込まれていて、「利害関係者」間の「相乗効果を高める」ための「最適化」、企業スポンサーの「事業統合」の実現に向けた力の強化を図りながら「ブ

◆データマイニング　膨大に蓄積されたデータのなかから必要な情報を抽出する方法。

ランド戦略」や「ターンキー・ソリューション」◆を促進するなど、自由選択の提案が満載である。[32]

二〇一九年六月、ＩＯＣは開催地選考プロセスの大幅な変更を批准した。その内容はオリンピック憲章を改正するものであり、その目的は、開催一一年前に公表されたロサンゼルスの例に倣って、立候補から開催までの七年のタイムラグを放棄することだった。これによりＩＯＣは、都市間の招致争奪戦によって設定される時間の流れに依存することなく、開催都市をいつでも拘束することを可能にしたのだが、一方で、これは反五輪アクティビストたちがより定期的に動いて協働することをも可能にした。また、評価委員会を廃止し、その代わりに夏季オリンピックと冬季オリンピックのための「未来のホスト委員会」を設置し、それぞれ一〇人と八人の委員で構成することにした。より多人数のＩＯＣの協議体は依然として「最高決議機関」とみなされるが、権限は委員会に委譲し、形式的承認の役割を果たすだけになる。[33]これにより、二つの委員会と委員会のメンバーを選ぶことを任務とする執行委員会に権力が集中し、バッハをいっそう中心化する仕組みが作り出される。贈賄の相手は減るが、正規の手続きが少なくなることで裏取り引きの余地が広がり、結果的に汚職の新境地が開かれそうだと言えよう。

ＩＯＣの修正点は、大会を運営する主催者に向けられたものであって、オリンピックの開催によって生活が破綻する開催都市の生活者に向けられたものではない。私は、開催にかかるコストを真に抑制し有意義な市民参加を促進するために、ＩＯＣが独立した専門家からなるパネル――開催地選考審査・説明責任のための独立委員会――の協力を確保することを提案してきた。この委員会が招致に手を挙げた都市の立候補ファイルを綿密に分析し、ＩＯＣの評価委員会に歯に衣を着せない勧告をすることになる。このような委員会が、オリンピックでの開発が都市の長期的な開発目標と同じ方向に向かうようにすることを保証することになる。また、開催地選考で定められた社会的・持続可能性の目標を達成できなかった場合には、同委員会はオリンピックを組織する民間の個人やグループ、そしてＩＯＣ自身に罰金を科す権限を持つことになる。オリンピックはあまりにも長い間、説明責任を果たさずに運営されてきた。開催都市がレガシーに対する約束を果たせないことになる時分にはＩＯＣはすでに次の開催地に飛び移っていて、費用超過分を補填する責任は納税者である住民が負う構造になってきたのだ。[34]

IOCの姿勢は頑なだが、オリンピックは、開催地の周縁化されたコミュニティを踏みにじるのではなく、むしろコミュニティを助けるものとして再構築されることが可能だと私は信じている。私はこれを、ほとんどのノーリンピックスLAのアクティビストたちに心底反対されることを承知の上で書いている。「オリンピックはどこにもいらない」は、彼らが明確に支持するスローガンである。はっきりさせておこう。現在開催されているオリンピックは、開催地で日々働く人々にとって本質的に不公平なものである。オリンピックは、現在開催されているような形態である限り止めるべきだ。しかし、莫大な資金がこのシステムを通って流れており、根本的な再分配の可能性も開かれている。確かに、資金のほとんどは、コネのある政治や経済のエリートたちに、またIOCや米国オリンピック委員会（USOC）から二〇一九年六月にアメリカ合衆国オリンピック・パラリンピック委員会（United States Olympic and Paralympic Committee）へと名称を変えたUSOPCへと流れている。[35] 私を落ちこぼれの悲観論者と呼んでもらってもいいが、資金の流れをいくつかの方向に絞れば、それらを本当に必要としているコミュニティに振り向けることができないとも限らない。

オリンピック選手村はそのことについて考えるのに良いスタート地点とも言える。一九三二年のロサンゼルス・オリンピックは、大会の歴史のなかで初めて正式に、主催者が競技期間中に来訪する選手たちを滞在させるオリンピック選手村を建設したことで知られるが、女性の競技者たちはチャップマン・パーク・ホテルという近くにあるホテルに隔離された場所に滞在させられていた。[36] 近年のオリンピックの開催地の選考立候補者たちは、オリンピック選手村を手ごろな価格の住宅やソーシャル・ハウジングに転換す

◆**ターンキー・ソリューション**　納品後、直ちに稼働できる状態にある情報システム。顧客の依頼に応じてソリューション業務を請け負い、調整や追加開発などの必要がない状態で受け渡される。鍵を回せば設備が稼働するターンキー方式であることを意味する。

ると壮大な約束をするものの、平然と公約を放棄する。例えば、二〇一〇年バンクーバー大会の主催者は、選手村建設のために民間の不動産開発企業のミレニアム社を雇ったが、建設がまだ半分しか進んでいない段階で同社が財政責任を怠り、バンクーバー市が介入せざるを得なくなった。最初の段階でオリンピックの主催者は、全戸の二〇％を低所得者向けの、市場に出ない住宅へ転換することを約束していた。しかし、八億七五〇〇万ドルに膨れ上がった建設費を納税者が負担するようになってからは、バンクーバー市はコンドミニアムの販売で回収できる限り回収することを選択し、財政責任という名目でソーシャル・ハウジングという公約を放棄した。[37] ロンドン2012も同様に開催を前に、またしても税金による救済が必要とされた。オーストラリアの不動産開発会社であるレンドリースは、二〇〇八年の金融危機をきっかけに選手村のプロジェクトを放棄し、イギリス政府が責任を負うことになった。オリンピック主催者は、選手村は「完全に国有化されていた」と認めた。[38] 政府は選手の宿泊施設を公営住宅に変えるのではなく、カタールの王族が経営する不動産会社に売却し、納税者は二億七五〇〇万ポンドの損失を被った。[39]

選手村の計画は倫理的な記録書類である。今後選手村は自動的に、開催都市において社会的に疎外された人々のための手ごろな価格の住宅へと生まれ変わるべきである。民間の不動産ディベロッパーのためのぼろ儲けの機会に変わるような、とんでもないものであってはならないのだ。選手村は積極的な社会的目的を果たすべきであり、可能な限りいつでも公営住宅になるべきだ。オリンピックもまた、しっかり民主主義を注入することから利益を得るだろう。先に見たように、一九五二年から一九七二年までIOCの不動の会長であったエイブリー・ブランデージは、公然と「民主主義の欠点」に不平を鳴らしていた。[40] また、彼は女性のIOCへの参加を妨害していた。女性がようやくIOCに参加するようになったのは、ブランデージが去ってから一〇年後の一九八一年のことだ。近年、IOCは男女平等に向けて、少なくとも選手の参加という点では力を入れているが、性差別の遺産は残存している。いまだ一〇一人のIOCメンバーのうち三六人だけが女性である。メンバーの選出には貴族の匂いが濃厚に漂っており、強い階級の偏りが今も色濃く残っている。IOCメンバーのうち一〇人は何らかの王族で、王女が二人（リキテンスタイン、イギリス)、王子が四人(モナコ、デンマーク、ヨルダン、ブータン)、首長が二人(クウェート、カタール)、公爵が一人(ルクセンブルグ)、男爵が一人(ベルギー)いる状況だ。[41] すでに見てきたように、IOC内の汚職は歴史的に問題になってきた。それにもかかわらず、ある分析は、二〇一九年にIOCに推薦によって新たに加わった一〇人のメンバーのうち六人が汚職に関与していたことを発見した。[42] 今後は、IOCのメンバーの枠を広げる必要を超えて、投票の仕方がもっと透明になる必要がある。IOCは、国際的なサッカー統括団体であるFIFAに倣い、将来のオリンピック開催都市の投票をすべて公開すべきだ。

加えて、すべてのオリンピック招致の際には、直接投票や住民投票を義務化すべきである。現在のオリンピックの運営はエリートが主導するプロセスとなっているが、一般の人々には、自分たちの街で五つの輪が転がり回ることを望むかどうかについての意見を述べる機会が与えられるべきである。住民投票によって頓挫した多数の招致に直面して、トーマス・バッハはその責任を負うことを拒否した。代わりに彼は「現在、多くの西洋社会に見られる不信の文化」の広範な広がりを非難し、「人々がエスタブリッシュメントとみなす、すべてのものについての不信感」[43]を指摘している。これはわざとらしい受け流しだ。確かに、人々は長い間、政治的エリートに対して不信感を抱いてきた。しかし、バッハは、深い洞察が必要とされる局面で、弱々しく問題をそらしているだけなのだ。もしバッハがIOCを「エスタブリッシュメント」と区別したいのであれば、彼は開催都市への財政貢献を増やすことから始めることができるはずだ。二〇一六年リオ五輪の直後、主催側の関係者全員が、彼らが提携企業に負っている三二〇〇万ドルの負債の支払いのために、IOCに援助を願い出た。IOCはこの考えをにべもなく拒否した。数年後、負債は一億一三〇〇万ドルに膨れ上がり、その一方でIOCは、ローザンヌに一億四五〇〇万ドルから二億ドルをかけてピカピカの新しい本部を建設したのだ。[44] このことはIOCにとって誰が大事なのかということについて、明確なメッセージを送ることになった。

持続可能な開発は、IOCのレトリックにしっかりと組み込まれている。「持続可能性」という言葉は、「オリンピック・アジェンダ2020」の中でじつに二一回、IOCの『新規範』のなかでも二〇回出てくる。しかし、ＩＯＣは、「持続可能性」という言葉を経済的・社会的な範囲にも適用し、効率性やレガシーのような無用な専門用語と一緒にまとめてしまうことで、エコロジーとしての意味を持つ「持続可能性」を希薄化していることが多い。さらにその点について言えば、ＩＯＣは「企業開発、ブランド、サステナビリティ部門の支援を受けた」、「持続可能性とレガシー委員会」などというものを設置し、分析もどきを使って麻痺状態を作り出す技術を身につけている。同委員会は、平昌２０１８でスキー滑走路を作るための森林破壊に直面した時には沈黙を守り、二〇二二年の北京冬季五輪では、手つかずの自然のままの延慶松山国家森林公園にアルペンスキー滑走路を切り開く計画に対しても声を上げることができなかった。自然保護区には、北京唯一の山西蘭を始めとする多数の希少種が生息していた。[45]

ＩＯＣの「持続可能性とレガシー委員会」が真摯な取り組みなら、環境破壊とグリーンウォッシュに反対する声を上げるはずだ。またビデオ会議で十分な場合には、公式会議への出張を大幅に削減する提案を作成するはずだ。最近では、ストックホルム＝オーレ・オリンピック２０２６に立候補した最高経営責任者リチャード・ブリシウスは、自分のエコ・グリーンへの関与の信頼性を高めようとして、通常言わないことになっている部分について声を上げた。「持続可能性についてしゃべること、耳ざわりのいい言葉を使うことは簡単です」。[46] ＩＯＣはもっと尽力できるはずだし、すべきである。曖昧でご都合主義的な環境配慮のおしゃべりはもうたくさんだ。本当に独立した環境の監視を実施し、環境保護の名に恥じない行動がなされなかった場合には多額の罰金を課すべきだ――世界にはそうした仕事をこなすことができる、有能で独立した環境保護主義者はいくらでもいる。

オリンピック改革は簡単なことではないだろう。オリンピック改革の最大のハードルの一つは、ＩＯＣそのものの改革だと言わざるを得ない。オリンピック批判がＩＯＣのメンバーの考えのなかに浸透しているかどうかは不明である。結局のところ、ＩＯＣのメンバーであることは、ファーストクラスの旅行、五つ星ホテル、レッドカーペット、貴族の集うアスコット競馬、キャビアで彩られた永遠に続く大名旅行である。アプトン・シンクレアが名言を残しているように、「ある人の給料が仕事を理解していないことにかかっている場合には、何かを理解させることは難しい」[47]。さらに、大会の責任者たちは、アリアンツ、アリババ、サムスンなどの企業スポンサーの一団に二〇二八年までまわりを固められている。オメガとビザに至っては二〇三二年までいることになっている[48]。企業の資金が金庫にあれば、IOCは、たとえ弱いカードを持っていても、洗練されたPRによって倍賭けの効果を上げることができる。IOCは、自己反省を嫌って自己宣伝をする傾向を培ってきた。IOCの強硬な態度は偽装だが使い慣れたブランドとなっており、そのうえフォーカスグループ◆が実験済みのPR戦略で支えられているので、反五輪アクティビストたちが立ち向かう闘争はいよいよもって骨の折れるものとなる。とはいえオリンピックが本書で詳述した問題を増殖させていく限り、反対運動は継続し、声高になっていくことを予期しなければならない。

4……北京冬季オリンピック2022——『オリンピック憲章』に違反する中国の人権状態

IOCがオリンピックの台本を大幅に修正し、憲章に掲げられた原則の遵守に真剣に取り組んでいれば、二〇二二年の北京冬季大会は中止されるはずだ。オリンピックが中国の民主的改革に拍車をかけるという壮大な約束に関しては、これまでにも全部聞いたことがある話だ。二〇〇一年までさかのぼってみると、北京は当時二〇〇八年夏季大会の招致活動をしていたのだが、北京オリンピック招致委員会の先頭に立っていた王維は、「中国で大会が行なわれるにあたり、われわれは自国の経済を促進するだけでなく、教育、健康、人権を含むすべての社会的状況を向上させることになると確信している」と述べていた。また、「メディアが中国に来る際には、完全な報道の自由を与える」とも[49]。北京市長の劉は、同じような語

◆フォーカスグループ　マーケティング・リサーチの代表的な定性調査の一つ。ある商品などを購入しそうなセグメントの人々を複数人集めて、互いに意見を出したり議論したりしてもらうことで、情報やフィードバックを得ることを目的とする。

り口で「オリンピックに立候補することで、市の発展だけでなく、民主主義や人権を含む社会の発展を促したい」と語った。「人々がオリンピック開催のような目標を持てば、より公正で調和の取れた社会、より民主的な社会を構築し、中国は世界に溶け込むことができる」と劉は述べ、オリンピックを万能薬であると位置づけた。[50]中国側が言葉の上で飲みやすくしてくれた人権問題をＩＯＣは喜んで飲み下し、ジャック・ロジェ会長は「オリンピックの開催が中国の人権と社会的関係の改善に大きく寄与することは明らかである」と宣言した。[51]

しかし、民主主義と人権の高まりはついに来なかった。二〇〇八年のオリンピック期間中ずっと、インターネットは検閲された。大会に先立ち、中国の中央宣伝部は、法輪功、食の安全、チベットなどを含む、中国人ジャーナリスト向けに禁断の話題を規定した二一項目の令状を発行した。[52]二〇〇八年に北京で大会が開催された時、中国は「国境なき記者団」による報道の自由度指数で一六七位だった。二〇一九年には一七七位まで落ち、それより下にはエリトリア、北朝鮮、トルクメニスタンだけがランクされた。[53]中国は二〇〇八年のオリンピックを、国内向けには特定の集団に対する監視強化のための試験的プロジェクトとして利用しただけでなく、世界に向けては急成長中の監視システムを売り込むための手段としても利用した。[54]

研究者の徐国旗は、中国では「共産党は長い間、プロパガンダの血を引いており、それなしでは生き残れなかった」[55]と指摘する。二〇〇八年のオリンピック開催を前に、二〇〇八年三月から八月の間に世界中でオリンピックの聖火リレーが行なわれると、中国のプロパガンダ・マシンはより高いギアに蹴りを入れた。ロンドン、パリ、サンフランシスコなどでは、聖火に抗議する人たちが群がり、アクティビストたちは親チベット派の歌を叫び、中国国内での人権侵害や、スーダンとダルフールで進行中の悲劇における中国の加担を非難するプラカードを振りかざした。この抗議行動は実際に大きな反響を呼んだ。著名なセレブリティであるリチャード・ギアとミア・ファローは、開会式と閉会式への参加を辞退するようスティーヴン・スピルバーグを説得した。大司教デズモンド・ツツは開会式の世界的なボイコットを提案した。[56]聖火ルートに沿って活動していたアクティビストたちは、親中派の対抗抗議者たちと衝突した。この対抗抗議者たちは、実際には組織的な愛国主義者ではなく、中国の安全保障当局の保護を受け、金で動いていた操り人形だった。この隠密の戦略は、聖火が世界をめぐるにつれて、四大陸に広がっていった。[57]

ようするに、二〇〇八年のオリンピックは、国家による抑圧が強化される転換点となったのである。「実際には、中国政府が大会を開催したことが権力濫用の触媒となってきた」と、ヒューマン・ライツ・ウォッチのソフィー・リチャードソンは主張している。[58]しかし、それでもＩＯＣは二〇二二年の冬季オリンピックの開催地に北京を——夏季と冬季の両方を開催する初めての都市として——選ぶことを思いとどまりはしなかった。

北京２０２２が近づくにつれ、ウイグル民族への監視と弾圧が強まっている。中国政府は新疆ウイグル自治区、特にムスリムのウイグル人を主なターゲットとして、ディストピア的なハイテク監視国家に変えた。一〇〇万人ものウイグル人が、表向きは再教育のために、米軍によって「強制収容所」と呼ばれる拘置所に追いやられている。顔認証技術が普及し、個人のＤＮＡデータと接続するようになっている。カシュガルのようなウイグル人の多い都市では、検問所が都市の地形を覆うように設置されている。住民は、永続的な監視を可能にするソフトウェアを携帯電話にインストールすることを余儀なくされている。[59]

フロリダ州のマルコ・ルビオ上院議員とニュージャージー州のクリストファー・スミス下院議員の二人の共和党員が率いる米国議会の中国に関する執行委員会は、このことに激怒し、ＩＯＣのトーマス・バッハ会長に手紙を書いて「二〇二二年冬季オリンピックの開催地の再指定」を要請することになった。[60]しかし、バッハは自分の手は縛られていると主張する。ＩＯＣには「中国の人権問題を解決する任務も権限もない」という理屈である。こうしたことはＩＯＣが扱う権限を欠いた「政治的問題」であると彼は言った。[61]これは目にあまる責任放棄である。

人権となるとＩＯＣは中立的なオブザーバーのように振る舞って、自組織の事の進め方を優先し別のやり方を考慮しようとしない。オリンピック憲章のなかで人権について言及されているのは一度だけであり、

『オリンピズムの基本原則』の一つに「スポーツの実践は人権である」というものがあるばかりだ。[62] スポーツの内外を問わず、人権に対する深い関与を『オリンピック憲章』に完全に組み込む必要がある。オリンピック憲章は、オリンポス山から手渡された石版に刻まれたものではない。ＩＯＣは、ソルトレイクシティの贈収賄スキャンダルをきっかけに憲章を改正し、最近では「性的指向」にもとづく差別を禁止するようになった。これは単純にコモン・センスの問題であり、ロケットの科学技術よりもロバート議事規則◆に近い。

確かに、批判に応えて、ＩＯＣは二〇一八年一二月に、元国連人権高等弁務官のゼイド・ラアド・アル・フセインが議長を務める人権諮問委員会を結成した。しかし、同委員会は二〇一九年初頭に、「戦略的枠組み」と人権がＩＯＣの事業にどのように関係するかのガイドラインを策定できるようになるまでは、作業を開始しないと発表した。[63] ＩＯＣはまた、開催都市との契約に人権条項を追加したが、都合の良いことに、これは二〇二四年のパリ・オリンピックからしか始まらない。[64] このような遅疑逡巡はやめるべきだ。『オリンピック憲章』に盛り込まれた「人間の尊厳の保持に関わる平和的な社会の促進を目的として、スポーツを人類の調和のとれた発展のために役立てること」[65] という「オリンピズムの基本原則」に、中国におけるディストピア的な抑圧を合致させることは不可能である。そうである以上、北京オリンピックは中止されるべきだ。もう時間切れなのだ。

5……アスリートによるオリンピック批判

ネルソン・マンデラはかつて、「スポーツには世界を変える力があり、それは人々を鼓舞し、他のものにはない方法で団結させる力がある」[66] と言った。本書で見てきたように、スポーツはまた、スポーツのメガイベントが社会にもたらす破壊的な暗黒面に反対するアクティビストたちを団結させる力も持っている。第3章で議論されているように、反オリンピックを組織化することのフロンティアの一つは、反五輪アクティビストたちの多様な諸契機を一つの強固な運動に変革することができるような、国境を越えたアクティビストたちのリソースセンターを創出することである。これまで、オリンピックの否定的な社会的影響に挑戦する活動は、時空横断的な社会運動というよりも、運動学者のシドニー・タローが「イベント連合」と呼ぶものに近いものであった。[67]「二〇二四年パリ五輪反対の会（Non aux JO 2024 à Paris）」のフレデリック・ヴィアレが、東京での一週間のイベント終了時に私に語ったのは、「この会議は、オリンピックに対するカウンター・ナラティブを生み出すための、最初の重要な試みだ」ということだった。[68]

オリンピック選手からの支援を求めるために彼女／彼らと戦略的に接触することは、反オリンピックの異議申し立ての第二の、そして有望なフロンティアに含まれる。何人かのオリンピック選手は、アクティビストたちと同じような懸念を表明している。例えば、フェンシングで二回、イギリスのオリンピック代表となったローレンス・ハルステッドは、オリンピックの環境問題の側面での弊害について発言し、選手たちに自分たちが信じていることについて立ち上がるよう促してきた。ハルステッドが競技に出場することになったリオ2016の前夜に、彼は『ガーディアン』紙に「カリオカ〔リオデジャネイロの民衆〕が日々の健康と社会福祉に苦しんでいるのに、オリンピック開催をめぐってリオで叫ばれている抗議の声に気づかずにいるとしたら無責任なことだろう。私がブラジル人なら、私も路上にいるだろうから」と書いた。またオリンピアンとして、「オリンピックがホスト国に負の副作用をもたらすという事実と取り組まなければならない。このような不正に直面しながら沈黙することは、暗黙の承認と誤って解釈される可能性がある」とも付け加えた。[69]

数多くの二一世紀のオリンピアンたちがハルステッドの後に続いている。これらの選手たちは二つの傾

◆ロバート議事規則　アメリカ合衆国陸軍少佐のヘンリー・M・ロバートが考案した会議の進行方法の一つ。多数者の権利、少数者の権利、個人の権利、不在の権利の四つの規則に沿って、ある明確に定めた議題の結論を最速に出すことを目的とする。

向に分けられる。一つはスポーツよりも広範な問題について公的に発言するアスリートたち、もう一つはオリンピックの圏内で改革と誠実さを求めて闘うアスリートたちである。

米国代表のオリンピック選手である、イビチャイ・ムハンマドは、より大きな問題について明言した人々のうちの一人である。リオ2016で銅メダルを獲得し、ムスリムのアメリカ人として初めてヒジャブを着用して競技に参加した剣士であるムハンマドは、ドナルド・トランプ大統領のイスラム差別を公然と批判した一人であり、それに対する返答として、彼女はたくさんの殺害予告を受けた。[70] リオ・オリンピックで、母国で抑圧されているオロモの人々を認識させるために、ゴールのフィニッシュラインに近づくと共に腕をX字に交差させたエチオピアのマラソン選手フェイサ・リレサは、大会終了後に帰国した場合、拘留またはさらに悪い扱いが待ち受ける事態に直面することになった。彼がエチオピアに戻ることができたのは、改革派の首相が選出された後のことであった。[71] 二〇一九年四月、カヌー・スラロームで金メダルを獲得したイギリスのオリンピック選手であるエティエンヌ・ストットは、気候変動に対する意識を高めるための直接行動に参加し、ロンドンのウォータールー橋で逮捕された。[72] 米国のサッカー界で天才と呼ばれたミーガン・ラピノーは、LGBTの権利を率直に支持し（彼女自身は二〇一二年にカミングアウトしている）、警察による暴力と人種的不平等の問題を提起するために、国歌斉唱中にコリン・キャパニックと連帯して膝をつくなど、多くの局面でアクティビストとして活動してきた。[73] 二〇一九年のパンナムゲームズでは、アメリカのハンマー投げのグウェン・ベリーとフェンシングのレース・インボデンがメダル表彰台上で人種不平等の扱いに抗議し、ベリーは拳を宙に突き上げ、インボデンは膝をついた。[74] これらのアスリートたちは、スポーツが行なわれている空間で――そしてその外でも――政治的な会話を発進させるために、民主党の新自由主義的な青い覆いの外に腕を伸ばすことができたのである。彼女／彼らの行動は世界をまたいでいるので、反五輪アクティビストたちが大切にしている、国境を越えた活動の枠を可能にする。

他のアスリートたちは、オリンピックそれ自体に関連した問題に反発してきた。オリンピックのきらびやかな表面の下には、必死に耐えている不平不満が渦巻いているのだ。もちろん、多くの潔白な選手たちがドーピングに反対の声を上げてきた。それに対してトーマス・バッハは、国家主導のドーピング・プログラムのためにロシアが受けていた「制裁は果たされた」と宣言したので、ロシアがフリーパスを手に入れることにうんざりしていた世界中の選手から反対意見の激流がほとばしることになった。[75]その一方で、ロンドン2012のオリンピアンたちは、検査技術が強化されるにつれ、ドーピングで遡及的に摘発され続けている。[76]クリーンなアスリートたちにとってバッハの対応は、オリンピックで有力な国であるロシアに対する、弱腰の慰撫と見ないわけにはいかないのだ。

他のオリンピック選手たちは、「いかなる競技者も〔……〕オリンピック期間中に、彼の個人、名前、写真、スポーツパフォーマンスを広告目的で使用することを許可してはならない」と明記している、『オリンピック憲章』の規則四〇に疑問を呈している。[77]開会式の九日前に発動し閉会式後も三日間有効であるこの規則は、選手が個人的な企業の後援者を、その企業がオリンピックの公式スポンサーでない限り宣伝することを禁止している。オリンピック選手たちはこのルールによって、マイナー・スポーツにとって最も市場化される機会であるオリンピックから、収益を上げる最良の機会が損なわれると指摘した。二〇一九年二月、ドイツのある反トラスト団体は、規則四〇の制限は「乱用」的な規定であるとして、選手が直接IOCから収入を受け取るのでない以上、このルールは緩和すべきであると主張した。[78]八か月後、USOPCはこれに続き、選手に、大会中にスポンサーに対し七回感謝の意を表明することを許可すると通知した。[79]IOCはこのような時代の流れを認めないと明言した、もっとも、禁止をゆるめ、世界の二〇六の国家オリンピック委員会に、独自のポリシーを起草するための行動の余地を与えることを記した文言を『憲章』に付加はした。バッハはまた、「自分の利害を代弁すると称する他人など必要ない」と、反組合的な言辞を弄してもいる。[80]

この労働争議は、アスリートが労働者であり、オリンピアンたちがすべて平等に作られているわけではないという事実に焦点を当てている。財政的に保護されているプロのバスケットボール選手と、オリンピックが唯一の大きな収入の契機であるオリンピック選手との間にはギャップがある。オリンピックは長い間、息を呑むような選手のパフォーマンスで作られた名声という追い風を享受してきたのだが、選手自身がそれによって常に利益を得ているわけではない。実際、多くのオリンピアンは不遇な境遇に陥っている。北京2008の柔道で銅メダルを獲得した後、後年、総合格闘技のスターとなるロンダ・ラウジーは、二〇〇五年にはホンダ・アコードで車上生活を余儀なくされていた。[81] オリンピックで二度のメダルを獲得した自転車競技のレベッカ・ツイッグは、シアトルでホームレスとなった。[82] オリンピックのレベルにあるサイクリスト、トム・ジャスティスは、自転車のスキルにものを言わせて銀行強盗をした。[83] フリースタイル・スキー選手のジャエリン・カウフは、オリンピックの夢を追求している間、家政婦からレストランでの仕事まで複数の仕事をこなしていた。彼女もまた、他のオリンピック選手と同様に、オンラインのクラウドファンディングに頼った。リオ2016を前に、一〇〇人以上のアメリカ人選手が「ゴー・ファンド・ミー（GoFundMe）」のページを立ち上げた。リオで銅メダルを獲得した米国のフェンシング選手、モニカ・アクサミットは、二〇二〇年の東京大会に向けて、トレーニングと旅費をまかなうために「ゴー・ファンド・ミー」キャンペーンを開始しなければならなかった。[84] ノーリンピックスLAが二〇一八年秋に開催されたLA84サミットのチラシの一枚に「オリンピックがアスリートを称え、彼女／彼らの世話をすることになっているのなら、なぜアメリカのオリンピック選手たちはみな生活賃金を負担しなければならないのか、なぜ彼女／彼らは何の説明責任も果たされることなく、あらゆる種類の虐待を被っているのか」と書いていたのは的を射たことだった。アクティビストたちは、オリンピックの重大な矛盾の根に巣食う、生活上の問題を扱っていたのだ。

ローレンス・ハルステッドは、「オリンピアンがオリンピックについて語るのは当然のこと」[85]と主張するが、彼はオリンピックのフェンシングに二回出場した個人的な経験から、大会が将来の収益源となる唯一無二のチャンスである小規模スポーツの選手は、あまり有利ではない立場にあることを知っている。とてもよく理解できる理由から、彼女／彼らは企業のスポンサーに頼るようになる可能性があり、卑屈なシリング銀貨に押し込められてしまうばかりか[86]、保守的な効果を発揮する可能性もあり、アスリートは刺激的な政治問題について発言する可能性が低くなって、代わりに、無害でまっさらな、ファンが好きなように解釈することのできる「多様に受け取ることのできる選手像」を選ぶようになる[87]。

このような構造的な障害があるにもかかわらず、アクティビストのグループは特定のアスリートを対象に戦術的なアウトリーチを行ない、オリンピックの弊害的な側面に挑戦するための協力を提案できる。そうすることで、知名度が低いアスリートたちの楯になれる、経済的に安定した大物スターを標的にできるかもしれない[88]。大物アスリートたちがＩＯＣに反対し、状況が改善されない限り参加を保留すると言えば、それなりの影響を与えることができるだろう。キャリアの終わりを迎えようとしているオリンピアンや、参加しないという決定をしても大丈夫なだけのスポンサー契約を結んでいる選手で、たとえＩＯＣからかなりの脅迫を受けてもかまわずに振る舞える人々から、このような異議申し立てが出てくることは大いにあり得る。

発端であるアスリートの困惑に対するＩＯＣの反応は、コオロギの鳴き声のようなものだと言う向きもあろうが、コオロギならまだましで実際に音を立てる。ＩＯＣのレトリックはますます、グラウンドホッグ・デー◆に開催される口真似競争のオウムに似てきている。判で押したような大会賛成の陳腐なもの言いがオリンピック指導者から出続けている。しかし、これまで見てきたように、二一世紀になって足元の政治的地勢は変化してきている。それは、アスリートの異議申し立ての新たな夜明けをもたらすのだろうか。そして、反五輪活動家たちは、自分たちの大義を前進させるために、この異議申し立てを活用できるだろうか。

◆**グラウンドホッグ・デー**　アメリカ合衆国やカナダなどで二月二日に行われる、春の訪れを占う祝日。グラウンド・ホッグが巣穴から出てきた時に自分の影を見て驚き巣穴に戻ったら、その先さらに六週間冬が続き、影を見ずに外にとどまっていたら、春の到来が近いとされている。

6……希望と可能性

二〇二〇年は鍵を握る年となるだろう。米国では、利害関係の大きな大統領選挙や議会選挙が行なわれるし、トランプ政権が米国をパリ協定から合法的に離脱させることができる最初の年でもある（それは二〇二〇年の選挙の一日後に当たる）。[89] もちろん、オリンピックが発火点にあるこの時に、東京2020が開催される。これらの要因にまた他の要因が重なり、この拡張された瞬間を死活的な「めぐり合わせ（conjuncture）」にする。スチュアート・ホールはそれを、「社会のなかで作用しているさまざまな社会的・政治的・経済的・イデオロギー的矛盾の合流によって、特殊で独特な形を取ることになった時期」と記述する。[90] 現在の状況は、資本主義の陥穽に対する認識の高まり、首都ワシントンDCの政治的領野の分極化、労働者階級のなかにますます深く入り込む生活の不安、気候変動、社会主義という思想に対して開かれた考え方の高まりを含んでいる。

さらに詳しく述べれば、米国の成人の四二％が、退職した時には完全に無一文になるという深刻なリスクにさらされており、五人に三人が一〇〇〇ドルの医療費をまかなえるだけの貯蓄を持っていない。そして大多数の人々は、近い将来に経済状況が改善するという見通しを描けない。[91] アメリカの農村部――一九〇〇年代初頭に社会主義がさかんだったオクラホマやウィスコンシンのような場所――の社会構造は、緊張感に満ち溢れている。農村部のアメリカ人の四〇％は、食費、住宅費、基本的な支払いに追われている。四分の一以上が、保険に入っていたとしても、必要な時に医療を受けることができなかったと答えている。このような不安定な状況が社会を蝕んでいる。[92] これらの要因はすべて乾いた火種で、急進左派がマッチで火をつけるのを待っているようなものだ。最近の世論調査では、連邦政府による雇用保証や公共のインターネット利用、現金救済の終了、ジェネリック医薬品がより利用しやすくなるために製薬会社が保有する製薬特許を取り消すことなど、左派的な経済政策の方が共和党の経済政策よりも人気が高いことがわかっている。[93]多くの人々はますます、政治システムは富裕層用にできており、お飾りでしかない改革では不十分だという結論に達しつつある。

政治学の主流派は、民主主義の危機に注目している。「アメリカの民主主義制度の土台となってきた伝統が今や崩壊しつつあり、政治制度がどのように機能しているかということと、それがどのように機能すべきかという年来の期待の間に、混乱必至のギャップが生じている」と、スティーヴン・レヴィスキーとダニエル・ジブラットは『民主主義の死に方』のなかで書いている。「私たちの柔らかなガードレールが弱くなったことで、私たちは反民主主義的な指導者に対してますます脆弱になった」。[94]政治学者の主流は、これは民主主義にとっての問題であることを正しく指摘している。しかし、彼らが指摘していないのは、それが社会主義への入口でもあるということである。ジャック・ランシエールの言う「感性的なものの分割（パルタージュ）＝共有」は、反民主主義的な規範破りの偶然の受益者である社会主義と共に広がってきた。保守派は漠然と進歩的な政策に似たものを「社会主義的」とか「マルクス主義的」と描くことに精を出してきたばかりに――共和党の有力者でマネーロンダリングのために有罪判決を受けたトム・ディレイが「オバマは、彼が私にそれは間違いだと証明しない限り、マルクス主義者だ」とまくしたてた時のように――こんなものが社会主義なら、実際にはかなり穏健らしいという教訓をはからずも垂れてしまったのではないか。[95]

しかし、米国の政治システムの構造は、議会選挙での一人選挙区多数制から、大統領選挙での勝者による各州選挙人総取り制に至るまで、第三党にとって大きな障壁を作り出している。さらに、民主党と共和党は、連邦選挙管理委員会のいっそうの弱体化をこれ幸いと、過酷な署名要件や州ごとに異なる提出期限の継ぎ接ぎ細工といった、手ごわい障壁を構築するために共謀している。さらに、選挙資金法や選挙区の境界線引きを管理する規則もある。こうした政策が合わさって、二大政党を民主主義への道を阻む門番として強固に守っている。[96]それと同時に、米国では政党への忠誠心が著しく弱まり、有権者の行動に関してははっきりとした独立性がより顕著になっていることが目撃されてきた。[97]政治的な二極化と非効率的なリーダーシップにより、二大政党に対する大衆的な幻滅が生じてきている。このような状況は、社会主義者が選挙区に進出する希有な機会を与えているとも言える。ジャレッド・アボットとダスティン・ガステラは、ここ数十年で新たな「社会の裂け目」が表面化したと論じており、「それは弱体化した既成政党の弱い支持層、あるいは無党派層の有権者の動員に歴史的な機会を提供するもので、現代経済のインサイダーとアウトサイダーの裂け目」であるとしている。具体的には、「没落しつつある労働者階級のアメリカ人と、専門職や中産階級の人々との間の裂け目」に、彼らは焦点を当てている。民主党の投票層に潜入することで、民主社会主義者は、大衆的な選挙基盤を構築するために有効活用が可能な有権者層にアクセスできる。彼らは、「アメリカ民主社会主義者（DSA）によって作られつつある組織的な下部構造」は、「政党に代わるものの核となる潜在力がある」と指摘しているが、「政党に代わるもの」とは、「二大政党から独立していて、それらの並外れて強大な影響から候補者を守ることができるような強力な大衆組織」のことを意味している。これは大衆政党のように機能するだろうが、民主党の投票層から反射的に弾かれることに対する楯ともなるだろう。[98]

一方、DSAは勢いを増し続けている。将来の歴史家は二〇一〇年代を、社会主義がその深い眠りから抜け出した時代の転換点として回顧することになるかもしれない。一〇〇〇人以上の社会主義者が当選し、社会主義週刊誌『理性への訴え（*Appeal to Reason*）』誌の発行部数が七五万部を超え、社会党の党員数が一万八〇〇〇人に達し、大統領選挙で得票率六%を獲得した一九一二年の選挙以来、社会主義がこれほど有望視されたことはない。[99] DSAは、バスカー・サンカラが二〇一〇年に設立した、ニューヨークを拠点とする雑誌『ジャコビン』の確固とした存在感の恩恵を受けてきた。『ニュー・レフト・レヴュー』『マンスリー・レヴュー』『ニュー・ポリティクス』『イン・ジーズ・タイムス』『ディセント』など、社会主義的傾向を持つ他の有力な出版物も、イデオロギー的・政治的な基盤づくりに役立ってきた。『チャポ・トラップ・ハウス』『ストリート・ファイト・ラジオ』『ワーキング・ピープル』『ザ・ディッグ』などのポッドキャストのチャンネルも、社会主義者の大義をさらに後押ししている。

DSAは全米に約二〇〇の支部を持ち、地域の政治の深いところに入り込んで成果を上げているが、それはまるでミツバチが巣を作るような活発な活動らしい。シカゴでは、六人のDSAメンバーが市議会議員に選出されている。ポートランドでは、ホームレスが路上で危機的な状況に陥った場合の相談機関として機能する、警察を牽制する政策を支援し成功を収めた。バーミンガムのDSAは『ブラック・ママズ・デー・ベイルアウト・テレソン』を主催し、母の日に子どもと一緒に過ごすため、多くのアフリカ系アメリカ人の母親たちの刑務所からの釈放を支援した。DSAの活動家たちは地理的な分断を克服するため「ビルド」と呼ばれる組織的なプロジェクトを開始した。これは、さまざまなアイデアを喚起するために地域密着型のプロジェクトを盛り上げ、連帯における横のつながりを強め、長期的には社会主義の基盤を広げるように計画された、多元主義的な「メタレベルの傾向」である。「ビルド」の中心的な価値の一つは戦術の多様性を支持し、内部と外部を横断する戦略に向かって行動する点にある。「足の片方は制度のなかに、他方は街頭に」が、彼らの合言葉である。[100]

しかし、自己欺瞞に陥らないようにしよう。米国の社会主義への道のりはまだ見通せない。DSAのメンバー数は、約三億三〇〇〇万人の国のなかで約六万人だ。DSAに革新性とエネルギーがあるとはいえ、あるいは最近の世論調査で社会主義に対する開かれた態度が示されているとはいえ、これは困難な上り坂だ。保守派の人々は今なお社会主義という言葉のところでもぞもぞしている。ユタ州選出の共和党員であるクリス・スチュアート米国下院議員は、議会で「反社会主義」幹部会を組織しさえしたところだ。[101]誰かが「グリーン・ニューディール」と口にすると、スチュアートの耳に入るのは「赤い社会主義者たちの陰謀」、より正確には「アメリカンドリームを破壊する苦い薬の甘味料として作用する環境政策のなかには社会主義が包まれている」ということだ。[102]前世代の反社会主義的伝統が、現在生きている人々の脳（少なくとも団塊の世代の、そしてユタ州選出の特定の代表者の脳）に、悪夢のように重くのしかかっていると言ってもいいだろう。

二〇二〇年の大統領選挙は、バーニー・サンダースにスポットライトを当てた。バーニーは生産手段の労働者所有、万人のための保険制度、エネルギー網の公有化、高等教育における学費無償化などのような反資本主義的なアイデアを討論する場を主流派政治の通路にこじ開けた、注目の的の民衆指導者だ。[103] サンダースは、進歩的な政治的アイデアや政策を公の場で議論することを強く促し、民主社会主義者を政治システムに招けば新たな地平を広げることができることを示した。彼はまた、戦術的に政治的な悪役の名前をあげて糾弾した。それは給料日前の貸金業者、不正な製薬会社、税金の負荷もなければ精神的な浮沈の負荷もどうやらないらしい億万長者などである。しかし、主流派の民主党員の間でバーニー・サンダースが軽んじられていることは明白である、二〇一六年の総選挙で彼がヒラリー・クリントンを熱烈に支持したことを考えるとおかしな話ではあるが。とはいえ二〇二〇年の民主党候補者の多くは、サンダースの立場に方に左旋回している。

　このことは、スティーヴン・スコウロネクの政治的時間についての議論にわれわれを引き戻す。彼は、周期的に発生するある歴史のパターンを強調する。それは、政治学者や一般の人々によく知られている大統領は——彼にとっては、トーマス・ジェファーソン、アンドリュー・ジャクソン、エイブラハム・リンカーン、フランクリン・デラノ・ルーズヴェルト、ロナルド・レーガンなど——みな、壮大な失敗に陥った無能な大統領の後に出てきたというものである。スコウロネクは、「秩序を再創造する力の成否は、秩序を否認する権威に左右される。否認する権威によって言葉と行動が、意図と結果が、政治的秩序の再建のなかで融合するのだ」と論じる。[104] 効果的な大統領のリーダーシップとは、自由な選択や専門的な政治的コミュニケーションの実践というよりも、前の大統領の悲劇的な失敗によって可能になった機会のことを指す。行為体よりも構造の方が重要だということだが、好都合な政治的時間を元手として利用するためには、社会的承認、進取の気性、そして忍耐力が必要だ。このことを念頭に置くと、二〇二〇年の大統領選挙の課題は、私たちを救う救世主に投票することではない。むしろそれは、私たちが自分たちを救えるようになるために、現在の政治状況や資本主義の長期的なパターンを、大胆かつ勇気をもって読み解けるような候補者を選ぶことである。

　現下のめぐり合わせに孕まれている政治的な機会の構造がＤＳＡに多くの重大な問題を提起している時、

一連の激しい、そして時には手に負えない議論が、ＤＳＡの加盟者の底辺で活発に闘わされている。ＤＳＡ－ＬＡのノーリンピックス・キャンペーンが、これらの死活的に重要な問題の多くに、どのように取り組んできたかはすでに見た。

どのようにすれば、ＤＳＡが六万人強の組織から数百万人規模の組合になることができるだろうか。ＤＳＡの大テント戦略は、それを構成する諸傾向を収容しておくことができるだろうか。一般にＤＳＡと選挙戦略との、特殊には民主党との関係はどのようなものなのか。ＤＳＡが単なる政治的な付け足しに、たとえ急進的なそれであろうと、なることを回避できるだろうか。長期的な目標は民主党から独立した労働者階級による党を作ることであり、民主党の（確かに便利な）選挙基盤に頼らないような党を作ることであるべきなのだろうか。選挙にどれだけ組織としてのエネルギーを割くべきなのだろうか。ＤＳＡのキャパシティを構築するために選挙を利用する戦略とはどのようなものか。ＤＳＡの支部や個々の会員は、どのようにして全国レベルの課題と地元での闘いのバランスをとるのか。弱者や社会的に疎外された人々の苦境を改善することを目的とした、地域レベルでの危機のための組織化のエネルギーを拡散させることなく、どのようにしてＤＳＡは国家レベルの問題に取り組むことができるのだろうか。ＤＳＡはどのようにして交差的な分析を交差的なアクティビズムに転換することができるのだろうか。ＤＳＡは、社会運動の要求に根ざした、資本主義の最も鋭利な切っ先と渡り合う、変革的な「非改良主義的改良」を達成できるだろうか。ＤＳＡのメンバーであるサラ・メイソンは、「私たちが暮らし、働き、遊ぶ場所での資本の支配に挑戦する、私たちの階級の能力を高めるためには、どのような力を構築する必要があるのか」と問いかけている。[105] より広い意味では、ＤＳＡの加盟者たちはどのように、資本主義が正当なものとしてきた将来に対する不安を、そのシステムそのものに異議を唱える力に変えることができるのか。アクティビストはどのように、最終的には社会主義へと移行する「階級闘争的な民主社会主義」を促進することができるのか。[106] 資本主義を飼いならし、それに抵抗することから、資本主義を解体し、それをほかのもので代替することへ、どのように移行することができるのか。[107]

急進左派の雑木林の中心にある永遠の問いもまた残ったままである。分散型の組織化か、中央集権型の構造の構築か？　自由な形式での自発性か、目的意識的な組織の計画か？　人種、ジェンダー、セクシュアリティに比して、階級にどの程度の重点を置くべきか？　どうしたらセクト主義の宿痾を回避できるのか？　アメリカの急進左派の歴史をざっと見ただけでも、非開明的なセクト主義に溺れてしまえばもうお終いだ。連帯と運動の構築を台なしにしてしまう潜在的な分裂を回避して――とりわけ反射的な支持取り下げの文化（キャンセル・カルチャー）、極端に個人を狙い撃ちするさらし者の文化（コール・アウト・カルチャー）に向かいがちなソーシャル・メディアという大海を泳ぐ必要のあるこの時代に――セクト間の口喧嘩を避けるために、ＤＳＡはどうしたらよいのか。次世代のオーガナイザーを強化して、フレッシュで堂々とした態度で話し、書き、考えることができるようにするために、ＤＳＡはどのように組織の格子を作ることができるか？　これらのオーガナイザーたちは、労働者階級であるとはどういうことかについて、その拡張された概念を、どのように創出することができるのか。

　こうした問いに答えようとすると、ＤＳＡの支部間の差異を鈍化させる、みな一様の普遍主義に話をもっていってしまうメディア環境のためにややこしいことになる。アメリカ全土の各州に支部があるＤＳＡの、相対的に非中央集権的な自律的性格は、先の問いのそれぞれに、政治的・地理的な文脈によって違う回答があることを意味するだろう。政治的分裂は進歩派が中道派の支持に足並みを揃えることを拒否した時に起こるという、牢固たる神話に切り込むことはＤＳＡにとって容易ではないだろう。この神話には拘泥せず、米国政治における本当の分裂は、貧しい人々や社会から疎外された人々を民主的なプロセスから排除することにあるという観念に、それがおのずから置き換えられるにまかせよう。

　ロサンゼルスでのノーリンピックス・キャンペーンは、オリンピックのようなスポーツのメガイベントに挑むアクティビズムが、このことがなければ表に出なかったような政治的対話のための空間を切り開いてきたことを証明している。「歴史的なエネルギーと理想主義は需要に応じて供給されるものではない」と、アーヴィング・ハウは『社会主義とアメリカ』のなかで述べている。[108] ノーリンピックスＬＡとより広範な区域を統括するＤＳＡ－ＬＡの支部は、「歴史的なエネルギーと理想主義」をアクティビズムにもたらしてきただけでなく、ユーモアと関与（コミットメント）、そしてオリンピック・マシンを相手取った非対称的な闘いにおいてこれまで大いに役に立ってきた、インターセクショナルな展望を持っている。しかし、ＬＡでの反オリンピック活動が、景観を一変させるような介入を生み出すかどうかはまだわからない。しかし、ＬＡでオリンピックに挑む反乱的な抗議活動は、昨今の社会主義的エネルギーの高まりや、より広義には、二一世紀のアクティビズムをめぐる問題を考えるための、魅力的なキャンバスを提供してくれるだろう。内部矛盾だけで資本主義が膝を屈することはあり得ない。原則的な左派の運動なら、それができるかもしれないのだ。

即座の満足でも遅いと詰られかねない時代にあって、長年のアクティビストにしてオーガナイザーでもあるＬ・Ａ・カウフマンの、社会変革の性質と速度についての思想を検討することは重要である。

運動の軌跡は長く、緩慢で複雑なものである。抗議運動は時に直接的な譲歩を強いることがある。小規模で持続的な、目的を絞った運動は、大規模動員よりも効果的である。だが、効果的な方法は到底それだけではない。運動を組織することは科学ではなく芸術である。勝ち目がない時には抗議運動は、公開討論の用語を変えてみたり、政治的に可能なことの感覚を広げてみてもいい。抗議運動は傍観している人々に、立ち上がって行動を起こす意欲を持たせることができる。またある問題を議題に上げたり、問題に取り組む緊急性を高めたりすることもできる。抗議運動は、不正義が調和の幻想に依存しているところに摩擦を導入する。抗議運動がなす働きは、しばしばその瞬間には見届けることができない。その効果は微妙で、分散的で、触媒的なものになりがちである。もちろん、何のための闘いであろうと負ける運命にある場合もあり、抗議運動が単なるフラストレーションの叫びにすぎない場合もある。しかし他の場合には歴史の弧が正義に向かって曲がっていくこともあり、魔法のような瞬間に、しばしば突然、あなたが勝つこともある。抗議行動はいつでも信の行為であり、行動がさらなる行動に火をつけるかもしれないという賭け、そのインスピレーションがさらに予期しない方向へ向かうだろうという賭け、大胆に公共の場に立ち現われることが新しい諸勢力を動かすだろうという賭け、そして正義は勝つであろうという賭けである。

DSAは希望と可能性の時代の只中にある。彼女／彼らはこれから先に待ち受けている政治的な闘いのなかで、アクティビストたちを支えていくための集団的な力を構築しつつある。ノーリンピックスLAのキャンペーンは、この複雑な未来をどのように手繰り寄せていくべきかということについて、重要な教訓を与えてくれている。[109]

私は過去一〇年間、反オリンピックの異議申し立ての軌跡をたどるために、世界中を旅してきた。オリンピック・マシンの略奪行為を食い止めるのに、今ほど有望に思えた瞬間はない。しかし、中国の詩人、楊鍵（ヤン・ジェン）の言葉が私の頭を離れない。「私が読んだすべての本も、私が書いたすべての詩も、人生の重苦しさを軽減してくれるわけではありません」[110]。私がインタビューし、同行し、記録してきたロサンゼルスのアクティビストたちは、「人生の重苦しさを軽減」するために懸命に活動すると同時に、今日支配的な資本主義の野蛮なブランドにも挑んでいる。一九六〇年代後半、マーティン・ルーサー・キング・ジュニアはこう書いた。「資本主義はしばしば、余剰過分な富と絶望的な貧困の間に溝を残し、少数の人々に贅沢を与えるために、多くの人々から必要なものを奪うことを可能にする条件を作り出したことを、私たちは率直に認めなければならない」[111]。このような貧困と富の並存は、スキッドロウ地区の粗暴な景観が、ジェントリフィケーションによって建設されたばかりの高級コンドミニアムにのしかかっているロサンゼルスにおいて、はっきりとした証拠となって表われている。二〇二八年のロサンゼルス・オリンピックはアクティビストたちに、信用が落ちているとはいえ死んではいない資本主義を押し返すための足がかりを与えた。そうすることでオリンピックは、スポーツは「支配と抵抗という競合するイデオロギーの跡をたどり得る抗争的な領域」を形成することがあり、しかも「政治的な成果という点では何も保証されていない」

という、社会学者ベン・キャリントンの主張を照らし出したのである。[112]
中国の詩人、北島(ベイ・タオ)は、「何も保証されていない」不利な闘いについて多くのことを知っている。詩人は北京で生まれ、紅衛兵運動に、その道に幻滅するまで参加していた。彼の詩は天安門広場で朗読された。一九八九年、彼は中国から亡命した。彼は書いた。

新たなる転機(めぐり合わせ:conjuncture)、そしてまたたく星座が
さえぎるもののない天空に縫い合わされつつある
それは五千年の象形文字
それは未来の人々の見つめるまなこ[113]

これらの言葉は、不利な闘いを挑み、硬直化した権力と対決し、未来について、正義について、さまざまな問いを発している、反五輪闘争と響きあう。今回はロサンゼルスの周辺で、回答は違ったものになるかもしれない。

謝辞

これは、共同行動についての本である。であるから、共同で取り組んだものであることは何ら驚くに及ばない。まず、私の質問に時間をとって答え、私が付いて回ることを許し、しなければならない大事なことがある時でも私と考えをシェアしてくれたロサンゼルスのアクティビストたちに深く感謝したい。また、二〇一九年七月の、内容の濃い、エネルギー溢れる反五輪アクション週間を取りまとめ、私に特等席を与えてくれた東京の主催者たちにも感謝する。東京では、ロサンゼルス、パリ、東京、平昌、ソウル、ロンドン、そしてリオデジャネイロの反五輪アクティビストたちが力を合わせ、わずかな予算で、一連の素晴らしいイベントを創り上げた。私が彼女／彼らから学び、また、私の仕事を彼女／彼らと共有する空間をつくってくれたという意味でもこの上なく感謝している。あなた方の骨折りと寛大さに謝意を贈る。

寛大さということでは、本書は志を同じくする人々からのフィードバックと励ましに恵まれた。私と考えを交わしたり、原稿の一部を読んだり、この企画を強化するのに役立った資料を整理したりしてくれた以下の方々に特大の感謝を伝えたい。ベン・キャリントン、ティナ・ガーハート、デイヴ・ザイリン、井谷聡子、クリス・ギャフニー、小林桐美、ダン・バーツィー、デヴォン・パウンシー、鈴木直文、ジウマール・マスカレーニャス、ロビン・ハーネル、アラン・トムリンソン、スー・ショーンベック、メグ・エバリー、ヘレン・カルディコット。

本書で提示したアイデアのいくつかは、他所で試運転したものだ。ロサンゼルス・タイムズ、ガーディアン、ネイション、朝日新聞、ハウラー、NBCニュース・シンク、パブリック・ブックスである。私の仕事を支え、より強いものにしてくれた、これら出版物の編集者の方々に感謝したい。ジャニス・フォーサイスとマイケル・ヘインのおかげで、カナダ・オンタリオ州のウェスタン大学国際オリンピック研究センターが所蔵する重要な書庫文献にアクセスすることができた。私の研究を共有する空間をつくり出してくれたアメリカン大学のピーター・カズニックとローザ・ルクセンブルク財団ニューヨークオフィスのカゼンビー・バラグン、どうもありがとう。二〇一九年春、コネティカット大学の法学生タティアナ・マーラグとタレク・チャティラは刺激的なシンポジウム――『五輪の陰で――オリンピックが開催都市に及ぼす影響』――を開催し、私も演者として参加させてもらった。発言し、学ぶ場を与えてくれた早稲田大学と上智大学にも感謝したい。多年にわたり知的・精神的サポートを与えてくれた北米スポーツ社会学学会に深く感謝している。

プロジェクトの意義を信じて、完成した本書を目にするまで手伝ってくれたファーンウッド・パブリッシングのターニャ・アンドゥルセチコー、本当にどうもありがとう。ファーンウッドのカーラン・ファリス、キャンディダ・ハドリー、ナンシー・マレク、ジェイムズ・パターソン、ベヴ・レイチからの支援と、原稿校閲をしてくれたアンドリュー・ローウェンにもありがとう。本書の表紙をデザインしてくれたエヴァン・マーノックに大きな感謝を。長年私を支えてくれているジョーン・バロン、ルーベン・バロン、エミリー・バーガー、アンディ・バーガー、トム・ボイコフ、ニール・サンド、そしてモリー・ボイコフに、どうもありがとう。本書執筆の期間を通して、時宜にかなった信頼のおける調査補助をしてくれたジーナ・ケリーとイーモン・ハートマンにも感謝する。本研究には、オレゴン州パシフィック大学の教員向け研究助成金とストーリー＝ドンデロ賞、そして学部長室からの支援をいただいた。パシフィック大学のジーン・キャノンの、辛抱強い、目立たないところでの支援にありがとう。そして、最後の最後までそばにいてくれたヘンリ・〝ヘンリスキ〟・ワボサにも。

最後に、カイア・サンドとジェシー・ワニータの愛と忍耐なしには本書は実現しなかった。カイア、きみの素晴らしい、人とつながれる心、そして、寛大で包容力のある精神には驚嘆する。ジェシー、夕方の散歩できみがすてきな考えを話してくれたり、まったく思いもかけないようなところに喜びの小さなきらめきを見つけるのが大好きだ。未来はきみのものだよ。きみたち二人は私の世界に光をもたらしてくれる。きみたちがいなかったら、私は、真に見るということができないだろう。

補章

反オリンピックの国際連帯

オリンピック反対の集会（2019 年 7 月 24 日・新宿）。中央でスピーチしているのは鵜飼哲（本文 240～250 頁参照）。（撮影：著者ボイコフ）

反五輪・反資本主義の国際的な連帯へ

ジュールズ・ボイコフ
（聞き手：井谷聡子・鵜飼哲）

＊このインタビューは、二〇一九年七月に、本書の著者ボイコフ氏が来日した際、本書の訳者・井谷聡子氏と鵜飼哲氏によって行なわれたもので、『世界』（二〇二〇年二月号、岩波書店）に掲載された（転載にあたり、一部修正を加えた部分があります）。

――ボイコフさんは元アスリートという特異な経歴の研究者で、反オリンピック運動をリードする存在として有名です。まずはこの問題に関心をもったきっかけを教えてください。

若い頃はサッカーに夢中でした。今でも地元のポートランド・ティンバーズを応援しています。オリンピックチームである、アメリカのU－23でもプレイしました。日本にも来たことがあります。プロ・チームにいた時、エキシビション・マッチに出場し、ガンバ大阪と清水エスパルスと対戦しました。最高の時間でした。

その一方で、行く先々で観客が我々に対し反感を持っていることも感じました。当時私は一九歳で、恥ずべき事に、政治的なことには無関心で無知でした。

大学に入り、その反感がなぜ生じてきたのか、その答えが次第に分かってきました。私が現役でプレイしていた八〇年代から九〇年代初頭にかけて、サッカーが企業スポンサーを募ってオリンピック・ブランドを強化していたことなど、当時は全然知りませんでした。自分のナイーブさを恥じるばかりです。

でも私は、サッカーを与えてくださった神に感謝しています。サッカーのおかげで、私の視野は広がりました。日本を含む、見たこともない国を知ることができましたし、いま続けているオリンピックへの戦いにもつながっています。

1……二つの現実の狭間で

――今回の訪日では、七月二〇日に東京、二二日に福島を訪問しました。いまのオリンピックの準備状況についてどう思いますか。


二四日に私は、トーマス・バッハIOC会長や安倍晋三内閣総理大臣が出席したオリンピック一年前セレモニーに潜入することができました。バッハや総理大臣からわずか一〇メートルの距離に近づいたのは、驚くべき経験でした。無線機のヘッドフォンを装着した警備員が、誰もステージに接近しないよう監視していました。普段お付き合いしないような、別世界の人たちです。でもそんな世界の一端をかいまみて、彼らの語り口を観察できたことは興味深かったことです。

英語圏のメディアがどこに関心をもっているかもよくわかりました。たとえば、オリンピックの準備が間に合うかとか、会場の建設がされるかとか、チケットが売れるかとか。特に英米の記者たちが東京の準備状況を称賛していました。バッハも、東京が過去に類を見ない準備周到な都市だと強調していましたね。

どれも、私にとっては全く興味がないことです。彼らはみな、社会的強者の立場からオリンピックを見ている人たちです。私の立場は逆で、私はオリンピックを、その負の影響を受ける社会的弱者の立場から理解しようと試みるものです。すなわち、オリンピックのチケットすら買えない人々です。

バッハは、オリンピックが日本に結束をもたらすと言いました。でも、彼に訊きたい。日本にはいま、結束力が欠如しているのか、オリンピックで結束感を生まねばならない分断があるのか、と。

会場には数多くのジャーナリストがいましたが、もちろんそんな質問が許されているはずがありません。情報が一方通行に流れていっただけでした。

もう一つ気になったのは、安倍首相が用いる「復興五輪」という表現です。

では彼らは、震災による影響があった場所の地名を明言するのでしょうか。私の記憶が正しければ、″フクシマ″という地名が出てきたのは、一度だけだったはずです。その代わりに「影響を受けた地域（Affected Area）」という言葉が用いられました。とても受け身で一般的な表現です。我々はみな、何かに影響を被っていますからね。実際に起こっていることの深刻さを弱める婉曲表現なのではないでしょうか。

幸運なことに先日福島の方々にお会いする機会がありました。そこで目にしたことを私は決して忘れないでしょう。荒廃した光景、まだ復興がなされていない状況、打ち捨てられた建物を目の当たりにし、心を強く突き動かされました。

同行した科学者が持っていた放射線量測定器で測定したところ、千葉県の成田市では〇・〇四μSvでした。しかし、福島第一原発二号機に近づくにしたがって、数値が上がっていきました。最も高い数値が三・七七μSv。安全基準である（それも震災後に引き上げられたそうですが）〇・二三μSvを大きく超える数字です。恐ろしかったです。

式典参加者への立派な景品一式の中に、測定器を入れればいいのに、と思いました。彼らも同じように福島を訪問して測定器をよく見て、実際に起こっていることを知るべきです。ここは「影響を受けた地域」どころではない、実際に今でも放射線がある地域なのです。

その一方、三〇〇キロ離れた東京では、オリンピックに多額の金をつぎ込んでいる。この社会における優先順位を如実に物語っています。あまりに強烈な体験でした。日本国外から先入観を持たずにきた人々も驚愕することでしょう。

よその国に対し何に注力すべきかを指摘するのはおこがましいことですが、もしこれが自国のことでしたら、居ても立ってもいられずに、オリンピックではなく福島の復興に予算を使えと要求するでしょう。でも他国の事情について、まるでパラシュートで降りてきたような私が申し上げるのは違和感があります。そこは、ご理解下さい。

2……オリンピックと強制移動

――福島とともに東京の様子もご覧になり、移転を余儀なくされた霞ヶ丘アパートの方々にもインタビューをされました。

オリンピックを梃子(てこ)にすることで、通常では不可能だったようなやり方で都市空間を開発できます。それは様々なオリンピック開催都市で目にしたことです。幸運にもロンドンに住む機会があり、二〇一二年の大会まで滞在しました。リオデジャネイロでも大会期間まで滞在しました。いずれの都市でも同じことが起きた。高級住宅街に住む住民ではなく、貧しい人々が強制退去を迫られたのです。

今回霞ヶ丘アパートに行き、一九六四年と二〇二〇年、二度のオリンピックで住居を失うことになった住民の皆さんにお会いする機会がありました。選択の余地すらないまま、強制的に立ち退きを要求されて、コミュニティが分断されています。ショッキングでとてももどかしい思いですが、しかし、これこそがオリンピックのプロセスの一部なのです。

短期間でしたが、私の東京滞在は非常に衝撃的でした。お会いした方々はみな、非常に強い精神を持っていると感じました。東京の、巨大な祝賀ムードの中で困難なことだと思いますが、彼らは沈黙してはいません。被災地の復興にかこつけて日本国内の結束を謳う公的な語りから飛び出し、反対の意を示して立ち上がっている人々に対し、私は敬意を表します。

——東京の強制退去者の数は、リオや北京ほどではないという人もいます。

一般的に、先進国では強制退去の件数は少なくなる傾向があると思います。ロンドンでの退去者一二〇〇名に対し、開発途中の北京では一五〇〇万人、リオでは七万七〇〇〇人が退去させられました。

確かに数字は大事な要素の一つですが、しかし、それぞれの退去者には固有のストーリーがあります。コミュニティの一部だった人々が突然どこかに送られ、忘れ去られてしまうのです。これは誰かの人生なのです。これは大きな犠牲です。

オリンピックを開催するために、誰かを退去させねばならない。これは当たり前でしょうか。私は納得できない。もしどうしても人を退去させねばならないのであれば、彼らを王侯貴族のように大切に扱い、「どこに住みたいですか。皆様のための最高の場所を提供します」というのが当たり前ではないでしょうか。

でも、そうはなりません。オリンピックは潤沢な資金を、観光客やＩＯＣ役員が泊まるホテルや、スポンサー企業の役員が渋滞を避けるための道路建設につぎ込みます。そして、オリンピックの開催なんて頼まなかった一般の人々、オリンピックのせいで人生が閉ざされてしまった人々にはこう言うのです——「申し訳ありませんが、もうお金がないのです」。

これが、オリンピックでみられる「選択的道徳（selective morality）」です。資本主義下で生活するというのは、選択的道徳を生きるということです。オリンピック研究の良い点は、より明確に資本主義を観察することができるようになることです。人々の強制退去は、まさに資本主義の機能です。オリンピックはそのプロセスを加速させ、なおかつ人々が社会的に許容しやすい形に変化させるのです。

3……今さら何ができるのだろうか

――ご指摘のように、オリンピックに反対することはとても困難です。『反東京オリンピック宣言』（航思社）の編者、小笠原博毅氏［本書の訳者］が「かつてはオリンピックに批判的だった人々も、もはや回避できないのであれば、よりマシなものにしようという動きに変わっている」と指摘しました。そうした風潮の中で、我々に何ができるでしょう。

重要なのは、開催都市がどの段階にあるかです。もしオリンピックの招致を避けたいのなら、早い段階で、立候補の前に反対することです。いまは多くの都市がそうしています。活動家が連帯して拒否を明言し、住民投票を求めています。

二〇二六年冬季オリンピックの最終候補に残ったストックホルムとミラノは、住民投票を行わなかった都市です。もし住民投票があれば、議論が活発化されたでしょう。事実を並べ、真剣に議論したら、民主主義下にある人々はオリンピックなんて要らないと言う可能性が高い。

反対活動は早い時期に進めるべきです。ちなみに開催が決まった後に拒否した事例もあります。一九七六年のオリンピック都市として選ばれたコロラド州デンバーです。開催が決定しても、非常に困難ですが、住民投票は可能です。

今日、IOCが都市を選定してから、オリンピックが実施されるまで期間は約七年です。オリンピック開催が決定しても、パリやLAのように住民投票を行うために戦うことができます。もしかしたら拒否することが可能かもしれません。

IOC委員ジャン＝クロード・キリーは、立候補都市が選考期間前に住民投票すべきだと言っています。あたかも、オリンピック委員会の民主主義的な理念からくる考えのように見えますが、私が持っている内部資料によれば一九五〇年時点では、ＩＯＣは決して民主主義的な団体ではなかった。

それなのに彼らが住民投票が必要だと言い出したのは、トーマス・バッハのいう「あまりにも多くの敗者」のためです。もちろんこの「敗者」はオリンピックによって生活を奪われる被害者ではなく、招致に失敗した都市のことです。あまりに多くの都市で、反対運動によって招致が頓挫した。そのことがこうしたチャンスにつながっています。

ただ、東京は開催まであと一年を切っています。これは状況が違う。

私であれば、もし自分の都市でオリンピックが開催されるのであれば、まず被害を減らすことを考えます。オリンピックによって社会的弱者が負の影響を被らないかを確認します。あとは、活動家として関心があることについて、オリンピックへの関心で集まったメディアに届けることを考えます。英語で〝piggy-backing〟という言葉があって、イベントを利用して自分の関心のある社会問題に対する一般の関心を高めるということです。

だから、大会が終わるまで座して待つしかないというわけではありません。大会期間中は世界中のメディアが東京に押し寄せます。それは、オリンピックの負の側面について語る機会でもあるのです。

4……国際的な連帯を

――東京では、反オリンピックを訴える国際的なシンポジウムにも参加されました。

私が東京で目にしたものは非常に歴史的で、いろいろなことを考えさせられました。一〇年以上運動を観察してきましたが、数多くの国際団体が集結したシンポジウムをはじめ、ここまでトランスナショナルに運動が展開しているのは見たことがない。リオデジャネイロでの反対運動で生まれたサイト「リオ・オン・ウォッチ」のようなリソースハブができれば、関心のある人が他の都市の問題も含めて、わかるようになると思います。

七月二四日に新宿で行われた反五輪の抗議活動も見ましたが、大変まとまりがある良いものだったと思います。新宿のネオンの陰から、買い物客たちが興味深そうに見ていましたね。それから、デモでは複数の言語が用いられていました。美しい言語の織物でオリンピックに抵抗する、驚くべき光景でした。

一つ気づいたこととして、国際的な連帯は、警察の深刻な圧力を弱体化する方法でもあります。常にカメラで様子を撮影している外国人を弾圧することは考え難いですよね。

ただやはり、活動を組織することは、簡単そうに見えて非常に難しいのです。地元の都市だけでもまとまることは難しい。東京の活動家の国際的な連携作業はすばらしいものです。

オリンピックはあくまで一時的な現象です。オリンピックは、原子力問題や強制退去問題など、異なる関心を持った団体間の一時的な連帯と協働をもたらしますが、大会が終わったら自身の活動家としての情熱を注ぐ分野に戻っていく。

反対運動の成果を維持し、継承するためにも、国境を越えた連帯が必要です。人々の関心を継続して高め、学んだことを記録し、複数の言語に翻訳し、次にオリンピックの都市となる場所に拡散すること。それが連帯の大きな目標の一つであるべきだと思います。

だからこそ、現在東京で起こっていることは重要です。多国籍の活動家が実際に顔を合わせ、インフォーマルな時間を共に過ごしてお互いを知り合った。これを「強い絆（strong tie）」と呼びます。これがあれば、人々はより直接的な行動をとる傾向が強くなり、遠いゴールに向けて長期的に闘おうと思うようになります。

5……資本主義を問う

――資本主義について改めてうかがいます。二〇二八年招致が決定したロサンゼルス（LA）では、熱心な反資本主義運動が展開されています。

東京の反対デモにも、アメリカ民主社会主義者のTシャツを着た人がいましたね。実際、資本主義と向き合わなければ、オリンピックを理解することは難しい。われわれは資本主義について議論すべきです。過去の開催都市における資本主義を深く分析し、その搾取に正面から立ち向かうべきです。

LAでは、オリンピックが国際企業の土壌にされようとしています。東京では企業のスポンサー料が三〇億ドルの新記録に達しましたが――おめでとうございます！――、LAではさらにそれを超えようとしています。別にボランティアをしているわけではなく、資本主義の論理でオリンピックに投資をしている。

LAの活動家がもっとも注力していることは住宅問題です。LAでは住宅が非常に不足しています。なのになぜホテルを建設し、観光客を助けなければならないのか。市長は、資本主義経済のために、住居ではなくホテルに投資すると言っており、それに対してラディカルな反対運動が展開されています。

LAには今、LAテナント・ユニオンという活動グループがあって、東京にも二名が来ていました。彼らは各地に仲間を派遣して住宅問題について話し合い、お互いの問題への適用を模索しています。

思うに、反オリンピックの活動の利点は、住宅問題だけでなく、住宅を持つことのできない人々の問題についても取り組めることです。

最近の数字ですが、LAでは六万人が正式にホームレスと認定されています。昨年より一六％も上昇しました。スキッド・ロウ（テント生活者やホームレスで溢れるダウンタウンの一角）には国連の調査も入りました。調査によれば、ここでのトイレの数は、シリアの難民キャンプよりも少ないそうです。

これはチャンスです。ラディカルな反資本主義活動家でなくても、LA住民であれば、深刻なホームレス問題の存在は知っています。このような、人々がすでに知っている問題を、自らの運動に連結させることで、人々に住居を提供し、路上生活から立ち直らせる機会にもなります。

最近ハービア・フランコ（ハービィ）という人にインタビューを行いました。彼とはストリートウォッチ（路上監視）という活動で出会いました。警察がホームレスの排除を行っている時にカメラを持って、その様子を撮影する活動です。

私が住む街の急進的活動家、アブラハム・ムバラクから学んだことですが、家がなくても、ホームを持つことはできるのです。テントであっても愛着を持てる空間を作ることができます。だからホームレスとハウスレスという言葉は意味が違うのです。

ハービィは開口一番、私に「アウシュビッツへようこそ」と言いました。非常に衝撃を受けました。「ユダヤ人への配慮を欠くつもりはないけれど、人々がこの地区に監禁されて、警察に常に監視され、別のキャンプやシェルターに送還されている姿はまさにアウシュビッツだ」と。

LAの住民は、目の前の資本主義についてはよく知っています。しかし、ホームレス問題が資本主義の問題によるものだと全員が知っているわけではない。だからオリンピックの活動家達は、問題提起をしているのです。

世論調査によれば、今も社会主義が支持を伸ばしています。私は現在四八歳ですが、こんな状況は見たことがない。これもオリンピックがもたらしたものです。

――それはオリンピックが人々を強制退去させ、家賃を高騰させているからです。東京では、一九年七月から選手村が不動産市場で売買されています。二〇二三年まで入居できないのに、よく売れているそうです。

選手村にも大量の税金が投入されていますが、それがどのように利用されるのか、人々が意見を述べる機会はほとんどないまま、最終的に分譲されるわけです。

ロンドンやバンクーバーでは、選手村は国有化されました。開発権を落札した企業が破綻したからです。財政援助を受けて国有化された。でも、そうであれば、貧しい人たちのために、例えば生活に困窮しているシングルマザーにオリンピック選手村を提供する選択肢もあったはずです。それを市場で販売するのは、私たちが下した決断です。でも、その決断は、社会全体を考えたものではなく、資本家を優遇したものです。

6……アスリートとの連帯可能性

――日本では、「アスリートのため」ということが、オリンピックを正当化しています。しかしあなたのように、オリンピックへの疑問を持つアスリートも多いと思います。彼らを巻き込むことはできないでしょうか。

まず、オリンピックのアスリートへの効果は競技によって異なります。たとえば、NBAのバスケットボール選手にとってはよいことでしょう。オリンピックはプロ選手の参加も認めていて、彼らが企業スポンサーを得るうえで、オリンピック出場の意味は大きい。

しかし、オリンピックは大半の選手にとって、ただ一方的に費用がかかるだけのものです。オリンピックがアスリートにとって魔法のような経験をもたらす側面もありますが、そこでお金は失われている。メダルを得たとしても、大差はありません。アメリカでも、多少報奨金は上げたようですが、微々たるものです。

でも、IOCの役員を見てみてください。彼らには九〇〇ドルの日給が払われ、さらに五つ星ホテルへの宿泊のような、様々な恩恵が与えられます。三週間いれば二万ドルですからね。アスリートが人生をかけて獲得したメダル以上の金額が与えられる。選手がどのように見なされているかをよく示しています。試合を見ながらいびきをかいているような連中が、生涯鍛錬してきた自分たちをさしおいて日給九〇〇ドルも得ている――このような情報が表面化したら、アスリート達が異議を唱えて団結するかもしれません。こうなれば逆転劇です。オリンピックを変えられるかもしれない。

アスリートたちの政治的な結集は、アメリカではすでに起こっていることです。

たとえば、我々の大統領が人種差別主義者であるという悲しい事実が、一方で、アスリートの運動を活性化しました。トランプの影響で、ツイッターや表彰台の陰で人種差別的発言をする人たちが出現しましたが、アスリート達も黙ってはいなかった。ここに、アスリートと活動家が、一緒になる可能性が出てきた。もし特定の問題について発言するアスリートと協働できれば、運動を前進させる方法の一つとなるでしょう。

発言することを厭わない今日のオリンピックのアスリートに、私は深い畏敬の念を覚えます。アスリートとしての活動と、政治について考えることとを両立できるのは尊敬すべきことです。

私の著書『オリンピック秘史』（早川書房）を読んで、個人的にコンタクトを取ってきたアスリートもいました。今までの努力が報われた思いでした。スポーツと社会をめぐる問題に関心をもつアスリートがおられるなら、喜んで協力したい。オリンピックに抵抗するうえで、アスリートの活動家はとても効果的な存在です。

――最後に、オリンピックの将来についてお聞かせください。

パリとLAは、引き続き注目すべき火種だと思います。どちらも強い反オリンピック団体がいて、住民投票を求めています。もし二都市の開催が止められたなら、状況は変わる。パリで住民投票が実現したら、非常に大きいですね。

いずれにせよ、オリンピックを主催したいと思う都市は減っています。もし我々がオリンピックの選考に関する全ての情報が提供される民主主義社会に暮らしているならば、オリンピックを終了させることは可能なのです。

先ほども言った通り、動機はともあれ、IOCは住民投票を容認する姿勢を見せ始めています。それがどれだけ真剣かにもかかってきますね。

（二〇一九年七月二五日収録）

ジュールズ・ボイコフと批判的オリンピック研究

井谷聡子

私がジュールズ・ボイコフと「出会った」のは、今から一〇年ほど前、米国ミネソタ州ミネアポリスで開かれた二〇一一年の北米スポーツ社会学会でのことだ。トロント大学の博士課程に在籍中だった私は、バンクーバー冬季五輪に伴うカナダの環境破壊や、先住民であるファースト・ネーションズのテリトリーの侵犯、バンクーバー市におけるホームレスに対する弾圧や反五輪運動などについて調査していた。他に参考になる研究はないだろうかとプログラムのページをめくっていたら、二〇一二年のロンドン大会における反五輪運動についてのボイコフの発表が目に留まった。アクティビストの目線からスタートし、詳細かつ膨大なデータで議論を支える彼の発表は、当時、北米スポーツ社会学会においてまだ主流でなかったオリンピックの批判的研究に新しい風を吹き込むものだという予感があった。

発表がとても印象に残ったとはいえ、当時はまだ東京２０２０の開催は決まっておらず、その先一〇年にわたり、彼の批判的オリンピック研究を追いつつ交流を深めていくことになるとは、その時はまったく予想していなかった。だがその二年後に、本書出版につながる日本とボイコフのより具体的なつながりが生まれる。二〇一三年九月七日、国際オリンピック委員会（ＩＯＣ）がこともあろうに、当時の安倍首相が放った大嘘、「〔福島第一原発事故の〕状況は、統御されています（アンダー・コントロール）」を鵜呑みにし、東日本大震災の傷跡がまだ生々しく残っていた日本に二〇二〇年大会を持ってくることを決めたのである。

東京開催が決まった時、ボイコフは二〇一四年にブラジルで開催されたＦＩＦＡワールドカップとその二年後に予定されていたリオデジャネイロ五輪のためにブラジルに移り住んで研究を続けていた。現地の人々と直接言葉を交わすためにポルトガル語を学び、そこに住むことでスポーツ・メガイベントがやってくる街で何が起こるか、人々の視点から理解しようとする彼の姿勢は、東京２０２０の問題も取り扱った本書にも貫かれている。本文に書かれてはいないものの、ボイコフは日本での五輪開催が決まった後、日本語を学び始めた。英語を第一言語とする彼が日本語を習得することの難しさについて弱音を吐くのを聞いたことがある。期待したほど順調には進まなかったのだろう。それでも、二年ごとに国境を跨いで移動するオリンピックが開催都市に暮らす人々にもたらす影響について研究する上で、少しでも現地の人々の言葉を聞き、自分の言葉で交流したいという彼の思いが伝わってくるエピソードである。

二〇二〇年の開催が決まってからの七年間、東京２０２０は招致活動における収賄容疑からロゴの盗用、スタジアムのデザイン変更から工事関係者の死、劣悪な競技環境から聖火リレー会場の放射能汚染、ホームレスの弾圧から霞ヶ丘アパート住民の強制立退など、次から次へとスキャンダルと人権侵害による醜聞に染まっていく。しかし、東京２０２０の返上を求める声は、オリンピックスポンサーとして名を連ねる主要メディアで取り上げられることはほとんどないまま、開幕一年前を迎えようとしていた。

風向きが大きく変わり始めたのは、二〇一九年七月、東京２０２０の開幕一年前（になるはずだった）に合わせて開かれた国際反五輪サミットである。開催前に東京の状況を見ておきたいと語っていたボイコフに、一年前のタイミングでおことわりリンクが反五輪イベントを計画しているので参加しないかと誘うと、すぐに「ＹＥＳ」という返事が返ってきた。そこからあれよあれよという間に世界各地で反五輪運動を続けていた人々のネットワークを通じて一年前イベントの情報が広まり、本書で詳細に綴られている史上初の反五輪国際サミットが形作られていった。

そして、福島第一原発事故がまったくアンダー・コントロールではない日本にボイコフはやってきた。彼の友人で著名なスポーツジャーナリストであるデイヴ・ザイリンとノーリンピックスＬＡ（NOlympics

LA）の活動家たちと共に。その前に来日したのは、彼がサッカーのアメリカ代表として日本で試合した時だというから感慨深いものがあったに違いない。

彼がオリンピックチームに選ばれたことのある元エリート選手であることが度々取り上げられるが、スポーツ研究界隈では、研究者が元アスリートであることは多く、エリートレベルで競技した選手もそれほど珍しくない。自分が幼少期から多くの時間を過ごし、色々なものを犠牲にし、また多くのものを得たスポーツを自分の研究フィールドとして選ぶこと自体は、何ら不思議はない。

オリンピック研究も同様である。オリンピック研究に携わる人には、オリンピックを夢見た元選手たちが多く、元オリンピック選手も一定数含まれる。だが、ボイコフが他の研究者と一線を画し、大いに注目に値するのは、彼自身とオリンピックとの関係性に対する内省的な思考と、周縁化されてきたオリンピックに抵抗する人々の声に耳を傾け続ける姿勢ではないだろうか。実際にボイコフ自身は、自分を「オリンピック研究者」とは思っていないと語っている。

ボイコフとオリンピックの関わりとその変化は、彼のオリンピックに関する二冊目の著書『*Activism and the Olympics: Dissent at the Games in Vancouver and London*』[▼1]に詳細に書かれている。冷戦時代が終焉に差し掛かっていた一九九〇年、アメリカの同盟国であるフランスで米国代表選手としてプレイした。しかしそこで彼を迎えたのは、同盟国選手への大声援ではなく、フランス人観客の冷ややかな対応だった。それは、米国チームが世界のスター集団ブラジル代表と戦った試合だけでなく、ユーゴスラビアやソビエト連邦など、当時の東側諸国との対戦でも同様だった。彼はその時の心境を、「困惑したと同時に好奇心をそそられた。そこに何かがあることは感じたが、十分には理解できなかった」と記している。スポーツと政治の関係に鋭く切り込む研究者、ジュールズ・ボイコフのスポーツに対する批判的思考が芽生えた瞬間である。

オリンピックの負の側面を炙り出す研究は、一九八二年のロサンゼルス五輪を契機としたオリンピックの商業化と共に徐々に広がりを見せ始めた。だが、それは主にスポーツジャーナリストや開催都市に暮らす活動家の手によるものが多く、アカデミアのオリンピック研究は、相変わらずオリンピックの「内部者」によるオリンピック賛歌が中心だった。少数の例外としては、ジェンダーとセクシュアリティの視点からオリンピックのイデオロギーや実践を批判してきたヘレン・ジェファーソン・レンスキーやジェニファー・ハーグリーヴス、スペクタクルとしてのオリンピックとそのイデオロギーを批判してきたアラン・トムリンソンなどが挙げられよう。だが、これらの研究が社会で広く読まれ、オリンピックのあり方や、「オリンピック研究」という領域そのものに大きな影響力を持つには至らなかった。

それが大きく変わり始めたのが二〇一〇年代である。これまでスポーツの批判的研究を行なってきたベテラン研究者たちがオリンピック問題に焦点を当てるようになると共に、若手の研究者を中心に、経済問題だけでなく、自然破壊やホームレスの排除、開催都市に暮らすセックスワーカーの経験や先住民の権利と暮らしへの影響など、オリンピックを取り巻くさまざまな問題へのアプローチが見られるようになる。二〇一二年には、レンスキーと、ステフェン・ワグが編者となり、オリンピック支持派と反対派の研究を意図的にまとめた大著『*The Palgrave Handbook of Olympic Studies*』が出版されている。

批判的オリンピック研究に関するものとしては、二〇一三年に最初の著書を刊行して以来、ボイコフは二〇二〇年までに四冊もの著書を世に送り出してきた。今回の本書は、日本語翻訳版も出された『オリンピック秘史――一二〇年の覇権と利権』（早川書房）に続く一冊であり、これまでの著作とはまた異なる意味を持つ。「はじめに」にもあるように、二〇一六年の『オリンピック秘史』をもってオリンピック研究に一旦区切りを付けようと思っていたボイコフ氏は、その後、深刻な問題が山積している東京2020の状況と、二〇二八年大会を控えたロサンゼルスで若者を中心に立ち上げられたノーリンピックスLAの効果的で想像力に富んだ抵抗運動を目撃することになる。これらの状況と反五輪運動の盛り上がり、その

▼1　Jules Boykoff (2014) *Activism and the Olympics: Dissent at the Games in Vancouver and London*. New Brunswick, New Jersey, and London: Rutgers University Press.

重要な意義に鑑み、「これだけは書いておかねば」と筆をとった魂のこもった一冊である。

本書は全四章から構成され、第1章は、本書のテーマとなるオリンピックの組織としての問題、引き起こされる社会問題、そしてオリンピック反対運動の歴史を読者にわかりやすくまとめている。また、近年の運動の傾向として、オリンピックと新自由主義、グローバル資本による人々の搾取という側面に注目した民主社会主義運動のグループによる活動が活発化してきた系譜をたどることで、本著のメインテーマであるロサンゼルスにおける反五輪運動へと章と継いでいる。

第2章は、二〇二八年のロサンゼルス大会の招致活動と招致成功後のプロセス、そして一九八六年大会とのつながりから明らかになる市と組織委員会の癒着、市民の生活ではなくごく一部の金持ちに大金を流し込むIOCの招致制度など、いかにオリンピックが一部の資本家と政治家らによる公共空間と税金の吸い上げ事業であるのかを「商業化オリンピック」の原点ともなったロサンゼルスから詳細に明らかにする。

第3章は、反五輪運動の発展とノーリンピックスLAの運動戦略に焦点を当てている。これまでオリンピック反対運動が繰り広げられる現場に何度も長期にわたって滞在し、活動家とつながりながら反五輪運動を詳細に記録してきた筆者の知見と経験が最も光る章と言える。ハリウッドを有するロサンゼルスならではと言えるが、多様で有能、創造力に富む若者たちが、IT技術や言語力を駆使しながら過去と未来の開催国の反五輪活動とつながり、そのなかでオリンピックの問題の共通点を系譜的に理解し、わかりやすい形で情報を発信しようと活動している。同時に、オリンピックがもたらす広範囲な影響を受ける人々、特に移民が多く住み、家賃が比較的低めに据え置かれている地域を狙った都市再開発から住民たちを守るため、重点地域を見極めた上で一戸ずつ訪ね歩き、オリンピック関連開発による立ち退きの危険性を知らせ、運動への参加を呼びかけるという地道な活動も行なっている。活動内容は広範に及ぶが、活動家たちの燃え尽きを防ぎ、効果的に活動を展開していくための取捨選択を「戦略的優先順位付け（トリアージ）」と呼び記述している点も興味深い。

本書が東京と一番明確に結びつくのは、この章の後半から最終章である。本書では、こうしたノーリンピックスLAの活動戦略上の重要な転換点として、二〇一九年七月に東京で行なわれた国際反五輪サミットを取り上げている。東京2020が日本社会にもたらしている問題を理解し、世界各国からやってくる反五輪アクティビストたちとのつながりを求めて、ノーリンピックスLAはファンドレイジングによって一八人ものメンバーを東京に送り込んだ。二年ごとに移動するというオリンピックの性質は、反対運動のノウハウやつながりの醸成を難しくする。そうした困難を克服し、いかに国際的な連帯ネットワークのなかで効果的な運動を形作っていくのか、その難しさとストラテジーについてお互いから学び、また一つの開催都市だけでは難しい情報の蓄積と交換のためのプラットフォーム作りも行なわれた。これを通じて生まれる新たな活動戦略と圧倒的な情報量、そして何より世界各地に散り、場所によっては少人数で展開されている反五輪運動を続ける勇気とエネルギーは、今後の反五輪運動の国際的な流れに重要な意味を持っている。オリンピック問題を超えてつながる国際的な社会運動への重要な示唆も含まれた章である。

東京2020の招致が決まった二〇一三年にインターネット上に溢れた「そんな余裕が今の日本のどこにあるんだ」という人々の呆れと驚きは、コロナ禍に喘ぐ今日の日本で怒りに変わりつつある。日本の反五輪運動が掲げる「オリンピック災害おことわり」という言葉にもある通り、次々と社会的、環境的災禍に見舞われる今日の日本、いや世界において、人々がどのように巨大権力・資本に抗い、地球環境の未来を、コミュニティの未来を人々の手に取り戻すことができるのか、その戦いのシンボルとも言える活動の一つとして、「オリンピックはどこにもいらない（NOlympics Anywhere）」運動の記録の一つとして、本書が多くの読者の手に届くことを期待している。

世界と日本の反オリンピック運動の合流

鵜飼　哲

本書の著者ジュールズ・ボイコフ氏は二〇一九年七月に来日、東京五輪開催予定一年前の反五輪国際連帯ウィークに参加した。早稲田大学で開かれたシンポジウムで基調講演の講師を務めると共に、研究者およびジャーナリストの立場で日本の反五輪運動を多角的に取材した。海外からの参加者のうち、クラウドファンディングで旅費を調達して大挙来日した米国ロサンゼルスのグループは、いわば本書の主人公たちだ。平昌冬季五輪の反対運動を担った韓国のグループ、二〇二四年パリ大会に反対するフランスのグループも、この出会いの場に貴重な貢献をもたらした。ボイコフ氏は彼女／彼らと親しく交流した。その取材の成果は本書の随所に生かされている。そこに現在の反五輪運動の、国境を越えた共同作業の結実を認めることができる。

ボイコフ氏は前著『祝賀資本主義とオリンピック』（二〇一四年）で、二〇一〇年のバンクーバー（カナダ）冬季五輪に反対する地域住民運動を綿密に取材し、現代オリンピックの実践的批判の思想性、組織形態、文化的作風を鮮やかに活写した。▼1 本書でも繰り返し述べられているように、かつて五輪アスリートだったボイコフ氏は、五輪開催地で反対運動を担う人々と出会い、言葉を交わし、運動の感触に直に接すること、反五輪運動の語り部になることを、とても大切な人生の営みとしてきた。氏の一連の著作や発言を通じて、資本の祭典と化したオリンピックへの対抗運動が、二一世紀になってなぜ急速に拡大し、その理路が世界の共通言語になりつつあるのかが明らかになった。また一方、大会を招致するそれぞれの国および都市にオリンピックとの関わりの固有の文脈があり、反対運動は陰に陽にその文脈に規定され、それに抗いつつ形成・発展してきたことも見えてきた。そして今や反対運動はオリンピックの歴史の付随的な挿話、光に対する影ではなく、来るべき民主主義的社会関係の萌芽を育む、貴重な運動経験として注目される存在となった。

この新たな展望のなかで、日本のこれまでのオリンピック、そしてオリンピック反対運動も、従来とは違う光のもとに現われる。日本でもまた、オリンピックについて別の物語が語られ始めている。ここでは二〇二〇年東京大会に対する異議申し立ての一参加者の立場から、この運動の成り立ちとこれまでの取り組みを本書の内容に関連させつつ報告し、近代五輪と日本の関係について運動のなかから見えてきたことを簡潔にスケッチすることにしたい。

東京都は二〇〇六年、二〇一六年大会の開催都市に立候補した。そして東京の五輪反対運動もその時点で誕生している。石原慎太郎都知事のもとで進められたこの招致活動は「アジアに開かれた五輪」を理念に掲げた福岡市と競合し、かなり強引に東京での二度目の開催案を押し通した。この招致案では神宮外苑地区ではなく湾岸地区が首都再開発の中心に位置づけられ、メインスタディアムは晴海に建設されることになっていた。

▼1　Jules Boykoff, *Celebration Capitalism and the Olympic Games*, Routledge, 2014. 同書の第四章が『反東京オリンピック宣言』（小笠原博毅・山本敦久編、航思社、二〇一六年）に、ジュールズ・ボイコフ「反オリンピック」（訳・解説：鈴木直文）として収められている。

この招致活動は失敗し、三一回大会の開催都市はブラジルのリオデジャネイロに決定した。これで石原都知事は五輪に対する意欲を失い、次大会招致に再挑戦する意向はないと見られていた。その時、都知事に働きかけ重い腰を上げさせたのは、二〇〇五年に日本体育協会（二〇一八年に日本スポーツ協会に改称）会長に就任し、二〇一五年まで日本ラグビー協会会長でもあった森喜朗元首相だった。森元首相の当初の目的は表向き、ワールドカップ開催の条件とされていた観客八万人収容のスタジアム建設を、霞ヶ丘地区の国立競技場の建て替えによって実現することだった。ところがこの計画は神宮外苑地区全体の再開発に群がる大規模な利権の発生と結びついていた。歴史的風致地区に指定され、厳しい建築制限があり、国有地、都有地、民有地が複雑に入り組んだこの地区が、二〇一六年の招致計画では制度上再開発は困難と結論されていたことを考えれば、この方針転換の裏に、政界、財界、スポーツ界を貫く巨大な力が働いたことは想像にかたくない。二〇年大会の経緯に森元首相が登場するのはここである。招致決定後、彼は大会組織委員会会長に就任する。[2]

一方、東京都の招致ファイルでは、二〇年大会は一九六四年の一八回大会の施設を再利用するため、環境に負荷をかけない、予算規模も七〇〇〇億あまりの安上がりなものとされていた。ところがいったん招致が決定されると、決定以前の二〇一一年から国立競技場の建て替えが検討されていたことが判明した。東京大会に対する反対運動は二〇一六年招致の段階から反対の声を挙げていた「東京にオリンピックはいらないネット」のほか、「反五輪の会」「神宮外苑と国立競技場を未来に手わたす会」など、招致を奇貨として推進される大資本主導の再開発による生活環境の破壊に脅かされた、地域住民の異議申し立てから始まった。[3]

二〇一一年三月に起きた東日本大震災は、東京五輪問題の性格を大きく変えた。より正確に言えば、大手不動産会社やゼネコンの利害と深く結びついた当初からの基本性格は不変のまま、問題の政治的意味合いがはるかに複雑になり深刻化した。二〇〇九年に成立した民主党政権は五輪招致に消極的で、まして震災以後はその対応に完全に忙殺されていた。それに対し、二〇一二年一二月に政権に復帰した自民党は第二次安倍内閣のもと、震災と福島第一原発事故によって引き起こされた危機的状況を突破する目的で、五輪開催に戦略的な位置づけを与えた。地震・津波による甚大な人命の喪失、生活基盤の無残な破壊に見舞われた被災地の現実、再臨界の回避と廃炉作業だけで数十年を要する原発の廃墟を前にして、可能な限り多くの社会的リソースを、被災者が真に必要とする復興事業に集中することが急務であることは誰の目にも明らかだった。ところが、猪瀬都知事にトップが変わった東京都と自民党政府は、被災地住民の意見を問うことなく、勝手に「復興五輪」を旗印に掲げて招致運動を展開した。東京招致が決定した二〇一三年九月のブエノスアイレスにおける国際オリンピック委員会（ＩＯＣ）総会で安倍晋三首相は、原発事故は完全に制御されているという明白な虚言を弄した。東電の幹部でさえ耳を疑ったこの露骨な嘘は、後に露見する賄賂工作とともに、五輪の開催権を手に入れるために、招致委員会が手段を選ばない活動を展開したことを証してあまりある。

東京開催決定の報に接した震災被害者、とりわけ原発事故によって生活基盤を奪われた人々からは、「あなたたちの喜びはわたしたちの悲しみです」と述べた「いわきの初期被曝を追及するママの会」の声明など、臓腑から絞り出されたような怒りの声が上がった。しかし、招致決定以前は震災後の日本の状況はオリンピックどころではないと考えていた良識の声は、オリンピックをやることになった以上、原発事故の影響は思ったほど深刻ではなさそうだという、広告代理店の先導、マスメディアの共犯のもとに組織された印象操作によって圧倒されていった。国会や都議会でも、山本太郎参議院議員一人を除き、全会一

▼2　二〇年大会招致の初期の経緯については渥美昌純「法規制や天皇関係を無視する新国立競技場建設を許すな——国立競技場将来構想有識者会議の議事録を中心に」、谷口源太郎（インタビュー・鵜飼哲）「東京五輪をスポーツ・ナショナリズムの『終わりの始まり』の契機に」（いずれも『インパクション』一九四号「返上有理！　２０２０東京オリンピック徹底批判」インパクト出版会、二〇一四年四月に収録）を参照。

▼3　小川てつオ「オリンピックと生活の闘い」（前掲『反東京オリンピック宣言』収録）、森まゆみ編『異議あり！　新国立競技場——２０２０年オリンピックを市民の手に』（岩波ブックレット、二〇一四年）を参照。

致でオリンピック成功のために協力を誓う決議が採択された。五輪翼賛体制を確立することで安倍政権はヘゲモニーを握り、以後八年に及ぶ長期政権の礎を築いた。皮肉なことに、放射能の代わりに日本の世論が制御下に置かれたのだ。

しかし、五輪推進勢力内部の政治的・経済的覇権をめぐる暗闘は、猪瀬都知事の金銭スキャンダルによる辞任という形でたちまち表面化した。そして都知事選では、脱原発を掲げる細川護熙元首相が小泉純一郎元首相の支援を受けて立候補し、オリンピック行事の一部を、福島を含む被災地で行なうことを提唱した。当時一〇万人を超える人々が参加していた反原発運動は、この選挙を機に大きな曲がり角にぶつかり退潮に向かう。原発事故一〇周年を迎える今日、原発再稼働を目的とした原子力マフィアのさまざまな策動のなかで、東京五輪が持った戦略的重要性をしっかり認識し直す必要があるだろう。

東京の反五輪運動形成の第二段階はこの局面から始まり、二年後の『オリンピック災害』おことわり連絡会」の結成に至る。言論界では雑誌『インパクション』が二〇一四年四月に「返上有理！　2020東京オリンピック徹底批判」と題する特集を組み、五輪拒否の多様な声が響く社会空間が開かれた。また二〇一六年には批判的スポーツ学や文化研究に携わる研究者を中心に『反東京オリンピック宣言』（航思社）が出版され、ボイコフ氏の仕事を含む世界の反五輪アクティビズムの現状を広く報告するとともに、五輪批判の理論的根拠の探求、東京五輪招致によって露呈した思想問題の分析など、数々の犀利な論考が世に問われた。同時期「反五輪の会」は、新国立競技場建設のため強行された明治公園の解体による野宿者の追い出しや、霞ヶ丘アパートの取り壊し、住民の退去強制に反対する運動に取り組むとともに、二〇一六年リオ大会の反対運動に現地でメンバーが参加し、地域住民闘争の国際化への重要な一歩を踏み出していた。

二〇一六年八月に千駄ヶ谷区民会館で結成の集いを持った「『オリンピック災害』おことわり連絡会」は個人参加を原則とするゆるやかな共闘組織である。メンバーのなかには反原発、反天皇制、反差別・排外主義、反監視社会、女性解放、野宿者支援等の個別テーマで社会運動に関わってきた人々、教育現場の諸問題に取り組んできた人々、「もう一つのグローバル化」を追求する国際運動に参加してきた人々などがいる。本書でボイコフ氏が参照している運動学上の概念を用いるなら典型的な event coalition（イベント連合）だが、やはりボイコフ氏が指摘するように、東京五輪に反対する四年あまりの運動の積み重ねを通して、次第に国際的なオリンピック反対運動という「時空横断的な社会運動」への関与を深めてきた。

強調しておかなければならないのは、『オリンピック災害』おことわり連絡会」の参加者の間で、オリンピックに反対する理由はけっして一様ではないということだ。学校での体育教育に始まる現在のスポーツ文化全体を拒否する立場、スポーツを愛好するがゆえにそれを歪める制度としてオリンピックを否定する立場、オリンピックに改善の余地を認めるがゆえにその現状を厳しく批判する立場など、各自の身体的記憶と不可分な思想的スペクトルはとても広い。これだけ多様な立場の人々が、今回の東京五輪は論外という判断で一致しているのである。この連絡会の運動は社会学的に言えば「活動的な少数派」に違いないが、参加者が同一の考え方のもとに結集しているのではない。

これは他国の反五輪運動にも見られる事情で事柄の本質に属することと言っていい。本書でボイコフ氏もLAのグループとのスタンスの違いにたびたび言及しているが、運動内部の見解の相違は運動体の生命であり、その隔たりは論じ合い、学び合う空間そのものだ。だからこそ社会運動が民主主義を学ぶ場、学び直す場となり得るのではないだろうか。

「『オリンピック災害』おことわり連絡会」はまさに学び合いの場である。とりわけ連絡会の年長の友人たちとの交流は豊かな運動経験となってきた。長く障害者教育に関わった元教員の北村小夜さんは、戦前の日本社会のオリンピックに対するファナティックな熱狂を想起するとともに、障害者を分断するパラリンピックの危険に目を開かせてくれた。一九八八年大会の際に名古屋で招致反対運動に参加した元教員の岡崎勝さんは、体育教育批判の観点から、目的を果たした招致反対運動の経験を伝えてくれた。一九九八年の長野冬季五輪反対運動を担った染色家の江沢正雄さんは、大会施設が「負のレガシー」となった地域のその後を詳しく語り、国策と大資本に抵抗する市民運動の難しさと楽しさを教えてくれた。オリンピック批判を生涯のテーマとするスポーツ評論家の谷口源太郎さんは、オリンピックが草の根的なスポーツ文化の発展を阻害してきた構造的要因、日本オリンピック委員会の政治権力との癒着の歴史を具体的に解き明かしてくれた。『おことわり』連絡会」は集会・デモ・スタンディングなどの情宣活動のかたわら、こうした友人たちも含めた活動家・研究者の相互学習の場を定期的に持ち、その成果をパンフレット『東京五輪に反対する20の理由』[4]、単行本『で、オリンピックやめませんか？』[5]の二冊にまとめた。また、福島で反原発の闘いを続ける人々との連帯も模索してきた。ささやかながらこうした蓄積のうえに、最初に触れた二〇一九年七月の反五輪国際連帯ウィークが実現したのである。

前回の東京五輪を小学生の時に経験した私も、今回の反対運動に参加するなかでたくさんのことを学んできた。なかでも大会組織委員会が一六年以降語り始めた、「日本におけるオリンピックはつねに復興五輪」という物語には特別の注意を払ってきた。[6]それまで私は、「ライバルは一九六四年」という開催準備初期の広告代理店のコピーなどから、二度目の東京大会は高度成長期の日本への郷愁を養分とした「リサイクル・ナショナリズム」のプロジェクトと見ていた。ところが組織委員会は一九六四年大会の背後に、日中戦争の激化のために返上されて幻に終わった、一九四〇年大会の亡霊を引きずり出してきた。一九四〇年大会は一九二三年の関東大震災からの、一九六四年大会は戦災からの、そして二〇二〇年大会は東日本大震災からの「復興五輪」というわけだ。その同じストーリーラインのうえで、今や「人類がコロナに打ち勝った証」という無責任きわまりないお題目が掲げられている。

一九六四年大会についても大きな発見が二つあった。一つは戦後民主主義的な国民的合意のうえに成功した祭典と言われてきたこの大会にも有力な反対意見があり、また首都高速道路や東海道新幹線を含む五輪準備の突貫工事で三〇〇人を超える人命が失われたという事実である。もう一つはこの大会が、返上された一九四〇年大会のリベンジとして、一九五二年の日本の独立直後から戦後復興の到達点として計画されていたという、戦前からの連続性である。そして一九四〇年大会自体については、神話上の初代天皇神武の即位から二六〇〇年の記念行事という大会「理念」が、一九三六年ベルリン大会の「民族の祭典」というナチス的「理念」をモデルに構想されたことにあらためて注目させられた。

一九四〇年大会に関してはさらに、ボイコフ氏が言うところの「祝賀資本主義」の日本的異型とも言える成り立ちがあったこともわかってきた。この大会の計画は当時の日本の国力や地理的条件から見て相当の無理があり、政府側から発案したものではなかった。当時の東京市長がスポーツの国際交流を研究していた大学教員の示唆を受けて思い立ったことが発端だが、当初から東京および横浜の湾岸地区の開発計画が組み込まれていた。紀元二六〇〇年という「理念」もまた、神武即位の地とされる橿原神宮の拡張工事、内外の観光客の奈良への誘致のためのインフラ整備という地域の経済的動機が先行していた。大会は幻に終わったが、これ以後、日本における五輪開催は大会名誉総裁として開会を宣言する天皇の存在と不可分になり、このフレームのもとで大規模な国土開発が遂行される政治と経済の結節点が形成された。「復興五輪」という物語の含意や五輪によるインバウンドを梃子に観光立国路線を推進する二〇年大会の構想は、ここまでさかのぼってようやく歴史的に理解できる。[7]

第4章でボイコフ氏は、二〇二〇年を「めぐり合わせ（conjuncture）」の年と位置づけている。彼が参照している文化研究の理論家スチュアート・ホールはこの概念を、「社会のなかで作用しているさまざまな社会的・政治的・経済的・イデオロギー的矛盾の合流によって、特殊で独特な形を取ることになった時期」（二〇八頁）と定義した。米国内の貧困状況が危機的な水準に達するなかで米国大統領選挙が行なわれる年。トランプ政権によるパリ協定（国連気候変動枠組条約締約国会議合意）からの離脱が発効する

▼4　改訂版、二〇二〇年三月発行。集会などで販売。
▼5　天野恵一・鵜飼哲編、亜紀書房、二〇一九年。
▼6　阿部潔「先取りされた未来の憂鬱——東京二〇二〇年オリンピックとレガシープラン」、前掲『反東京オリンピック宣言』。
▼7　古川隆久『皇紀・万博・オリンピック——皇室ブランドと経済発展』、吉川弘文館、二〇二〇年、阿部潔『東京オリンピックの社会学——危機と祝祭の2020JAPAN』、コモンズ、二〇二〇年。

年。ちょうどその年に、二〇二八年ロサンゼルス大会の返上を求めている民主社会主義者の資本主義批判が、大衆の心を捉え始めている。米国一国だけでも極度の諸矛盾が合流して緊張ではちきれそうになっているまさにその時、新型コロナウイルスが世界を襲った。

日本でも二〇二〇年は別の意味で「めぐり合わせ」の年だった。そのことは特に、招致決定の時点では予想できなかった形で、天皇の代替わりとシンクロしたことによって際立った。二〇一六年の前天皇の生前退位を求めるメッセージから始まった異例の代替わり過程は、「平成」から「令和」への元号の変更、二〇一九年五月の新天皇の即位に行き着いた。二〇年東京大会の開会式は、新天皇にとって国際舞台への顔見世興行として願ってもない機会になるはずだった。安倍政権がこの一連の国家的慶事を通じて日本人のナショナリズムを徹底的に刺激し、改憲への道筋をつけようとしていたことは疑いない。この年はまた、明治神宮の創建一〇〇周年にも当たっていた。

日本の状況がホール＝ボイコフ的な意味で「めぐり合わせ」になったのは、むしろコロナの到来以後だろう。ボイコフ氏は「日本語版への序文」で、コロナ禍はオリンピックという事業の抜きがたい浪費体質、IOCのありのままの生態を、「医学的な画像検査のように」露わにしたと述べている。このことは日本側の五輪準備に関して、おそらくいっそうよく当てはまる。首都再開発にまつわる利権構造、福島原発事故の深刻さ、共謀罪がなければオリンピックはできないと主張した安倍政権の政略など、東京五輪は招致以来、多くの否定的現実を覆い隠すヴェールとして、体制に都合よく機能してきた。ところが昨年三月、大会の一年延期が決まった直後に東京の発表感染者数が一気に増加したあたりから、人々はオリンピックが、ひと握りの政治家や大資本の利益のために、民衆の生活・健康を犠牲にして強行される暴力的なスペクタクル政治であることに気づき始めた。今やヴェールは鏡に変じ、これまで見えなかった、あるいは無意識に目を背けてきたこの国の真の姿が、利権まみれ、政治まみれの五輪の惨状と不透明きわまりないコロナ対策を通して、いやでも目に入るようになった。政争の具としておとなしく利用されるばかりのスポーツ界への幻滅も深まり、居丈高な発言を繰り返すIOCバッハ会長に対する反発も強まるばかりだ。その結果、予定通りの五輪開催に八割の人が反対する事態に至った。

そのような「めぐり合わせ」で本書の日本語版が出版される。その意義の一つは本書が、オリンピック問題を東京大会の開催か中止かという焦眉の争点や、さらには日本的文脈一般に限定せず、米国その他の国の経験と照らし合わせることを通して普遍的な思想＝運動課題へと開いていく作業に、現場感覚に溢れた報告と緻密な議論によって手を貸してくれることだろう。これまで日本の反オリンピック運動は、国内開催の計画に対してしか反応してこなかったと言っても過言ではない。今後は他国の開催についてもしっかり態度表明を行ない、国際的な運動の場に積極的に参加することが望まれる。そのことは直ちに、来年開催予定の中国・北京での冬季大会に、どのような姿勢で臨むべきかという問いにつながる。

ボイコフ氏は北京大会の中止を明確に求めている。近年の五輪開催予定地で現地から反対の声が聞こえてこないのは北京だけである。それだけにボイコフ氏が、本書を閉じるにあたって、二人の中国人詩人の言葉を参照していることは意義深い。一人は中華人民共和国の現代詩人・楊鍵（ヤン・ジェン）、もう一人は元紅衛兵で天安門事件後に米国に亡命し、後に香港の大学で教鞭を取った著名な詩人・北島（ペイ・タオ）である。ボイコフ氏が最後に引用した北島の作品のタイトルは「回答」、その英訳のなかに出てくるconjuncture（日本語訳「転機」）という言葉を、彼はホールの用法に引きつけて読んでいる。一九八〇年代、北欧を中心に外国での評価が高まった北島の作品は、当時日本にも紹介された。「回答」は彼の代表作の一つで、一九七六年四月五日の第一次天安門事件（周恩来の死去をきっかけに起きた北京の学生・市民による体制批判運動）の際に書かれたものと言われ、一九八九年六月の第二次天安門事件のさなかに学生たちによって朗読された。

二〇〇二年三月、国際作家議会のパレスチナ訪問に参加した私は、当時LA在住だった北島と、数日行動をともにする機会があった。中国から米国に亡命しながらも米国の中東政策に批判的な立場を堅持し、二〇〇一年〈9・11〉直後の危険な時期にパレスチナへの旅に参加することは、けっして生やさしい選択ではなかったはずだ。私は彼が笑うところを見た記憶がない。真剣な面差しでパレスチナ人との対話に臨み、硬質な言葉でコメントする姿だけを覚えている。生まれた土地で生きることが「何も保証されていない」闘いであらざるを得ない人々との出会いの意味を、参加作家たちの誰よりも、彼は深く感じ取っていたのではないだろうか。[8] 香港で今、彼は何を考え、どんな言葉を紡いでいるのだろう。

作家会議の一行より一日早く帰路につかなければならなかった私は、同じ事情にあった北島と、アパルトヘイト時代の南アフリカの伝説的な白人抵抗作家、ブレイテン・ブレイテンバックの三人で、ガザからテルアビブまで、深夜タクシーに同乗して移動した。経験したばかりの出会いの衝撃を反芻していた私たちは、この移動の間終始無言だった。そして無言のまま空港で別れた。

反五輪運動とジュールズ・ボイコフ氏の著作のおかげで、長い時間を経て、私は北島と彼の言葉に再会した。リオと平昌から東京に伝えられた反オリンピックの脈動を、私たちはどのように北京に伝えるべきなのか。北島の言葉のなかに、この難題に応えるための貴重な示唆が見つかるかもしれない。

▼8　この訪問の記録はドキュメンタリー映画『境界の作家たち』（サミール・アブドゥッラー、二〇〇四年）に収められている。私の報告は鵜飼哲「大侵攻前夜――国際作家議会代表団のパレスチナ訪問」（『世界』二〇〇二年六月号、のちに鵜飼哲『主権のかなたで』岩波書店、二〇〇八年に収録）。

反対運動からスポーツの非オリンピック化へ

――ジュールズ・ボイコフのユニークな視座

小笠原博毅

本年一月二四日付の朝日新聞の記事には、こうある。

来日した国際オリンピック委員会会長のトーマス・バッハ（67）が視察に訪れた国立競技場そばのオリンピックミュージアムの外で東京五輪開催に反対する男女十数人らのシュプレヒコールが絶え間なく響いた。〔……〕視察に同席した選手の一人は「（大会への風当たりは）こんな感じなのか」とつぶやき、複雑な表情を浮かべた。ネット上で開催に批判的な声が渦巻いていることは知っていたが、実際に反対運動を前にしたのは初めてだった。

（『朝日新聞』二〇二一年一月二四日付）

視察団に同行していた日本オリンピック委員会（JOC）アスリート委員であるフェンシングの千田健太選手か、トライアスロンの上田藍選手か、パラバドミントンの里見紗李奈選手なのか、誰の言葉かは特定できないが、「初めてだった」という状況を重く受け止める必要があるだろう。

第一に、日本代表選手の不見識という点で。近代オリンピックはその始まりからずっと、開催への反対運動や反対意見と共に歴史を歩んできた。反対があるのが当たり前なのである。それを目の当たりにしなくても競技人生を歩んでこられた、代表レベルの選手たちの非社会性は批判されるべきである。マイナー・スポーツやパラ競技のアスリートであれば、競技環境の整備にどれだけの労力と犠牲が必要か、自分自身の努力と才能だけでは試合どころか練習さえままならない状況があるということは、十分自覚されているはずなのに、競技すること自体が当たり前ではないという想像力が働かないのだろう。

第二に、とはいえ、想像力の欠如は当該アスリートのみのせいではないという点。日本のスポーツ・エリートは、非社会的であることを教育によって求められてきたからである。反対運動や反対意見の現実に目隠しをされて育てられてきた結果が、オリンピック・パラリンピックなのだ。反論はもちろんあるだろう。しかし、そう言われても仕方のないくらい、社会とスポーツとの関係は余計なことであり、その余計なことに目を向けず競技に専念することが美徳とされてきたことも事実なのだ。育成する側、統括する側、スポーツ統治の仕組みのせいでもあるということである。

この二つめの点は、オリンピック教育というイデオロギーのみならず、オリンピックをまるで汚れなき聖なる宗教的祭典として崇め奉るかのような、日本のスポーツ統治が捏造してきたオリンピック像の影響だろう。日本ほど、古代ギリシャのさまざまな都市で行なわれていたという祭典を模倣という形で近代に復活させようとした、クーベルタンの思うつぼにハマりきっている国もないのではないか。だからこそ、オリンピックの脱神話化のために、ジュールズ・ボイコフによる反オリンピック運動の綿密な紹介と分析が広く読まれる必要がある。

本書は、オリンピック反対する「人々に彼女／彼らがいるところで会う」（スチュアート・ホール、「はじめに」二七頁参照）ことを繰り返す、同時代史のドキュメントでもある。フットワーク軽く世界中の反オリンピック運動の現場に顔を出すボイコフだが、これだけそこかしこで繰り広げられている、そしてこれだけ時代を通じていく度も展開されてきた反対運動を、冒頭に紹介した当のアスリートたちはこれまで目にすることがなかったというのである。だからこそ、本書で詳らかになる現在進行系の反対運動を知ってもらいたい。そしてそれでもなお、オリンピック・パラリンピックを目指すことが、競技生活の究極の目標として価値あるものかどうかを、考える材料としてもらいたいのである。

筆者は、二〇一六年に『反東京オリンピック宣言』を編集し、国内外の書き手によるオリンピックの根源的な批判を試みた。「根源的」という大仰な言葉遣いをするのは、次の理由からである。安倍前首相による「アンダー・コントロール」という虚偽発言、竹田元JOC会長による裏金不正疑惑、アスリートによる意見表明の抑圧、野宿者の排除と人権蹂躙、膨れ上がる開催経費と実質を伴わない「経済効果」の喧伝、置き去りにされる東北の復興と原発対策、国立競技場のデザインと建設をめぐる不透明な混乱、オリンピックのロゴの決定をめぐる不手際、熱帯雨林を破壊して作られた「負ける建築」（隈研吾）としての新国立競技場、突貫工事のしわ寄せを受けた下請け建設作業員の自殺。これらはすべて、今回の東京大会に限った特別な不祥事でも特異な出来事でもなく、現代のオリンピックが原理的に抱えてきたままなおざりにされてきた矛盾の発露として一般化して考えられるし、そう考えなければならないからである。つまり、グローバル・メガ・イヴェントとしてしか運営することのできなくなったオリンピックは、グローバルであるがゆえに開催都市と開催国というローカルな現場に災害規模の負担を強いなければ実現できないという矛盾だ。

夏季・冬季含めオリンピックが開催されてきたあらゆる都市で、招致に名乗りを上げたあらゆる都市で、招致に名乗りを上げようとしたあらゆる都市で、反オリンピック運動が存在してきた。一八九六年の第一回アテネ大会においてメルポメネなるギリシャ人女性が、男子のみに許されたマラソン競技に不満をぶつけ勝手に四〇キロを走りきった時から、オリンピックは異議申し立てと並走してきたのである。ボイコフが著わした、もう一つの反オリンピック運動論である『アクティビズムとオリンピック――バンクーバーとロンドンにおける異議申し立て』（二〇一四年、Rutgers University Press）を読めば、オリンピックあるところに必ず反対運動があったことがよく理解できる。

ボイコフのそもそもの関心は、彼が「アスリート・アクティビズム」と呼ぶ競技の当事者たちによるオリンピックへの対峙の仕方の系譜にあった。それは、『アクティビズムとオリンピック』のなかであえて「ノン・アスリート・アクティビズム」という言い方を用いて、アスリート以外の市民によるストリートでの異議申し立て運動に言及していることからもわかる。そしてこの本の刊行後に『インターナショナル・ジャーナル・オヴ・ヒストリー・オヴ・スポーツ』誌に発表した「抵抗、アクティビズム、オリンピック・ゲーム」においてボイコフは再び、開催されているオリンピックの現場を異議申し立てのプラットホームに変容させた抵抗の系譜をたどっている。

一九〇六年のアテネ大会で、ユニオン・ジャック旗ではなく当時イギリスの植民地であったアイルランドの三色旗をポールに掲げたピーター・オコナー。それは各国のオリンピック委員会の推薦を受けた選手のみが競技できるという規約への異議申し立てであり、同時に独立を目指すアイルランドへの支持を表明し訴える明らかな政治的行為だった。

一九六八年のメキシコ大会において、黒人差別に抵抗するために表彰台でうつむきながら拳を高く挙げたトミー・スミスとジョン・カーロス、そして彼らの行為に賛意を示して「人権を求めるオリンピック・プロジェクト」のバッジをつけたピーター・ノーマンをめぐる出来事は、国際オリンピック委員会（IOC）を頂点とするオリンピックの統治機構が、その統治に不都合な思想信条や行為を「政治的」だというラベルを貼ることによって排除する政治マシンだということを明らかにした。

一九六〇年代から七〇年代にかけての南アフリカの反アパルトヘイト運動は、アパルトヘイトの現実を世界に知らしめ、体制転換への世界的支持を高めるために、オリンピックをいわば「政治利用」した。同時に、その運動の中心となった「南アフリカ非人種オリンピック委員会（SANROC）」の活動は、アパルトヘイト下の南アフリカとスポーツ交流を行なった国が参加することを理由にアフリカ諸国がオリンピックのボイコットを突きつけるという、「第三者ボイコット」の原則を認めさせることに成功した。

このようなオリンピックが開催されるという条件のもとでの異議申し立て運動からボイコフの視点を転換させたのが、バンクーバーでの反オリンピック住民運動だった。社会地理学者ウォルター・ニコラスの「相関的孵化装置」という概念を用いてバンクーバーの反対運動を描き出したボイコフは、反オリンピック運動は開催都市の住民の生活に関わる争点を、その都市以外の、文字通り世界中から集まるアクティビストたちが思想や立場の違いをそのまま認めつつ顕在化させ、そこで築き上げられるネットワークと国際連帯を、単発的ではなく、IOCの支配と統治の構造そのものへの異議申し立てに発展させることのできる、共通の課題として意味づけようと試みている。

「IOCの支配と統治の構造」への異議申し立てが、そのままグローバル資本主義への異議申し立てになること。それが「アスリート・アクティビズム」のみならず「ノン・アスリート・アクティビズム」も視野に入れた言論活動へとボイコフを駆り立てた認識の変化だった。一九八〇年代前半のレーガン政権下で吹き荒れた新自由主義改革に抵抗するために生まれたアメリカ民主社会主義者（DSA）と、そのロサンゼルス支部（DSA-LA）の住居・ホームレス問題委員会のメンバーによって立ち上げられた「ノーリンピックスLA（NOlympics LA）」へと接近していくボイコフの活動は、反オリンピック運動が同時に反グローバル資本主義の運動でも「なければならない」という認識のもとでは、むしろ必然だと考えるべきだろう。

オリンピックをプラットホームとして用いる「アスリート・アクティビズム」とは異なり、立ち退き要請を撤回し廉価な住宅供給を求めたり、ホームレス排除によるジェントリフィケーションを否定したりすることを争点とする市民・住民の生活権擁護運動は、オリンピックのプラットホーム化自体を否定するものである。そもそもオリンピックはやってはいけないものなのだ。これまでも、オリンピック招致に名乗りを上げるかどうかの段階だけではなく、一度招致を決定した後から反対運動によって開催権を返上した大会も存在する。一九七六年に冬季大会が予定されていたデンバーは、環境破壊と財政負担を主な理由として開催の是非を問う住民投票を実施し、権利を返上することとなった。デンバーは二〇一九年にも、二〇三〇年冬季大会への名乗り上げを住民投票によって否決している。

デンバーという町が五〇年近いタイムスパンを挟んで二度経験した「非オリンピック（＝ノーリンピック）」に通底する政治のあり方を、ボイコフは「ディセンサス（決裂、異議表明）の政治（Dissensus politics)」と表現している。これはオリンピックに対して疑義を突きつけることが何ら特別なことではなく、通常の市民生活や政治感覚の延長線上にある事態だという認識にもとづいている。人権の軽視や市民への説明不足、一部のエリートの既得権益の保持のために税金が投入されること、特定企業に優遇措置が取られていることなど、オリンピックもまたオリンピック以外のさまざまな争点と同じような市民生活に関わる問題であり、祝祭性と一過性によって棚上げにされるべきではないということだ。最終的には住民投票という制度を通じた選挙政治による決着を見るとしても、そこに至る過程で「攪乱（かくらん）的政治戦術」が可能にする「ディセンサスの政治」こそが、事態の「緊急性を高め、焦点を絞ることによって、圧力を高めることができる」とボイコフは考えている。

ボイコフがノーリンピックスLAの運動に見る可能性も、この「ディセンサスの政治」にある。しかしボイコフをより鮮明にユニークな存在にしているのは、ノーリンピックスLAに内在しながら克明な活動記録を残しつつも、それに完全に同化せず、運動を批判的に検証する視座を失っていない点だろう。ノーリピックスが「たくさんの運動からなる一つの運動」と理解されているように、その運動体としての同質性や一貫性がないことが強みではあるが、他方でボイコフが「弱い絆」と呼ぶ弱点も存在する。ボイコフはその点についても、きわめてオープンである。公共交通網が極度に脆弱なロサンゼルスでは、イベントや集会、デモに参加する頻度がメンバーによってまちまちなってしまうこと。メンバー構成がどうしても白人多数となり、多様性を実現できていないこと。その反動として多様性を実現するために、ややもすればエスニシティやジェンダーに基軸を置くアイデンティティ政治に陥ってしまいかねないことなど、運動当事者との入念なインタビューを元に記される潜在的な落とし穴についても、ボイコフの立場ははっきりしている。そうならないためには何をどうすべきか、そのための提言を怠らないという意味においてである。

ソーシャル・メディアの活用と有効性、その反面の否定的な「落とし穴」についても自覚的である。DSAに共感しやすい階層、年齢、ジェンダー、地域性のデモグラフィーは、ツイッター・ユーザーのデモグラフィーと一致しやすい一方で、そもそもDSAがそのために闘っていると考えている周縁化された人々は、ソーシャル・メディア的なリソースへのアクセス力が弱い。このギャップは、いわゆる「キーボード・アクティビズム」と現場での組織された力を必要とする運動とのギャップをそのまま投影するだろうし、「コミュニケーション資本主義」が要請する社会統制へと脆弱さを晒す危険性もある。その危険性をボイコフは冷静に見極めながら、アクティビストたちとの忌憚のない意見交換や議論を避けずに、その交わり自体を運動の持久力に変換しようとしているのである。

すでに反オリンピック運動を超えているのだ。より一般的で普遍的な社会運動と言論活動との関係の切り結び方を、きわめて具体的に示しているのである。オリンピックが祝祭でも「ハレ」でもなく、日常と「ケ」の出来事であるという意味で、反オリンピック運動は生活を脅かされる人間たちとその支持者たちが、ごく当たり前に取り組むことのできる問題である。地域住民への十分な説明と説得も保証もなしに、突然日当たりをさえぎる高層マンションが建てられるのと同じことなのだ。そしてオリンピックという特殊な条件と環境に特化されたところから生まれる争点群をめぐる戦いではあっても、その闘い方は、他の、さまざまな、一見別の次元に見えるかもしれない争点群をめぐる運動や言論活動におのずと接続していくし、その接続に気づかず断片化された議題設定の範囲で思考していては、運動自体がゲットー化していくだけだということを、ボイコフは警告している。

主にロサンゼルスの反オリンピック運動に焦点を当てた本書の前身とも言える『アクティビズムとオリンピック』のなかで、ボイコフは、さりげなくだが、日本での反オリンピック運動を語るときに欠落傾向にある視座を提供している点に注目したい。それは、反オリンピックと反スポーツは違うという、とてもシンプルなことである。オリンピックが近代スポーツを代表するわけではないということに気づき、にもかかわらずオリンピックがそうであるかのように振る舞うことで現在の肥大化した地位に登り詰めたことを察知していれば、理解することはそれほど難しくはないことながら、日本の反オリンピック運動はこの点をかなり混同してきた。ボイコフ自身がサッカーの元アメリカ代表であるという個人史が論拠になるのではない。もちろん、アスリートとしてオリンピック産業の「内部」にいたことが、競技や競技環境の矛盾を直接経験することにもなったであろう。しかしそれに加えて、彼がロンドンのアクティビストたちへのインタビューで明らかにしたのは、オリンピックに「すでに批判的な人々だけではなく、普通のロンドン市民の感覚に届く」(『アクティビズムとオリンピック』九五頁) ような運動を展開しようと努力していたということだ。

特殊な考え方の人たちがやっている特殊なことではなく、日常の市民生活が普通に脅かされるということ。この「日常」は、スポーツではなく、スポーツを楽しみ、たしなむ人々にとっては、まさにスポーツをすることと同義になる。「反スポーツなのではなく、スポーツの名のもとに行なわれようとしていることに抗議している」(同書同頁) という一人のアクティビストの言葉が、その事実を如実に表わしている。ロンドンでの多彩な反対運動間の連携をはかっていた中心的な組織である「カウンター・オリンピック・ネットワーク (CON)」のデイヴィッド・レントンは、スポーツが好きだからこそオリンピックに反対しているのだと明言している。

しかし、スポーツとオリンピックが相容れないという認識は、日本ではなかなか理解されないまま現在に至っている。この点はいくら強調してもしすぎることはない。したがって、「アスリートについては何の非難も不満もない」(同書同頁) というレントンの言葉を、そのまま日本に当てはめるわけにはいかないのだ。反オリンピック運動はアスリートに対して文句を言うべきなのだ。だがその文句は、あなた方アスリートも問題の一部なのだという一方的な断罪ではなく、あなた方アスリートは本当にこれでいいのかと問い続けることから始められるべきである。コロナ禍による大会の延期、もしくは中止の可能性が高まるなかであっても、矛盾だらけのオリンピック・パラリンピックにおいてアスリートは犠牲者でも何でもない。その証拠に、陸上長距離の新谷仁美、カヌーの羽根田卓也、バドミントンの奥原希望など、ごく少数ではあれオリンピックの価値と意義について疑念を表明するアスリートも出始めている。彼／彼女らは、オリンピック自体をすぐさま否定することはないかもしれない。しかし、コロナによる混乱が競技環境や競技人生を相対化する視点をもたらしつつあることは否定できないだろう。

反オリンピック運動が市民の生活する権利を守るためのものであるように、アスリートもまた自らが競技する権利とともに、納得いく条件と環境でない限り競技しない権利を守ることに自覚的になるべきだろう。そこに、反オリンピック運動とアスリートの競技権との結節点を作り出すことのできる可能性を見出すことはできないだろうか。反対運動に対峙するのがたとえ「初めてだった」としても、もしそこでの察知と自覚が当該アスリートを反オリンピックへと近づけるならば、反オリンピック運動はそのアスリートの「転向」を歓迎すべきあり、排除するべきではない。反オリンピックを訴え続けてきた私たちには、果たしてその柔軟な寛容さが備わっているだろうか。試行錯誤しながら「ノーリンピック」を唱える反オリンピック運動を内側から検証する本書は、反オリンピック運動への単なるエールではなく、常に己を批判的に見据え続けろという警鐘でもあるだろう。

賄賂疑惑もうやむやのままに表舞台から消え去った竹田元会長の後任となった山下ＪＯＣ会長の立場は、ないがしろにされているままである。オリンピック委員会会長と組織委員会会長がともに大会開催前に姿を消すという、オリンピック史上まれに見る事態を招いた後に組織委員会会長の後任に据えられた橋本聖子前五輪担当相は、森前委員長を「先生」「師」と仰ぎ見ている、日本会議国会議員懇談会のメンバーであり、憲法九条改正や日本の核武装、高級閣僚の靖国神社参拝への賛同を支持する保守派の参議院議員である。かたや存在感のまったくない、かたや保守系議員として申し分ないほど当然の政策・主張を掲げる、この二人の「元」アスリートには、まったく期待などできない。だから「アスリート・アクティビズム」は必要なのだ。それによってスポーツが非オリンピック化されることで、オリンピックの求心性は確実に弱体化する。その契機は、アスリートの現場における「アスリート・アクティビズム」とノン・アスリートによる反オリンピック運動の現場との共鳴からしか生まれないのではないか。

ボイコフのユニークさは、そこを分断してはいけない、衝突しても接続の道を模索しなければいけないということを細部にわたる臨場感あふれる記述で訴えてくる、その熱量に裏打ちされた言葉遣いを抜きにしては語れないだろう。

反五輪国際共同連帯声明
――どこにもオリンピックはいらない

（二〇一九年七月二七日）

平昌オリンピック反対連帯（韓国）
反五輪の会 NO OLYMPICS 2020（日本）
2020「オリンピック災害」おことわり連絡会（日本）
NOlympics LA（米国）
Non aux JO 2024 à Paris（フランス）

スケールや範囲の違いはあれど、オリンピックが開催地にもたらすものは同じです。警察や軍事による監視体制の強化、はびこる汚職、巨額にのぼる財政上の浪費、環境破壊の悪化、多くの人々の住居からの強制排除、そして人権の踏み荒らし。

このような現象は、オリンピックという中立無害にみえるイベントがたまたま引き起こすものではありません。そもそもこれらの現象は、五輪の組織者、つまり世界でも指折りの権力者やエリートたちの利権を満たすものとして、五輪ムーブメントの中に組み込まれているのです。オリンピックとは、アスリートを国の代理人として競わせることで、国家間の対抗心を煽りメダルの数で国威を発揚する、きわめて政治的なイベントです。あたかも戦争や紛争にとって代わる「平和の祭典」であるかのように見せかけながら、五輪は開催地の住民を搾取し、周縁化されてきた層を抑圧して、ひと握りの富裕層にさらなる利益をもたらす口実を与え、表舞台に立つアスリートの栄光によってそれを正当化しています。開催地がどこの都市であろうとその構造は同じで、擁護に値するものではありません。

切迫した社会的、環境的な危機に対する無関心が、ここまで重大な死活問題になったことは今までありません。ここ数世代のあいだで、今ほど住居へのアクセスが乏しい時代はなかったのではないでしょうか。警察や軍隊の持つテクノロジーによって拡大する監視体制は、これまでになく陰湿になってきています。また私たちは、自然災害という絶壁のふちに立っています。地球がもろく弱っているこのタイミングでふりかかるオリンピックという名の汚職まみれの大盤振る舞いを、私たちは受け入れる余裕などありません。こんなものは、私たちの住む街が直面する様々な問題を悪化させるだけです。

国際オリンピック委員会（ＩＯＣ）は、五輪開催が危機的な状況にあるということを悟ってるのでしょう。近年、オリンピック招致について候補地の住民に意見表明の機会が与えられると、ＩＯＣへ返す答えは必ず「ノー」なのです。そして私たちが強調したいのは、開催都市の選抜や招致にかかる費用に関してＩＯＣが約束しているわずかな改革のみでは、私たちには不十分であるということです。現在の国際スポーツ競技を手招く利権や搾取の根本となる原因を取り除かない限り、いかなる改革をもってしても不十分です。政治家が自分の選挙区のニーズを聞く代わりにグローバルエリートの気まぐれに仕えるために招致活動をする、というインセンティブそのものがなくならない限り、いかなる改革をもってしても不十分なのです。

私たちに必要なのは、オリンピックではなく、住民みんなに手の届く、安定した住居です。健やかで持続可能な環境における雇用、教育、文化、コミュニティーの絆が必要なのです。オリンピックの代わりに、マイノリティーの人々や貧困に悩むコミュニティーが犯罪者扱いされないよう、現存する警察や監視制度の抜本的な再考を必要としています。オリンピックの代わりに私たちが望むのは、街への権利です。それは自分たちの街に起こることを、世界の金融エリートの投機的利益にではなく、自分たちの必要に応じて、自分たちで決定する権利です。

しかしそうしたビジョンと現実はかけ離れています。住居からの強制排除や貧困に加え、権威主義、ファシズム、環境破壊などの危機的状況は今や世界中でますます感じられるようになり、私たち自身もそれぞれの街で日々感じながら暮らしています。これらの危機的状況をもたらしている組織や個人は、オリンピックを私たちの街へ招こうとする勢力と同一である、と私たちは認識しています。五輪から直接の利益をあげるのは、オリンピックの背後でグローバルな支配ネットワークを作り上げてきた政治家、大企業、不動産投機家などであり、彼らが住民にとってメリットのある改革を提供することなどありえないのです。

そして今日私たちはともに立ち上がります。私たちが反対しているのは、単に自分の街にやってくるオリンピックだけではありません。東京やパリやロサンゼルスを諦めて、どこか他の街に持って行って欲しいのではありません。私たちは、リオや平昌から駆けつけた仲間たちのように、オリンピックによる被害を受けてきた人々、あるいはオリンピックを断ることに成功した各都市の仲間たちとともにただ手を取り合っているだけではないのです。私たちの要求はもっと徹底しています。私たちは、国際オリンピック委員会の永遠の終焉を求めます。腐敗した勢力がこの寄生虫のような五輪イベントによる支配を手離すまで、私たちはあらゆる場所でオリンピックへの抵抗を広げ続けます。

cal Left's Agenda Is More Popular Than the Mainstream GOP's," *New York Magazine*, 2 August 2018. ▶**94** Levistsky and Ziblatt, *How Democracies Die*, 146. 強調は原文通り。 ▶**95** Levistsky and Ziblatt, *How Democracies Die*, 157 で引用されている。 ▶**96** Duverger, "Duverger's Law: Forty Years Later"; Rosenstone, Behr, and Lazarus, *Third Parties in America*. ▶**97** Abramson et al., "Challenges to the American Two-Party System." ▶**98** Abott and Guastella, "A Socialist Party in Our Time?," 35, 51, 9–10. ▶**99** Howe, *Socialism and America*, 3–4. ▶**100** See dsa, "The Build Primer" <https://dsabuild.org/#history>. ▶**101** Dan Zak, "A Green New Deal Ignites an Old Red Scare," *Washington Post*, 8 May 2019. ▶**102** Zamira Rahim, "'Anti-Socialism' Group Formed in Congress, Republicans Announce," *Independent*, 4 April 2019. ▶**103** Erik Levitz, "In Appeal to Moderates, Sanders Calls for Worker-Ownership of Means of Production," *New York Magazine*, 29 May 2019. ▶**104** Stephen Skowronek, *The Politics Presidents Make*, 27. 強調は原文通り。 ▶**105** Mason, "Challenging Capital," 125. ▶**106** Sunkara, *The Socialist Manifesto*, 216. ▶**107** Wright, *How to Be an Anticapitalist*, 35–64. ▶**108** Howe, *Socialism and America*, 214. ▶**109** Kauffman, *How to Read a Protest*, 94–95. ▶**110** Jian, *Long River*, 97. ▶**111** King, Jr., "Where Do We Go from Here," 197. ▶**112** Carrington, *Race, Sport and Politics*, 27. 強調を加筆。 ▶**113** Dao, "The Answer," 755［『北島（ペイ・タオ）詩集』是永駿訳、土曜美術社、1988 年、13 頁］。

pic Charter, 18 October 2018, 11. ▶**63** Liam Morgan, "ioc Push Back Start of Human Rights Advisory Committee Work to Devise Strategy on Topic," *Inside the Games*, 29 March 2019. ▶**64** Stephen Wade, "ioc Human Rights Advisory Committee to Start with 2024 Games," *Associated Press*, 1 December 2018. ▶**65** IOC, *Olympic Charter*, 11. ▶**66** Nelson Mandela, *Notes to the Future*, 113. ▶**67** Tarrow, *The New Transnational Activism*, 170–172. ▶**68** フレデリック・ヴィアレとのインタビュー、2019年7月27日。 ▶**69** Laurence Halsted, "Olympic Athletes Must Recognize their Right to Speak Beyond their Sport," *Guardian*, 19 May 2016. ▶**70** Muhammad, *Proud*. ▶**71** Jason Burke, "Ethiopian Olympic Medallist Seeks Asylum after Marathon Protest," *Guardian*, 22 August 2016; "Exiled Olympic Runner Feyisa Lilesa Returns Home," *Al Jazeera*, 21 October 2018. ▶**72** Katie Falkingham, "Extinction Rebellion: Etienne Stott 'Does Not Regret' Arrest in Climate Change Protests," *BBC*, 22 April 2019. ▶**73** Matt Pentz, "Megan Rapinoe: 'God Forbid You Be a Gay Woman and a Person of Color in the US,'" *Guardian*, 25 March 2017; Henry Bushnell, "Megan Rapinoe Is a 'Walking Protest,'" *Yahoo Sports*, 13 May 2019. ▶**74** Jon Queally, "A Fist Raised and a Knee Taken: US Gold Medalists Gwen Berry and Race Imboden Protest Trump Racism and Gun Violence Epidemic at Pan Am Games," *Common Dreams*, 11 August 2019. ▶**75** Duncan Mackay, "Russia 'Has Served its Sanction' IOC President Claims as Anger Grows over Missed Moscow Laboratory Deadline," *Inside the Games*, 1 January 2019. ▶**76** Andy Bull, "London 2012's 'Clean' Games Boast in Ruins as Failed Doping Tests Pile Up," *Guardian*, 8 January 2019. ▶**77** IOC, *Olympic Charter*, 77. ▶**78** Graham Dunbar, "Victory for Olympic Athletes in Germany to Promote Sponsors," *Associated Press*, 27 February 2019. ▶**79** Victor Mather, "I Won Olympic Gold. Now a Word from My Sponsor," *New York Times*, 8 October 2019. ▶**80** "IOC Resists Change to Olympic Rule Limiting Athlete Sponsors," *Associated Press*, 14 April 2019. ▶**81** Austin Knoblauch, "Car that Ronda Rousey Once Lived in Goes up for Auction on Ebay," *Los Angeles Times*, 2 June 2015. ▶**82** Scott Greenstone, "What an Olympic Medalist, Homeless in Seattle, Wants You to Know," *Seattle Times*, 15 April 2019. ▶**83** Steven Leckart, "The Bicycle Thief," *Chicago Magazine*, 29 January 2019. ▶**84** Teddy Nykiel, "2018 US Olympians Open Up about Money Struggles," *CNBC*, 15 February 2018; Colby Itkowitz, "The Hardest Part about Making the Olympics for these Americans? Affording It," *Washington Post*, 6 July 2016; Hunter Moyler, "Olympic Medalist Monica Aksamit Turns to GoFundMe to Send Her to 2020 Games in Tokyo," *Newsweek*, 20 October 2019. ▶**85** Halsted, "Olympic Athletes Must Recognize their Right to Speak Beyond their Sport." ▶**86** 例えば、リオ・オリンピックで2つの金と2つの銀のメダルを獲得したアメリカの花形水泳選手シモーヌ・マニュエルは、彼女の協賛企業に対してこう言っている。「チーム・トヨタは家族であり、自動車企業としての使命を持つサポートシステムでもあり、自動車の観点からだけでなく、人生のあらゆる努力において、従来の障壁を超えていくことを可能にしてくれています。本当にそれ（自動車）は重要だと思いますし、スポーツを通じて彼らは本当にすべての人をサポートしてくれていますし、これが完璧なパートナーシップだと思っています」。Greer Wilson and Aaron Bauer, "Team Toyota Athletes Roster Grows," *Around the Rings*, 9 March 2019. ▶**87** Horne, *Sport in Consumer Culture*, 82. ▶**88** Bryant, *The Heritage*. ▶**89** Chris Mooney, "Trump Can't Actually Exit the Paris Deal Until the Day after the 2020 Election," *Washington Post*, 12 December 2018. ▶**90** Hall and Massey, "Interpreting the Crisis," 57. ▶**91** Jamie Peck, "According to Our Capitalist Overlords, You're Broke Because You Eat Lunch," *Guardian*, 9 May 2019. ▶**92** Joe Neel and Patti Neighmond, "Poll: Many Rural Americans Struggle with Financial Insecurity, Access to Health Care," *NPR*, 21 May 2019. ▶**93** Erik Levitz, "The Radi-

curity Minister Admits He Has Never Used a Computer," *Guardian*, 14 November 2018. ▶ **30** "Olympic Minister Sakurada Resigns Over Gaffe about 2011 Disaster," *Asahi Shimbun*, 11 April 2019. ▶ **31** IOC, "Olympic Agenda 2020: 20+20 Recommendations," December 2014. ▶ **32** IOC, "Olympic Games: The New Norm," February 2018. ▶ **33** Liam Morgan, "Significant Changes to Olympic Bid Process Approved by IOC Session," *Inside the Games*, 26 June 2019. ▶ **34** Jules Boykoff, "A Bid for a Better Olympics," *New York Times*, 14 August 2014, A23. ▶ **35** Michael Pavitt, "USOC Announces Name Change to United States Olympic and Paralympic Committee," *Inside the Games*, 21 June 2019. ▶ **36** "Xth Olympiad Los Angeles 1932: Official Report," Xth Olympiade Committee of the Games of Los Angeles, U.S.A. 1932, ltd., 1933, 30. ▶ **37** Gary Mason, "Vancouver's Big Games Turning into a Big Owe," 10 January 2009, A7; Gary Mason, "Athletes Village to Get $100-Million Loan," *Globe and Mail*, 6 November 2008, A15; Boykoff, *Celebration Capitalism and the Olympic Games*, 71–72. ▶ **38** Owen Gibson and Dan Milmo, "Olympic Chief David Higgins Quits to Run Network Rail," *Guardian*, 28 September 2010; Owen Gibson, "Olympic Village Complex Seeks Private Investors," *Guardian*, 1 October 2010; Owen Gibson, "Olympic Village to Be Fully Funded by Taxpayers," *Guardian*, 13 May 2009. ▶ **39** Julia Kollewe, "Olympic Village Snapped Up By Qatari Ruling Family for £557m," *Guardian*, 12 August 2011. ▶ **40** Avery Brundage, "Memos, Notes, etc." abc, Box 245, Reel 142, ICOS. ▶ **41** See <https://www.olympic.org/ioc-members-list>. ▶ **42** Andreas Sellias, "ICOS Nye Ansikt: Tvilsomme Personer Velges Inn i IOC," *Idrettspolitikk*, 23 June 2019. ▶ **43** Brian Pinelli, "Bach: 'Culture of Mistrust' Derailing Olympic Bids," *Around the Rings*, 15 April 2019. ▶ **44** Dave Zirin and Jules Boykoff, "The International Olympic Committee Builds a New Headquarters After Leaving Rio Crippled by Debt," *The Nation*, 4 April 2019. ▶ **45** David Cyranoski, "Chinese Biologists Lead Outcry," 278–279. ▶ **46** Brian Pinelli, "Swedish Bid Leaders Address ioc Concerns," *Around the Rings*, 24 May 2019. ▶ **47** Sinclair, *I, Candidate for Governor*, 109. ▶ **48** Aaron Bauer, "IOC Extends Samsung Partnership," *Around the Rings*, 4 December 2018. ▶ **49** Chuck Hadad, "China Falls Short on Olympic Promises, Critics Say," *CNN*, 12 August 2008. ▶ **50** Philip P. Pan, "China Using Rights Issue to Promote Olympic Bid," *Washington Post*, 21 February 2001, A18. ▶ **51** Quoted in Amnesty International, "China: The Olympics Countdown — Crackdown on Activists Threatens Olympic Legacy," April 2008, 29. ▶ **52** Jacquelin Magnay, "Censors Make News," *Sydney Morning Herald*, 14 August 2008, 1. ▶ **53** For Reporters Without Borders rankings, see <www.rsf.org>. ▶ **54** Paul Mozur, Jonah M. Kessel, and Melissa Chan, "Made in China, Exported to the World: The Surveillance State," *New York Times*, 24 April 2019. ▶ **55** Xu Guoqi, *Olympic Dreams*, 254. ▶ **56** Horne and Whannel, "The 'Caged Torch Procession'." ▶ **57** Bethany Allen-Ebrahimian and Zach Dorfman, "China Has Been Running Global Influence Campaigns for Years," *The Atlantic*, 14 May 2019. ▶ **58** Human Rights Watch, "China: Hosting Olympics a Catalyst for Human Rights Abuses," 23 August 2008. 強調を加筆。 ▶ **59** Paul Mozur, "One Month, 500,000 Face Scans: How China Is Using A.I. to Profile a Minority," *New York Times*, 14 April 2019; Chris Buckley, Paul Mozur, and Austin Ramzy, "How China Turned a City into a Prison," New York Times, 4 April 2019; Tara Francis Chan, "As the US Targets China's 'Concentration Camps,' Xinjiang's Human Rights Crisis Is Only Getting Worse," *Newsweek*, 22 May 2019. ▶ **60** Marco Rubio and Chris Smith, "Letter to Thomas Bach," 10 October 2018. ▶ **61** Stephen Wade, "ioc Human Rights Advisory Committee to Start with 2024 Games," *Associated Press*, 1 December 2018. ▶ **62** International Olympic Committee, *Olym-*

Will Host 2020 Summer Games," *USA Today*, 7 September 2013. ▶**4** Jennifer Rigby, "What Is Happening at Fukushima?" *Channel 4 News*, 14 October 2013. ▶**5** Lochbaum et al., *Fukushima: The Story of a Nuclear Disaster*; Ranga Yogeshwar, "Fukushima Disaster Site 'Like a Science Fiction Film,'" *DW*, 11 May 2014; Hobson and Dewit, "The Lid Comes Off Fukushima Daiichi." ▶**6** Linda Sieg and Megumi Lim, "Abe's Fukushima 'Under Control' Pledge to Secure Olympics Was a Lie: Former PM," *Reuters*, 7 September 2016. ▶**7** Dave Zirin and Jules Boykoff, "Is Fukushima Safe for the Olympics?," *The Nation*, 25 July 2019. ▶**8** Jane Braxton Little, "Fukushima Residents Return Despite Radiation," *Scientific American*, 16 January 2019. ▶**9** Brian Victoria, "Time Has Come for an 'Honorable Retreat' from Tokyo 2020 over Fukushima," *Japan Times*, 4 November 2015. ▶**10** Katsuma, "Internal Exposure Concealed"; Shunichi Yamashita et al., "Lessons from Fukushima: Latest Findings of Thyroid Cancer After the Fukushima Nuclear Power Plant Accident," *Thyroid* 28 (2018): 11–22; Akira Ohtsuru et al., "Incidence of Thyroid Cancer Among Children and Young Adults in Fukushima, Japan, Screened with 2 Rounds of Ultrasonography Within 5 Years of the 2011 Fukushima Daiichi Nuclear Power Station Accident," *Jama Otolaryngol Head Neck Surgery* 145 (2019): 4–11. ▶**11** Mari Yamaguchi, "Robot Probes Show Japan Reactor Cleanup Worse than Expected," *Associated Press*, 17 February 2017. ▶**12** Caldicott, *Crisis Without End*, 3［ヘレン・カルディコット監修『終わりなき危機——日本のメディアが伝えない、世界の科学者による福島原発事故研究報告書』河村めぐみ訳、ブックマン社、2015年、4頁］。 ▶**13** "Olympics Minister Backs Fukushima as Host Venue for 2020," *Associated Press*, 11 March 2016; Jane Braxton Little, "Fukushima Residents Return Despite Radiation." ▶**14** Aaron Bauer, "2020 Torch Relay Kickoff Site Chosen," *Around the Rings*, 6 March 2019. ▶**15** Arnie Gundersen, "Prime Minister Abe Uses the Olympics as Snake Oil Cure for the Fukushima Daiichi Nuclear Meltdowns," *Fairewinds Energy Education*, 1 March 2019. ▶**16** Son Nguyen, Steven Joseph Franca, and Thang Duc Pham, "Measuring Radioactivity," 39. ▶**17** Gundersen, "Prime Minister Abe Uses the Olympics." ▶**18** "Why Japanese PM Shinzo Abe Was Dressed as Super Mario in Rio," *Guardian*, 22 August 2016. ▶**19** Matt Bonesteel, "To the Surprise of No One, the 2020 Tokyo Olympics Are Going Massively Over Budget," *Washington Post*, 9 October 2018; Jim Armstrong and Mari Yamaguchi, "A Look at Rising Costs for the Tokyo 2020 Olympics," *Associated Press*, 30 September 2016. ▶**20** Andrew Zimbalist, "As Costs Rise and Potential Olympic Hosts Drop Out, It's Time IOC Commits to a New Business Model," *Forbes*, 5 December 2018. ▶**21** Martin Rogers, "Acrimony Surrounding 2020 Games Already Starting," *USA Today*, 17 August 2016. ▶**22** "2020 Olympics Organizers Again Misfire with Cauldron Conundrum," *Japan Times*, 4 March 2016. ▶**23** Rainforest Action Network, "Broken Promises: A Case Study on How the Tokyo 2020 Games and Japanese Financiers Are Fueling Land-Grabbing and Rainforest Destruction in Indonesia," November 2018; Rainforest Action Network, "NGO Statement of Concern on Tokyo 2020 Olympics' Revised Timber Sourcing Code," 30 January 2019. ▶**24** Dave Zirin and Jules Boykoff, "These Women Have Lost Their Homes to the Olympics in Tokyo — Twice," *The Nation*, 23 July 2019. ▶**25** Sofie Werthan, "The 2020 Olympics Will Use Facial Recognition on Every Athlete," *Slate*, 7 August 2018. ▶**26** Mike Rowbottom, "Tokyo's Road to the 2020 Games Full of Activity and Enterprise with a Year to Go," *Inside the Games*, 21 July 2019. ▶**27** IOC, "IOC and Intel Announce Worldwide top Partnership Through to 2024," 21 June 2017. ▶**28** Brian Barrett, "Inside the Olympics Opening Ceremony World-Record Drone Show," *Wired*, 9 February 2018. ▶**29** Justin McCurry, "System Error: Japan Cyberse-

post/186486452671/nolympics-anywhere-a-joint-statement-in/amp>にある。 ▶171 ジョニー・コールマンへのインタビュー、2019年7月28日。 ▶172 動画はDSA-LAのツィッターフィード<https://twitter.com/dsa_LosAngeles/status/1154080741224960000>にある。 ▶173 アリエル・サライへのインタビュー、2019年6月9日。 ▶174 <https://olympicswatch.org/about/>を参照のこと。 ▶175 ケリアン・ロバートソンへのインタビュー、2019年7月28日。 ▶176 Mark S. Granovetter, "The Strength of Weak Ties", 1376. 強調は原文通り。 ▶177 McAdam, "Recruitment to High-Risk Activism". ▶178 アン・オルチエへのインタビュー、2019年7月29日。 ▶179 ケリアン・ロバートソンへのインタビュー、2019年7月28日。 ▶180 ジェッド・パリオットへのインタビュー、2019年6月10日。 ▶181 ジョニー・コールマンへのインタビュー、2019年7月28日。 ▶182 King Jr., *Where Do We Go from Here*, 197. ▶183 Mertes, "Grass-Roots Globalism", 108. ▶184 NOlympics LA, "'Chinatown Is Not for Sale': Chinatown Community for Equitable Development in Profile", 12 June 2019. ▶185 アリエル・サライへのインタビュー、2019年6月9日。 ▶186 シンシア・ストラスマンへのインタビュー、2019年6月24日。 ▶187 Crenshaw, "Mapping the Margins"; Strolovitch, *Affirmative Advocacy*. ▶188 スティーヴン・ハッチンソンへのインタビュー、2018年12月27日。 ▶189 Kauffman, *How to Read a Protest*, 94. ▶190 Tormos, "Intersectional Solidarity". ▶191 Payne, "Men Led, but Women Organized", 1. ▶192 アン・オルチエへのインタビュー、2019年6月11日。 ▶193 Boykoff, *The Suppression of Dissent*, 61. ▶194 デイヴィッド・クァトラチーへのインタビュー、2019年5月24日。 ▶195 ケリアン・ロバートソンへのインタビュー、2019年6月9日。 ▶196 アリエル・サライへのインタビュー、2019年6月9日。 ▶197 アン・オルチエへのインタビュー、2019年4月13日。 ▶198 レイチェル・レイェスへのインタビュー、2019年6月21日。 ▶199 レイチェル・レイェスへのインタビュー、2018年12月20日。 ▶200 Kauffman, *How to Read a Protest*, 72. ▶201 レイチェル・レイェスへのインタビュー、2018年12月20日。 ▶202 Manley, "Neo-Pluralism", 375. ▶203 Rancière, *Politics of Aesthetics*, 12［ランシエール、前掲書、6頁］。 ▶204 Natalie Jarvey, "Casey Wasserman Joins Vox Media Board of Directors", *Hollywood Reporter*, 10 December 2014. ▶205 モリー・ランバートへのインタビュー、2018年12月21日。 ▶206 アリエル・サライへのインタビュー、2019年1月26日。 ▶207 Sallai, "Towards a Socialist Party", 131. ▶208 Moya, "Risks of Co-optation", 133. ▶209 ブランドン・レイ・ラミレスへのインタビュー、2019年4月19日。 ▶210 ジョニー・コールマンへのインタビュー、2019年6月11日。 ▶211 モリー・ランバートへのインタビュー、2018年12月21日。 ▶212 ケリアン・ロバートソンへのインタビュー、2019年6月9日。 ▶213 Stefan Wojcik and Adam Hughes, "Sizing Up Twitter Users," Pew Research Center, 24 April 2019. ▶214 Marcuse, *One-Dimensional Man*, xv［マルクーゼ『一次元的人間』生松敬三・三沢謙一訳、河出書房新社、1974年、13頁］。 ▶215 Dean, *Democracy and Other Neoliberal Fantasies*, 49. 強調は原文通り。 ▶216 Dean, *Democracy and Other Neoliberal Fantasies*, 24. 強調を加筆。 ▶217 Dean, *Democracy and Other Neoliberal Fantasies*, 36, 17. ▶218 Robert Fitterman, "Metropolis 17," *DC Poetry Anthology* 2001 <http://dcpoetry.com/anthology/204>. ▶219 ジョニー・コールマンへのインタビュー、2019年4月19日。 ▶220 レイチェル・レイェスへのインタビュー、2018年12月20日。 ▶221 モリー・ランバートへのインタビュー、2018年12月21日。

◉第4章

▶1 Lukács, *History and Class Consciousness*, 157［ルカーチ『歴史と階級意識』城塚登・古田光訳、白水社、1991、285頁］。 ▶2 George, *After / Image*, 16. ▶3 Kelly Whiteside, "Tokyo cuses on Downtown Development Boom", *Los Angeles Times*,19 January 2019. ▶**122** Liam Dillon, "A Dark Side to the California Dream", *Los Angeles Times*, 3 February 2019. ▶ **123** Parson, *Making a Better World*. ▶**124** Shaw, *Generation Priced Out*, 41. ▶**125** Joint Center for Housing Studies of Harvard University, "The State of the Nation's Housing 2018", (Harvard University, 2018), 31. ▶**126** アン・オルチエへのインタビュー、2019年6月11日。 ▶**127** ジェッド・パリオットへのインタビュー、2018年12月18日。 ▶**128** "Three Years Later and Zero Homeless Housing Units Later, LA's Auditor Looks at Prop HHH Money", *LAist*, 8 October 2019. ジェッド・パリオットへのインタビュー、2019年6月10日。 ▶**129** ジョニー・コールマンへのインタビュー、2019年6月9日。 ▶**130** DSA-LA, "Street Watch Mission Statement" を参照のこと。<https://www.dsa-la.org/street_watch_mission_statement>. ▶**131** ジェッド・パリオットへのインタビュー、2019年6月10日。 ▶**132** ジェッド・パリオットへのインタビュー、2019年6月10日。 ▶**133** ハビエル・"ハーヴェイ"・フランコへのインタビュー、2019年6月10日および2019年6月24日。 ▶**134** Mann, Nolan, and Wellman, "Sousveillance". ▶**135** Brown, *Dark Matters*, 21, 162. ▶**136** リズ・ハーシュへのインタビュー、2019年7月4日。 ▶**137** ジョアンナ・スワンへのインタビュー、2019年5月23日。 ▶ **138** Davis, *Planet of Slums*, 201［マイク・デイヴィス『スラムの惑星——都市貧困のグローバル化』酒井隆史監訳、篠原雅武・丸山里美訳、明石書店、2010年、264頁］。 ▶**139** Steve Lopez, "Finding the L.A. Real Estate Gold Rush — in Compton, Watts and South L.A", *Los Angeles Times*, 9 December 2017; Shantell E. Jamison, "Welcome to Compton: The New Place to Buy a Home in LA", *Ebony*, 21 December 2017. ▶**140** Josie Huang, "As dtla Vacancies Rise, Landlords Increase Breaks on Rent, Parking", *KPCC*, 15 September 2017. ▶**141** Chatterjee, *Displacement, Revolution, and the New Urban Condition*, 5. ▶**142** ジョニー・コールマンへのインタビュー、2018年12月18日。 ▶**143** ジョニー・コールマンへのインタビュー、2019年4月20日。 ▶**144** Lefebvre, *Writings on Cities*, 158. ▶**145** Attoh, *Rights in Transit*, 15. ▶**146** ジェネラル・ドゴンへのインタビュー、2019年6月7日。 ▶**147** スパイク・フリードマンへのインタビュー、2019年5月15日。 ▶**148** シンシア・ストラスマンへのインタビュー、2019年6月24日。 ▶**149** David Harvey, "The Right to the City", 23［この論文の日本語訳は、以下に収録されている。デヴィッド・ハーヴェイ『反乱する都市』森田成也ほか訳、作品社、2013年］。 ▶**150** アン・オルチエへのインタビュー、2019年4月13日。 ▶**151** アン・オルチエへのインタビュー、2019年4月13日。 ▶**152** Soja, *Seeking Spatial Justice*, 59. ▶**153** Jasper, *The Art of Moral Protest*, 5. ▶**154** Klein, "Reclaiming the Commons", 220. ▶**155** ボブ・ケロスへのインタビュー、2019年6月5日。 ▶**156** <https://counterolympicsnetwork.wordpress.com/> および <http://www.gamesmonitor.org.uk/> を参照のこと。 ▶**157** ジュリアン・チェイニーへのインタビュー、2019年6月7日。 ▶**158** Lenskyj, *Olympic Industry Resistance*, 152. ▶**159** 私はすべての活動に出席した。また、早稲田大学でのシンポジウムでは基調講演を行ない、記者会見には3人の発言者のうちの1人として出席し、上智大学での学術セミナーでは応答者という役割をそれぞれ務めた。 ▶**160** Dave Zirin and Jules Boykoff, "In Tokyo, International Activists Demand 'No Olympics Anywhere!'", *The Nation*, 26 July 2019. ▶**161** エリック・シーハンへのインタビュー、2019年7月25日。 ▶**162** ジョニー・コールマンへのインタビュー、2019年7月28日。 ▶**163** レオナルド・ヴィルチスへのインタビュー、2019年7月25日。 ▶**164** グロリア・ギャラードへのインタビュー、2019年7月25日。 ▶**165** レオナルド・ヴィルチス＝サラテへのインタビュー、2019年7月27日。 ▶**166** ケリアン・ロバートソンへのインタビュー、2019年7月28日。 ▶**167** 井谷聡子へのインタビュー、2019年7月25日。 ▶**168** メグ・ヒーリーへのインタビュー、2019年7月24日。 ▶**169** クリス・ギャフニーへのインタビュー、2019年7月27日。 ▶**170** 声明の全文は、反五輪の会のウェブサイト <https://hangorin.tumblr.com/

linedocs/2018/18-0367_mot_04-25-2018.pdf>. ▶**72** ウーゴ・ソトへのインタビュー、2019年6月23日。 ▶**73** レイチェル・レイエスへのインタビュー、2019年6月21日。 ▶**74** NOlympics LA, "NOlympics LA and the Road to 2028: A Platform for Changing the Conversation & Winning", 13 September 2017. ▶**75** Hobsbawm, "Pierre Bourdieu", 39. ▶**76** メグ・ヒーリーへのインタビュー、2019年1月24日。 ▶**77** スパイク・フリードマンへのインタビュー、2019年5月15日。 ▶**78** ジョニー・コールマンへのインタビュー、2019年4月19日。 ▶**79** モリー・ランバートへのインタビュー、2019年4月19日。 ▶**80** レイチェル・レイエスへのインタビュー、2019年6月21日。 ▶**81** Ed Hula, "IOC Members React to Milan Victory", *Around the Rings*, 26 June 2019. ▶**82** Daniel Etchells, "Public Poll Says Los Angeles 2028 Has 83 Percent Support", *Inside the Games*, 2 August 2017; David Wharton, "New Poll Suggests L.A. Residents Concerned about Hosting 2028 Olympics", *Los Angeles Times*, 9 October 2018. ▶**83** Dave Zirin and Jules Boykoff, "A Poll Sheds Light on Tough Los Angeles Olympic Truths", *The Nation*, 11 October 2018. ▶**84** アザド・アミア＝ガセミへのインタビュー、2019年2月1日。 ▶**85** Liam Morgan, "Significant Changes to Olympic Bid Process Approved by IOC Session", *Inside the Games*, 26 June 2019. ▶**86** ジョニー・コールマンへのインタビュー、2019年6月26日。 ▶**87** アン・オルチエへのインタビュー、2018年10月7日。 ▶**88** Wright, *How to Be an Anticapitalist*, 143. ▶**89** John Aguilar, "Denver Prop 302: Measure Requiring Voter Approval before City Spends on Olympics Wins Big", *Denver Post*, 4 June 2019. ▶**90** Piven and Cloward, *The Breaking of the American Social Compact*, 366. ▶**91** Tarrow, *Power in Movement*, 98［タロー、前掲書、173頁］。 ▶**92** Dakota Smith, "Mayor Garcetti's Speech at usc Shut Down by Protesters", *Los Angeles Times*, 10 December 2018. ▶**93** アン・オルチエへのインタビュー、2019年6月24日。 ▶**94** Keys, *Reclaiming American Virtue*, 7, 10. ▶**95** Armaline, Glasberg, and Purkayastha, "Human Rights in the United States", 251. ▶**96** Editorial Board, "Shouting Down Mayor Garcetti Isn't 'Speaking Truth to Power'", *Los Angeles Times*, 14 December 2018. ▶**97** クリスティナ・メシェルスキーへのインタビュー、2019年6月23日。アン・オルチエへのインタビュー、2019年6月24日。 ▶**98** Haines, *Black Radicals and the Civil Rights Mainstream*, 167. ▶**99** サンギータ・ライアサムへのインタビュー、2019年2月8日。 ▶**100** アリエル・サライへのインタビュー、2019年1月26日。 ▶**101** Sharp, *From Dictatorship to Democracy*, 96, 95［シャープ『独裁体制から民主主義へ――権力に対抗するための教科書』瀧口範子訳、筑摩書房、2012年、108頁］。 ▶**102** Matthew Winkler, "Los Angeles Is Having a Loud Economic Boom", *Bloomberg Opinion*, 5 April 2019. ▶**103** Haugerud, *No Billionaire Left Behind*, 190, 191. ▶**104** アン・オルチエへのインタビュー、2019年1月25日。 ▶**105** エリック・シーハンへのインタビュー、2019年3月1日。 ▶**106** スティーヴン・ハッチンソンへのインタビュー、2018年12月27日。 ▶**107** Freud, *Jokes and Their Relation to the Unconscious*, 140［フロイト『フロイト全集8　機知――1905年』中岡成文・太寿堂真・多賀健太郎訳、岩波書店、2008年、197頁］。 ▶**108** エリック・シーハンへのインタビュー、2019年3月1日。 ▶**109** ジョニー・コールマンへのインタビュー、2019年1月23日。 ▶**110** デイヴィッド・クァトラチーへのインタビュー、2019年5月24日。 ▶**111** Shakespeare, *Love's Labour's Lost*, 103［シェイクスピア『シェイクスピア全集9 恋の骨折り損』小田島雄志訳、白水社、1995年、175頁］。 ▶**112** Fraser and Jaeggi, *Capitalism*, 167. ▶**113** アン・オルチエへのインタビュー、2019年4月13日。 ▶**114** Nixon, *Slow Violence*, 2. ▶**115** Zukin, *The Culture of Cities*, 28. ▶**116** Moskowitz, *How to Kill a City*, 22. ▶**117** Gibbons, *City of Segregation*, 6. ▶**118** Stein, *Capital City*, 5. ▶**119** Fraser and Jaeggi, *Capitalism*, 104–107. ▶**120** ジェネラル・ドゴンへのインタビュー、2019年6月7日。 ▶**121** Emily Alpert Reyes and David Zahniser, "FBI Corruption Probe of L.A. City Hall Fo-

"Japan's King of the Mountain; The Man Who Made Nagano Also Owns Part of It", *New York Times*, 6 February 1998, D8. ▶ **25** Aaron Bauer, "Questioning the Relevancy of the Olympics", *Around the Rings*, 2 January 2019. ▶ **26** IOC Ethics Commission, "IOC Indemnity Policy", Rio de Janeiro, 26–28 February 2015. ▶ **27** Kathleen Elkins, "Here's How Much US Olympic Medalists Get Paid", *CNBC*, 17 February 2018. ▶ **28** Hunter Moyler, "Olympic Medalist Monica Aksamit Turns to GoFund Me to Send Her to 2020 Games in Tokyo", *Newsweek*, 20 October 2019. ▶ **29** IOC "Olympic Agenda 2020: 20+20 Recommendations", December 2014, 20. ▶ **30** David Owen, "What the Latest ioc Commission Line-Ups Really Tell Us", *Inside the Games*, 15 August 2018. オーウェンは分析に評価・調整委員会を含めていないが、それは開催都市の選定および大会の計画づくりにおいてこの委員会の価値が、「不可欠であり、自明でもある」とみなしているからである。 ▶ **31** Philip Hersh, "Adding More Seats to Its Gravy Train Costs the IOC Way More than It Seems", *Globetrotting*, 27 August 2018. ▶ **32** IOC Media, @iocmedia, 25 October 2019 <https://twitter.com/iocmedia/status/1187672381772488704>. ▶ **33** スパイク・フリードマンへのインタビュー、2019年5月15日。 ▶ **34** Jake Johnson, "Watch Bernie Sanders Deliver Speech on Why Democratic Socialism 'Only Way to Defeat Oligarchy and Authoritarianism'", *Common Dreams*, 12 June 2019. ▶ **35** Sunkara, *Socialist Manifesto*, 31. ▶ **36** Przeworski, "Democracy as a Historical Phenomenon", 52. ▶ **37** C.J. Polychroniou, "To Be Effective, Socialism Must Adapt to 21st Century Needs", *Truthout*, 9 June 2019. ▶ **38** Rancière, *Politics of Aesthetics*, 12［ジャック・ランシエール『「感性的なもののパルタージュ——美学と政治』梶田裕訳、法政大学出版局、2009年、6頁］。 ▶ **39** Jamelle Bouie, "Why Bernie Sanders Isn't Afraid of 'Socialism'", *New York Times*, 17 June 2019. ▶ **40** ジョニー・コールマンへのインタビュー、2019年4月19日。 ▶ **41** Moya, "Risks of Co-optation", 133–134. ▶ **42** Sallai, "Towards a Socialist Party", 128. ▶ **43** ブランドン・レイ・ラミレスへのインタビュー、2019年4月19日。 ▶ **44** アン・オルチエへのインタビュー、2019年4月13日。 ▶ **45** Johnson, "Watch Bernie Sanders Deliver Speech". ▶ **46** エリック・シーハンへのインタビュー、2019年3月1日。 ▶ **47** アザド・アミア＝ガセミへのインタビュー、2019年1月28日。 ▶ **48** Marx, *Capital*, Volume 1, 187［マルクス『資本論』第1巻、今村仁司・三島憲一・鈴木直訳、筑摩書房、2005年、142頁］。 ▶ **49** Lefebvre, *Critique of Everyday Life*, 151［アンリ・ルフェーブル『日常生活批判序説』田中仁彦訳、現代思潮社、1968年、90頁］。 ▶ **50** Beck and Beck-Gernsheim, *Individualization*, xxii. ▶ **51** Sunkara, *The Socialist Manifesto*, 3. ▶ **52** Mohamed Younis, "Four in 10 Americans Embrace Some Form of Socialism", *Gallup*, 20 May 2019. ▶ **53** Estes, *Our History Is the Future*, 257. ▶ **54** Polychroniou, "To Be Effective, Socialism Must Adapt". ▶ **55** アリエル・サライへのインタビュー、2019年1月26日。 ▶ **56** アン・オルチエへのインタビュー、2019年1月25日。 ▶ **57** レイチェル・レイェスへのインタビュー、2019年1月25日。 ▶ **58** NOlympics LA, Meeting Agenda, 9 June 2019. ▶ **59** アン・オルチエへのインタビュー、2018年12月13日。 ▶ **60** McAdam, Tarrow, and Tilly, *Dynamics of Contention*, 7–8. ▶ **61** Tarrow, *Power in Movement*, 103–104［タロー『社会運動の力——集合行為の比較社会学』大畑裕嗣監訳、彩流社、2006年、182頁］。 ▶ **62** レイチェル・レイェスへのインタビュー、2019年6月21日。 ▶ **63** リズ・ハーシュへのインタビュー、2019年7月4日。 ▶ **64** アン・オルチエへのインタビュー、2019年6月11日。 ▶ **65** ジェイコブ・ウーチャーへのインタビュー、2019年6月23日。 ▶ **66** ジェイコブ・ウーチャーへのインタビュー、2019年6月23日。 ▶ **67** ブレイク・ロバーツへのインタビュー、2019年2月23日。 ▶ **68** モリー・ランバートへのインタビュー、2019年4月19日。 ▶ **69** ジョアンナ・スワンへのインタビュー、2019年5月23日。 ▶ **70** スティーヴン・ルイスへのインタビュー、2019年6月21日。 ▶ **71** Curren Price, Jr. "Motion", City of Los Angeles, 25 April 2018 <http://clkrep. lacity.org/on-

Century, 294–295［ピケティ、前掲書、23 頁］。 ▶ **137** Rakesh Kochhar and Anthony Cilluffo, "Income Inequality in the U.S. Is Rising Most Rapidly Among Asians", Pew Research Center, 12 July 2018 ▶ **138** World Inequality Lab,"World Inequality Report 2018: Executive Summary", 1–20. ▶ **139** Saez and Zucman, "Wealth Inequality in the United States", 573. ▶ **140** Matt Bruenig. "Social Wealth Fund for America", People's Policy Project, 28 August 2018. ▶ **141** Chibber, *Understanding Capitalism*. ▶ **142** Larry Elliott, "World's 26 Richest People Own as Much as Poorest 50%, Says Oxfam", *Guardian*, 20 January 2019. ▶ **143** Hertel-Fernandez, Skocpol, and Sclar, "When Political Mega-Donors Join Forces", 127–165. ▶ **144** Hertel-Fernandez, "Who Passes Business's 'Model Bills'?", 582–602. ▶ **145** Berman, *GiveUstheBallot*. ▶ **146** Chibber, *UnderstandingCapitalism*. ▶ **147** Fraser and Jaeggi, *Capitalism*, 13. ▶ **148** Fraser and Jaeggi, *Capitalism*, 29, 31. ▶ **149** Fraser and Jaeggi, *Capitalism*, 35, 170. ▶ **150** Nancy Fraser in conversation with Daniel Denvir, "Beyond Economism", *The Dig Podcast*, 12 September 2018. ▶ **151** Max Ehrenfreund, "A Majority of Millennials Now Reject Capitalism, Poll Shows," *Washington Post*, 26 April 2016; Pew Research Center, "Little Change in Public's Response to 'Capitalism,' 'Socialism'", 28 December 2011. ▶ **152** Kolozi, *Conservatives Against Capitalism*. ▶ **153** Piston, *Class Attitudes in America*, 5. ▶ **154** Kauffman, *How to Read A Protest*, 93–94. ▶ **155** スティーヴン・ハッチンソンへのインタビュー、2018 年 12 月 27 日。

◉第3章

▶ **1** Rick Maese, "Trump, ioc's Thomas Bach Meet, Discuss Los Angeles Olympic Bid", *Washington Post*, 22 June 2017. ▶ **2** アリエル・サライへのインタビュー、2019 年 1 月 26 日。 ▶ **3** クリスティナ・メシェルスキーへのインタビュー、2019 年 6 月 23 日。 ▶ **4** スティーヴ・ドゥシーへのインタビュー、2019 年 2 月 1 日。 ▶ **5** Duncan Mackay, "Bach Wraps up Two-day Visit to Los Angeles to Help Celebrate Award of 2028 Olympics", *Inside the Games*, 18 September 2017. ▶ **6** MacAloon, *This Great Symbol*, 202 頁に引用されている。 ▶ **7** Douglas A Smith, email to David Axelrod, Released by WikiLeaks, "The Podesta Emails", 7 November 2008 <https://wikileaks.org/podesta-emails/emailid/56648>. ▶ **8** サンギータ・ライアサムへのインタビュー、2019 年 2 月 8 日。 ▶ **9** Fraser and Jaeggi, *Capitalism*, 29–31. ▶ **10** Mallon, "The Olympic Bribery Scandal", 11–12. ▶ **11** David Goldblatt, *The Games*, 373［ゴールドブラット『オリンピック全史』志村昌子・二木夢子訳、原書房、2018 年、346 頁］。 ▶ **12** Booth and Tatz, "Swimming with the Big Boys", 11, 12. ▶ **13** Wenn, Barney, and Martyn, *Tarnished Rings*, 27, 48. ▶ **14** Mallon, "Olympic Bribery Scandal", 22–23, 47. ▶ **15** Robert Sullivan, "How the Olympics Were Bought", *Time*, 1 February 1999. ▶ **16** Mitchell et al., "Report of the Special Bid Oversight Commission", US Senate, 1 March 1999, 9. ▶ **17** "IOC Approves All Recommended Reforms", *Journal of Olympic History* (January 2000), 57–58. ▶ **18** Hersh, "The Olympics in Crisis", 29–33. ▶ **19** Dan Palmer, "Accounts Reveal Irish Payments of Nearly €350,000 on Rio 2016 Crisis which Saw Hickey Arrested", *Inside the Games*, 29 March 2019. ▶ **20** Jamil Chade, "Polícia de Genebra Apreende Ouro de Nuzman e Confirma 'Vários Quilos' Escondidos", *Estadão*, 9 October 2017; Jules Boykoff, "The Currency of Olympics Politics Is Often Just Currency", *Los Angeles Times*, 12 September 2017. ▶ **21** Antoni Slodowski, "Japan's Yamashita Appointed Chief as Takeda Resigns in Graft Probe", *Reuters*, 27 June 2019. ▶ **22** Tariq Panja and Hiroko Tabuchi, "Japan's Olympic Chief Faces Corruption Charges in France," *New York Times*, 11 January 2018. ▶ **23** Goldblatt, *The Games*, 371［ゴールドブラット、前掲書、344 頁］。 ▶ **24** Sheryl WuDunn,

fornia Reinvestment Disrupting and the Anti-Eviction Mapping Project, "Displacement Financing in Oakland and Beyond", June 2018, 1–40. ▶ **91** NOlympics LA, "LA84 Foundation: Public Good or Public Grift?" 27 September 2018. ▶ **92** セリアンヌ・ロバートソンへのインタビュー、2019年3月6日。 ▶ **93** セリアンヌ・ロバートソンへのインタビュー、2019年3月6日。 ▶ **94** NOlympics LA, "From 'Social Justice' to Shoe Lines: Wading in the Political Shallows of the LA84 Foundation 2018 Summit", 26 October 2018. ▶ **95** Douglas, *Where the Girls Are*, 294. ▶ **96** アザド・アミア＝ガセミへのインタビュー、2019年2月1日。 ▶ **97** Robert Lindsey, "Security Is Called Largest in Peacetime", *New York Times*, 26 July 1984, B9. ▶ **98** Evan Maxwell and Bill Farr, "Security — 'Star Wars' Technology", *Los Angeles Times*, 13 July 1984, 1, 3. ▶ **99** Felker-Kantor, *Policing Los Angeles*, 153, 213. ▶ **100** Leon Daniel,"Cleaning Up Mean Streets for Olympics", *UPI*,23 July 1984. ▶ **101** Felker-Kantor, *Policing Los Angeles*. ▶ **102** Ueberroth, with Levin and Quinn, *Made in America*, 120. ▶ **103** Ueberroth, *Made in America*, 120, 122, 128. ▶ **104** "L.A. Police Chief Rebuked for Report that the USSR Is Sending Terrorists to City Disguised as Jews", *Jewish Telegraphic Agency News Bulletin*, Vol. LX, No. 18, 27 January 1982, 3. ▶ **105** "Officer Disarms Bomb at Los Angeles Airport", *New York Times*, 14 August 1984, A14; Danelia Wild, "The Police Officer Hailed as a Hero for Defusing..." *UPI*, 14 August 1984. ▶ **106** Caitlin Parker, *Mayor Bradley's Los Angeles: Urban Governance in An Era of Fiscal Austerity*, doctoral dissertation, Chapter 4. ▶ **107** Parker, *Mayor Bradley's Los Angeles*, Chapter 4. ▶ **108** Quoted in Davis, *City of Quartz*, 19. ▶ **109** *Time Magazine*, Vol. 125, No.1 (7 January 1985). ▶ **110** Dave Zirin, "Want to Understand the 1992 LA Riots? Start with the 1984 LA Olympics", *The Nation*, 30 April 2012. ▶ **111** Gary Dorrien, "Michael Harrington and the "Left Wing of the Possible"", *Crosscurrents* (June 2010): 257–282. ▶ **112** Anna Heyward, "Coming Up Roses: With 24,000 New Members, Democratic Socialists of America Is a Budding Political Force", *The Nation* (15–22 January 2018): 13–18; Harold Meyerson, "The Return of American Socialism", *The American Prospect* (Fall 2018): 29–32. ▶ **113** Hahnel, "Winnowing the Wheat from the Chaff", 217. ▶ **114** キャロル・ニュートンへのインタビュー、2019年3月4日。 ▶ **115** ジャック・ロスマンへのインタビュー、2019年4月1日。 ▶ **116** DSA-LAの数名のメンバーへのインタビューから（グラハム・マクニールへのインタビュー、2019年4月5日。ジャック・スリアへのインタビュー、2019年7月5日など）。 ▶ **117** ジャック・ロスマンへのインタビュー、2019年4月1日。 ▶ **118** キャロル・ニュートンへのインタビュー、2019年3月4日。 ▶ **119** Meyerson, "The Return of American Socialism", 31. ▶ **120** Heyward, "Coming Up Roses", 16. ▶ **121** キャロル・ニュートンへのインタビュー、2019年3月4日。 ▶ **122** Donald Trump, "President Donald J. Trump's State of the Union Address", WhiteHouse.gov, 5 February 2019. ▶ **123** アリエル・サライへのインタビュー、2019年2月26日。 ▶ **124** セリアンヌ・ロバートソンへのインタビュー、2019年1月25日。 ▶ **125** アリエル・サライへのインタビュー、2019年2月26日。 ▶ **126** ジャックス・アリオラへのインタビュー、2019年2月1日。 ▶ **127** Hall, "Neoliberal Revolution", 326. 強調は原文通り。 ▶ **128** Harvey, *Spaces of Global Capitalism*, 56. ▶ **129** Wood, "The Separation of the Economic and the Political", 67. ▶ **130** Ong, *Neoliberalism as Exception* , 3［オング『アジア、例外としての新自由主義』加藤敦典・新ヶ江章友・高原幸子訳、作品社、2013年、18頁］。 ▶ **131** Fraser and Jaeggi, *Capitalism*, 131. ▶ **132** Piketty, *Capital in the Twenty-First Century*［ピケティ『21世紀の資本』山形浩生・守岡桜・森本正史訳、みすず書房、2014年、22頁］。 ▶ **133** Fraser and Jaeggi, *Capitalism*, 29–31, 40, 104–107. ▶ **134** Harvey, *Spaces of Global Capitalism*. ▶ **135** Stone et al.,"A Guide to Statistics on Historical Trends in Income Inequality". ▶ **136** Piketty, *Capital in the Twenty-First*

ている。 ▶ **53** スティーヴン・ハッチンソンへのインタビュー、2019年2月18日。 ▶ **54** エリック・シーハンへのインタビュー、2019年3月1日。 ▶ **55** ブランドン・レイ・ラミレスへのインタビュー、2019年4月19日。 ▶ **56** グロリア・ギャラードへのインタビュー、2019年2月18日。 ▶ **57** マイケル・スタインボーンへのインタビュー、2019年2月15日。 ▶ **58** エリック・シーハンへのインタビュー、2019年3月1日、およびマイケル・スタインボーンへのインタビュー、2019年2月24日。 ▶ **59** ファイル内にある映像。 ▶ **60** マイケル・スタインボーンへのインタビュー、2019年2月15日。 ▶ **61** ジャスティン・ガーへのインタビュー、2019年2月24日。 ▶ **62** スティーヴ・ドゥシーからガーセッティ・オーディションへのEメール、2018年8月21日。 ▶ **63** エリック・シーハンへのインタビュー、2019年3月1日。 ▶ **64** ファイル内にあるキャスティングの映像。 ▶ **65** NOlympics LA, "Mayor Auditions: Los Angeles," 6 March 2019. ▶ **66** エリック・シーハンへのインタビュー、2019年3月1日。 ▶ **67** Molly Lambert, "The Fight Against the Los Angeles Olympics Isn't Over Yet," *Deadspin*, 8 August 2019. ▶ **68** ジャスティン・ガーへのインタビュー、2019年2月24日。 ▶ **69** City of Los Angeles, "Los Angeles Officially Awarded the 2028 Summer Olympics", 20 September 2017. ▶ **70** Robert Lindsey, "'84 Olympics Facing Financing Struggle", *New York Times*, 19 August 1979, 18; "1984 Olympics to Rely on Private Enterprise", *New York Times*, 6 December 1981, 31; "Los Angeles Appears Ready for Withdrawal of 1984 Olympics Bid", *New York Times*, 19 July 1978, 19. ▶ **71** Neil Amdur, "Los Angeles Assured of Games", *New York Times*, 11 February 1979, S1. ▶ **72** Ueberroth, Levin, and Quinn, *Made in America: His Own Story*, 9. ▶ **73** Reich, *Making It Happen*, 12. ▶ **74** Senn, *Power, Politics, and the Olympics Games*, 191; Gruneau and Cantelon, "Capitalism, Commercialism, and the Olympics", 345–364; Ueberroth et al., *Made in America*, 121–122; Ray Kennedy, "Miser with the Midas Touch", *Sports Illustrated*, 22 November 1982. ▶ **75** Tomlinson, "The Disneyfication of the Olympics", 147–163. ▶ **76** Perelman, *Olympic Retrospective*, 94–107. ▶ **77** Avery Brundage, "Stop, Look and Listen", 1948, abc, Box 245, Reel 142, ICOS, 1, 3. ▶ **78** Robert McG. Thomas, "The Man at the Center of It All", *New York Times*, 22 July 1984, S9. ▶ **79** Los Angeles Olympic Organizing Committee, *Official Report of the Games of the XXIII Olympiad Los Angeles*, 26. 他の人々はこれよりわずかに高い2億3200万ドルと試算している。Wenn, "Peter Ueberroth's Legacy" 参照。 ▶ **80** 例えば、南カリフォルニア高速交通地区がバスを運行していた。彼らが組織委員会に、彼らが大会に投じた500万ドルを補うため剰余金を使うことを頼んだ時、前例となることを恐れたウェーバーロスと会社にすげなく断わられた。Maura Dolan, "Giant Olympic Surplus Spills Over into Anger", *Los Angeles Times*, 1 November 1984を参照。 ▶ **81** Perelman, *Olympic Retrospective*, 119. ▶ **82** LA84 Foundation, "Our Story", n.d. <https://la84.org/our-story/>. ▶ **83** Helene Elliott, "L.A. Summer Games Were a Risk that is Still Paying Off", *Los Angeles Times*, 28 July 2014; Bill Dwyre, "Anita DeFrantz to Step Down as President of LA84 Foundation after 28 Years", *Los Angeles Times*, 30 May 2015. ▶ **84** DeFrantz and Young, *My Olympic Life*, 74. ▶ **85** Anita DeFrantz, "Athletes, Not Politics, Define Olympics", *USA Today*, 16 May 2008, 19A. ▶ **86** Ben Fischer, "Profile: Renata Simril, President and CEO, LA84 Foundation", *Sports Business Journal*, 16 October 2017; Clay Fowler, "50 Most Powerful in SoCal Sports: No. 38 Renata Simril, LA84 Foundation", *Orange County Register*, 23 July 2017. ▶ **87** Goldstein, "Major Rental-Home Companies". Also, see Homes for All Campaign of the Right to the City Alliance, "Renting from Wall Street: Blackstone's Invitation Homes in Los Angeles and Riverside". July 2014. ▶ **88** Rina Chandran, "Global Investors 'Wreaking Havoc' on Low-income Renters, U.N. Says", *Reuters*, 26 March 2019. ▶ **89** Pro Publica, "LA84 Foundation", n.d. <https://projects.propublica. org/nonprofits/organizations/953792725/201723129349101177/ InvestmentsOtherSchedule2>. ▶ **90** Cali-

Security, "Fact Sheet: National Special Security Events", 28 December 2006. ▶**21** Lindsay Gibbs, "21 Savage's Super Bowl Arrest Sparks New Concern about ice's Role Alongside LAPD for 2028 Olympics", *Think Progress*, 5 February 2019. ▶**22** IOC "Host City Contract Principles: Games of the XXXIV Olympiad in 2028", 13 September 2017, 10. ▶**23** Avery Brundage, "Memos, Notes, etc. by Avery Brundage on Sports, Art, Politics, 1952–1958", abc, Box 245, Reel 142, ICOS. ▶**24** Brundage, "Memos, Notes, etc. by Avery Brundage", abc, Box 245, Reel 142, ICOS. ▶**25** Avery Brundage, "The Wondrous Flame of the Olympics", 1938, abc, Box 248, Reel 143, IOCS, 3, 15, 16. ▶**26** Avery Brundage, "Address at the 67th Solemn Opening Session, Mexico City, Mexico", 7 October 1968, 7, abc, Box 246, Reel 143, IOCS. ▶**27** Avery Brundage, "Letter to the International Federations", 10 March 1965, abc, Box 82, Reel 45, ICOS. ▶**28** スティーヴ・ドゥシーへのインタビュー、2018年12月20日。 ▶**29** Peter Jamison, "L.A. Mayor Eric Garcetti Introduces Himself to Nation at DNC", *Los Angeles Times*, 28 July 2016. ▶**30** John Podesta, email to Sara Latham, Released by WikiLeaks, "The Podesta Emails", 18 November 2008, <https://wikileaks.org/podesta-emails/emailid/30916>. ▶**31** Cindy Chang, "Eric Garcetti, Still Weighing a Presidential Run, Delivers Commencement Address in New Hampshire", *Los Angeles Times*, 13 May 2018. ▶**32** Hannibal Moncrief, "The Mayor Who Wasn't There", *The Land*, 30 January 2019. ▶**33** Garcetti with Hula, "Olympic City Mayor to Super Bowl". ▶**34** Garcetti with Hula, "Olympic City Mayor to Super Bowl". ▶**35** Eric Garcetti, "Statement: Mayor Garcetti on Unanimous City Council Approval of 2028 Olympic Host City Contract", Office of the Mayor of Los Angeles, 11 August 2017. ▶**36** IOC,"Los Angeles Declares Candidature for Olympic Games 2028". Olympic.org, 11 August, 2017. ▶**37** IOC, "Host City Contract Principles: Games of the XXXIV Olympiad in 2028", 13 September 2017. ▶**38** Adam Rittenberg, "The Remarkable Story of YCU's Rhodes Scholar, Caylin Moore", *ESPN*, 29 December 2016. ▶**39** David Wharton, "L.A. Gains Financial Concessions in Return for Agreeing to Host the 2028 Olympic Games", *Los Angeles Times*, 31 July 2017. ▶**40** David Wharton, "Federal Tax Documents Detail Spending by LA 2024's Campaign to Bring Olympics to Los Angeles", *Los Angeles Times*, 16 June 2017. Tax documents for the Los Angeles 2024 Exploratory Committee available at *Pro Publica* <https://projects.propublica.org/nonprofits/organizations/472018941>. ▶**41** David Wharton, "Estimated Cost of 2028 Los Angeles Olympics Jumps to $6.9 Billion", *Los Angeles Times*, 30 April 2019. ▶**42** Nick Butler, "Concessions Not Given to Los Angeles in 2028 Negotiations According to Bach", *Inside the Games*,5 August 2017. ▶**43** David Wharton, "Creativity, Timing and Perseverance: How L.A. Got the 2028 Olympics", *Los Angeles Times*, 16 September 2017. ▶**44** Brooks Barnes, "A Sports Agent with Hollywood in His Blood", *New York Times*, 7 July 2013, bu1; Katharine Clarke, "Hollywood Scion Asks $125 Million for L.A. Mansion", *Wall Street Journal*, 18 October 2018; Bruce Schoenfeld, "Wasserman's World", *Sports Business Journal*, 8 May 2017. ▶**45** Scott Reid, "'The 1984 Boys': How the '84 Olympics Planted the Seed for Casey Wasserman, Eric Garcetti to Spearhead the Games' Return to L.A. in 2028", *Orange County Register*, 3 September 2017. ▶**46** ジャックス・アリオラへのインタビュー、2019年2月1日。 ▶**47** ジャックス・アリオラへのインタビュー、2019年2月16日。 ▶**48** Reid, "'The 1984 Boys'". ▶**49** NOlympics LA, "NOlympics LA and the Road to 2028: A Platform for Changing the Conversation & Winning", 13 September 2017. ▶**50** アリエル・サライへのインタビュー、2018年12月16日。 ▶**51** ジョニー・コールマンへのインタビュー、2018年12月19日。 ▶**52** 右翼のある自称反逆アーティストはそのフォーマットを着服し、それをルース・ベーダー・ギンズバーグに適用さえし

Affect Freedom?" *David Harvey's Anti-Capitalist Chronicles Podcast*, 2 January 2019［これを収録した書籍 *Anti-Capitalist Chronicles* の日本語版は、作品社で近刊予定］。 ▶ **106** Kenworthy, *Social Democratic America*, 9. ▶ **107** Margery Eagan, "'Extremists' Like Elizabeth Warren and Alexandria Ocasio-Cortez Are Actually Closer to What Most Americans Want," *Boston Globe*, 12 January 2019. エリザベス・ウォーレンは資本主義への規制を強化したいとの考えであるが、自身が「骨まで資本主義者」であることを公言していることは確かである。 ▶ **108** "Poll: A Majority of Americans Support Raising the Top Tax Rate to 70 Percent," *The Hill*, 15 January 2019. ▶ **109** Abel Gustafson, Seth Rosenthal, Anthony Leiserowitz, Edward Mailbach, Matthew Ballew, and Matthew Goldberg, "The Green New Deal Has Strong Bipartisan Support," *Yale Program on Climate Change Communication*, 14 December 2018. ▶ **110** Fraser and Jaeggi, *Capitalism*, 181.

◉第2章

▶ **1** David Wharton, "L.A. City Council Endorses 2028 Olympics Bid, Accepting Responsibility for Any Cost Overruns", *Los Angeles Times*, 11 August 2017; Jules Boykoff, "LA Is about to Discover that Democracy and the Olympics Don't Mix", *Guardian*, 13 September 2017. ▶ **2** 私は、この本のために何度もガーセッティ市長にインタビューを申し込んだ。ロサンゼルス市のウェブサイトのガイドラインに沿って、2019 年 5 月 13 日、2019 年 5 月 19 日、2019 年 6 月 3 日に報道事務所宛メールを送った。それに加え、2019 年 5 月 22 日、2019 年 6 月 18 日に報道事務所に電話し、市長室から折り返し返事が来るだろうと伝えられた。2019 年 6 月 18 日にガーセッティの報道秘書アレックス・コミサーから電話があり、5 分間ほど話した。彼によると、市長室は 2028 年ロサンゼルス・オリンピックに関して報道された私の批判的コメントを承知しているとのことだった。私は彼に、自分は証拠を重んじる社会科学者であるから、もしも私が考慮するべきだと思う新たな証拠を彼あるいは市長が持っているのなら、喜んで検討すると伝えた。また私は、市長の観点をもっとよく理解しそれを記録するため、市長にインタビューしたい旨を伝えた。コミサーはインタビューをアレンジしてみることを確約したが、彼から返事はなかった。それに続くロスへの取材旅行の前と途中、コミサーに連絡を取ってみたが、返答は得られなかった。 ▶ **3** "City Council Votes in Support Of LA 2028 Bid", cbsla.com, 11 August 2017. ▶ **4** ジョニー・コールマンへのインタビュー、2019 年 2 月 23 日。 ▶ **5** ジョニー・コールマンへのインタビュー、2018 年 12 月 18 日。 ▶ **6** アン・オルチエへのインタビュー 、2018 年 12 月 13 日。 ▶ **7** アン・オルチエへのインタビュー、2018 年 12 月 13 日。 ▶ **8** NOlympics LA, "NOlympics LA and the Road to 2028: A Platform for Changing the Conversation & Winning", 13 September 2017. ▶ **9** アリエル・サライへのインタビュー、2019 年 1 月 26 日。 ▶ **10** Wright, *How to Be an Anticapitalist*, 2. ▶ **11** Los Angeles Times Editorial Board, "Los Angeles' Homelessness Crisis is a National Disgrace", *Los Angeles Times*, 25 February 2018. ▶ **12** Simon Ostrovsky, "UN Rapporteur Compares LA's Skid Row to A Refugee Camp", LAPD Newshour, 2 November 2018. ▶ **13** Matt Tinoco, "One in Three Times the LAPD Used Force in 2018 It Involved a Homeless Person", *LAist*, 19 March 2019. ▶ **14** Benjamin Oreskes, "For 2019 Homeless Count, Thousands of Volunteers Are Set to Deploy across L.A." *Los Angeles Times*, 22 January 2019; Doug Smith, "Is L.A.'s Homeless Population Closer to 100,000? Nonprofit Offers an Alternative View of the Data", *Los Angeles Times*, 18 September 2018. ▶ **15** Benjamin Oreskes and Doug Smith, "Homelessness Jumps 12% in L.A. County and 16% in the City, Leaving Officials 'Stunned'", 4 June 2019. ▶ **16** Eric Garcetti with Ed Hula, "Olympic City Mayor to Super Bowl," *Around the Rings*, 31 January 2019. ▶ **17** Gibbons, *City of Segregation*, 179, 177. ▶ **18** George, *After / Image*, 59, 87, 142. ▶ **19** Soja, *Seeking Spatial Justice*, 114. ▶ **20** Department of Homeland

tre for Olympic Studies, London, Ontario（以下、ICOSと記載）。 **▶69** Paul Henderson, "Letter to Michael Shapcott," PHC, 26 November 1989, ICOS. **▶70** Michael Shapcott, "Letter to Paul Henderson," PHC, 15 December 1989, ICOS. **▶71** "The Bid for the 1996 Olympics: Not This Time, Toronto," CBC, 18 September 1990. **▶72** Paul Henderson, "Letter to Jack Layton," PHC, 1 January 1991, ICOS. **▶73** "Colorado Drops Winter Games Bid," *New York Times*, 9 November 1972, 61. **▶74** Clifford M. Buck, "Cablegram Message to Lord Killanin," 13 November 1972, Avery Brundage Collection (hereafter abc), Box 191, Reel 110, ICOS. **▶75** International Olympic Committee, "IOC Annual Report 2017: Credibility, Sustainability, Youth," 24 September 2018, 107. **▶76** "piggyjacking"という言葉は、下記の論文からきているが、そこではこの言葉は違った使われ方をしている。「競争力のある宣伝をつくり出すために伝統的なメディアの知的財産をpiggyjacking」。また「公式ジャーナリズムの明らかな腐敗または公式ジャーナリズムに対する何らかの特定の害を意図することなく公式メディアの仕事を利用する（ハイジャックする）プロセス」とある。Miah, García, and Zhihui, "'We Are the Media,'" 339, 343. **▶77** Dave Zirin and Jules Boykoff, "One Community's Resistance Will Be the Rio Olympics' Longest-Lasting Legacy," *The Nation*, 17 August 2016. **▶78** Jonathan Cohn and Robin Jacks, "Hey, LA: Here's How You Say 'No' to the Olympics," *The Nation*, 27 August, 2015. **▶79** Mark Arsenault, "Patrick to Forgo $7,500 Daily Fee for Olympic Work," *Boston Globe*, 20 March 2015; Mark Arsenault, "Olympic Bid Left Debt of Millions," *Boston Globe*, 11 September 2015. **▶80** Dempsey and Zimbalist, *No Boston Olympics*, 172. **▶81** Combahee River Collective, "The Combahee River Collective Statement," 15. パトリシア・ヒル・コリンズは､力・権力のシステムや支配のシステムに対する「交差する・複合する抑圧」とも分析している。Collins, *Black Feminist Thought*, 138–145を参照のこと。 **▶82** Crenshaw, "Mapping the Margins." **▶83** Strolovitch, *Affirmative Advocacy*, 26, 27.強調は原文通り。 **▶84** King, Jr., "Where Do We Go from Here," 250. **▶85** Dixon, *Another Politics*, 85. **▶86** Zirin and Boykoff, "One Community's Resistance." **▶87** Dixon, *Another Politics*, 36.強調は原文通り。 **▶88** Tarrow, *The New Transnational Activism*, 170–172. **▶89** Hall, "The 'First' New Left," 133. **▶90** オーヴァートンの窓は、米国の政策専門家ジョセフ・オーヴァートンにちなんで名付けられ、2003年のオーヴァートンの死後、彼の同僚たちにより一般化された概念である。政治的影響として重要なものの一つは、「政治家は、何であれ自分たちが選択した政策をいつであれ自分たちが選択する時に支持しようとすることはまれであり、むしろ、意見、社会運動、および社会の感性によって現在の政治的環境が形づくられることから、彼らは、選挙で敗北する危険をおかすことなくできると自分たちが感じることを支持しようとする」ことである。Joseph Lehman, "An Introduction to the Overton Window of Political Possibility," Makinac Center for Public Policy, 8 April 2010を参照のこと。 **▶91** Touré with Nima Shirazi and Adam Johnson, "What the Hell Is Wrong with MSNBC, Part II — A Rebuttal," *Citations Needed*, 9 January 2019. **▶92** Herman and Chomsky, *Manufacturing Consent*, 305. **▶93** Noble, *Algorithms of Oppression*, 10. **▶94** King, *When Riot Cops Are Not Enough*; Boykoff, *Beyond Bullets*. **▶95** Horne and Whannel, "The 'Caged Torch Procession.'" **▶96** Tufekci, *Twitter and Tear Gas*, 40［ゼイナップ・トゥフェックチー『ツイッターと催涙ガス――ネット時代の政治運動における強さと脆さ』毛利嘉孝監修、林敦子訳、Pヴァイン、2018年、67頁］。 **▶97** Chatoo, *The Laughter Effect*. **▶98** Berlant and Ngai, "Comedy Has Issues," 235. **▶99** Boyer and Yurchak, "American Stoib," 212. **▶100** Haines, *Black Radicals*, 167. **▶101** Skowronek, *Presidential Leadership*. **▶102** Skowronek, *The Politics Presidents Make*. **▶103** Richard Adams, "Remembering Reagan," *Guardian*, 18 January 2008. **▶104** 2018年7月11日、*The Dig Podcast*でのダニエル・デンヴァーとの会話におけるバーニー・サンダースの発言。 **▶105** David Harvey, "Does Socialism

dition Act," 18 September 1918 (E.V. Debs Internet Archive, 2001). ▶ **32** Maria Svart, "December DSA Dispatch," Democratic Socialists of America, 21 December 2018. ▶ **33** Fraser and Jaeggi, *Capitalism*, 10. ▶ **34** Thomas Bach, "New Year's Message 2019," 1 January 2019. ▶ **35** Jules Boykoff, "A Bid for a Better Olympics," *New York Times*, 13 August 2014. ▶ **36** Flyvbjerg, Stewart, and Budzier, "The Oxford Olympics Study 2016." ▶ **37** Robert Trumbull, "Olympic Advertising Is Planned," *New York Times*, 15 October 1974, 59. ▶ **38** Flyvbjerg, Stewart, and Budzier, "The Oxford Olympics Study 2016," 12. ▶ **39** Boykoff, "A Bid for a Better Olympics." ▶ **40** Flyvbjerg, Stewart, and Budzier, "The Oxford Olympics Study 2016," 14. ▶ **41** Julian Cheyne, "The Aftermath 2012," *Games Monitor*, 11 July 2011; Amy Oliver, "Cost of Olympics to Spiral to £24bn," *Daily Mail*, 27 January 2012. ▶ **42** Steven Bloor, "Abandoned Athens Olympic 2004 Venues, 10 Years On — In Pictures," *Guardian*, 13 August 2014. ▶ **43** Atika Shubert, Mairi Mackay, and Arwa Damon, "Greece's 'Warehouse of Souls:' Refugees Stuck in Old Stadiums, Derelict Airport," *CNN*, 9 March 2016. ▶ **44** Claire Provost and Simone Lai, "Occupy Turin: Refugees Find a Home in Italy's Abandoned Olympic Village," *Guardian*, 2 March 2016; "Turin's Olympic Village Houses Migrants," *Reuters*, 25 January 2018. ▶ **45** Kim Tong-Hyung and Stephen Wade, "Pyeongchang Olympics: Costly Venues May Eventually Be Razed," *Associated Press*, 19 September 2018. ▶ **46** Gaffney, "Can We Blame It on Rio?," 11. ▶ **47** IOC "Olympic Agenda 2020: 20+20 Recommendations," December 2014. ▶ **48** IOC, "The New Norm: It's a Games Changer," 6 February 2018. ▶ **49** Zimbalist, *Circus Maximus*, 122. ▶ **50** Centre on Housing Rights and Evictions (COHRE), "One World, Whose Dream," 8, 6. ▶ **51** Tom Horton, "House Prices in Newham 'Rising Faster than Anywhere in London,'" *Newham Recorder*, 4 January 2018. ▶ **52** Olivia Tobin, "Revealed: The London Boroughs with the Highest Rates of Homelessness in England," *Evening Standard*, 22 November 2018. ▶ **53** George, *After / Image*, 77. ▶ **54** NOlympics LA, "The True Cost of LA City Council's Reckless Subsidy Free-for-All and LA's 'No Build' Olympics," 30 August 2018. ▶ **55** Cerianne Robertson, "Popular Committee Launches Final Human Rights Violations Dossier Ahead of Rio 2016 'Exclusion Games,'" *RioOnWatch*, December 10, 2015. ▶ **56** Felker-Kantor, *Policing Los Angeles*, 200. ▶ **57** Felker-Kantor *Policing Los Angeles*, 191. 強調を加筆。 ▶ **58** Jules Boykoff, "What Is the Real Price of the London Olympics?," *Guardian*, 4 April 2012. ▶ **59** Anna Jean Kaiser and Andrew Jacobs, "Security Force of 85,000 Fills Rio, Unsettling Rights Activists," *New York Times*, 7 August 2016, A6. ▶ **60** Michael Hogan, "The Worst Opening Ceremonies Ever to Grace a Major Sporting Event," *Observer*, 21 July 2012. ▶ **61** Boykoff and Mascarenhas, "The Olympics, Sustainability, and Greenwashing." ▶ **62** O'Bonsawin, "Showdown at Eagleridge Bluffs"; Whitson, "Vancouver 2010: The Saga of Eagleridge Bluffs." ▶ **63** Commission for a Sustainable London 2012, "Breaking the Tape: Commission for a Sustainable London 2012 Pre-Games Review (Annual Review 2011)" (London, 2011). ▶ **64** Jules Boykoff, "What Makes Brazilians Sick," *New York Times*, 18 July 2016. ▶ **65** Rebecca Kim, "They Went and Did It: 500-year-old Primeval Forest at Mount Gariwang Unlawfully Destroyed for 2018 Pyeongchang Winter Olympics," *Games Monitor*, 22 November 2014. ▶ **66** Boykoff, *Celebration Capitalism and the Olympic Games*. ▶ **67** Jonathan Watts, "The Rio Property Developer Hoping for a $1bn Olympic Legacy of His Own," *Guardian*, 4 August 2015; Jules Boykoff, *Power Games: A Political History of the Olympics* (London and New York: Verso, 2016), 221–222. ▶ **68** Bread Not Circuses, "The *Anti*-Olympic People's Bid Book," Paul Henderson Collection（以下、PHC と記載）、January 1990, International Cen-

Philosophy, 148. ▶**12** Hall, "Introducing NLR," 1.

◉第1章

▶**1** Arthur S. Brisbane, "Trip to Olympics Proves Too Much for Bald Eagle," *Washington Post*, 25 July 1984. ▶**2** "An Olympic Symbol Dies," *New York Times*, 27 July 1984, A18. ▶**3** Mary Ann Norbom and Jane Briggs-Bunting, "A Flight Plan to Glory Ends Tragically for Bomber, the Official Bald Eagle of the 1984 Olympics," *People Magazine*, 13 August 1984. ▶**4** NOlympics LA, "5 Myths about the LA 2028 Olympics," YouTube, 8 October 2018. ▶**5** Jenna Chandler, "LA 'Sterilized' Its Streets for the '84 Olympics — How Will It Treat the Homeless in 2028?" *Curbed*, 12 July 2018. ▶**6** Davis, *City of Quartz*, 232, 233［マイク・デイヴィス『要塞都市LA』村山敏勝・日比野啓訳、青土社、2001年、198頁］。 ▶**7** グロリア・ギャラードへのインタビュー、2018年12月28日。 ▶**8** Harrington, *Socialism: Past and Future*, 266. 強調は原文通り。 ▶**9** Democratic Socialists of America, "About Us," n.d., <https://www.dsausa.org/about-us/>. ▶**10** Wright, *How to Be an Anticapitalist*, 72. ▶**11** Cameron Easley, "America's Most and Least Popular Senators" *Morning Consult*, 12 April 2018. ▶**12** Bernie Sanders, "My Vision for Democratic Socialism in America," *In These Times*, 19 November 2015. ▶**13** Sanders, "My Vision," *In These Times*. ▶**14** Frank Newport, "Democrats More Positive about Socialism than Capitalism," *Gallup*, 13 August 2018. ▶**15** Morgan Gstalter, "7 in 10 Millennials Say They Would Vote for a Socialist: Poll," *The Hill*, 28 October 2019; Ronald Brownstein "Millennials to Pass Baby Boomers as Largest Voter-Eligible Age Group, and What It Means," CNN, 25 July 2017; Richard Fry, "Millennials Approach Baby Boomers as America's Largest Generation in the Electorate," *Pew Research Center*, 3 April 2018. ▶**16** Benjamin Oreskes and Doug Smith, "Homelessness Jumps 12% in L.A. County and 16% in the City; Officials 'Stunned,'" *Los Angeles Times*, 4 June 2019; Doug Smith, "Is L.A.'s Homeless Population Closer to 100,000? Nonprofit Offers an Alternative View of the Data," *Los Angeles Times*, 18 September 2018. ▶**17** Shane Goldmacher and Jonathan Martin, "Alexandria Ocasio-Cortez Defeats Joseph Crowley in Major Democratic House Upset," *New York Times*, 26 June 2018, A1. ▶**18** Andrew C. Billings, James R. Angelini, and Paul J. MacArthur, "Women Receive More nbc Primetime Winter Olympic Broadcast Television Coverage Than Men for the First Time," *Fiveringtv.com*, 28 February 2018. ▶**19** Hall, "The Neoliberal Revolution," 320. 強調は原文通り。 ▶**20** レイチェル・レイエスへのインタビュー、2019年1月25日。 ▶**21** Karolos Grohmann, "China Mengniu Dairy, Coca-Cola Sign Olympic Deal to 2032," *Reuters*, 23 June 2019. ▶**22** International Olympic Committee, "Olympic Marketing Fact File, 2018 Edition," 2018, 6. ▶**23** Karolos Grohmann, "Insurer Allianz to Sign up as Olympic Games Sponsor for 2021–2028," *Reuters*, 18 September 2018. ▶**24** IOC, "The Olympic Partner Programme," 2018. ▶**25** Rick Porter, "Summer Olympics Are the Lowest-rated and Least-watched Since 2000," *TV By the Numbers*, 23 August 2016; Joe Otterson, "2018 Winter Olympics Close Out as Least-Watched on Record, Down 7% From Sochi Games," *Variety*, 26 February 2018; International Olympic Committee, "Independent Research Conducted on Behalf of the IOC Demonstrates Global Strength of the Olympic Values," 26 March 2019. ▶**26** IOC "Olympic Marketing Fact File, 2018 Edition," 6. ▶**27** Ahiza Garcia, "nbc's $12 Billion Investment in the Olympics is Looking Riskier," *CNN*, 24 February 2018. ▶**28** Mann, *Disassembly Required*, 6. ▶**29** Boykoff, *Celebration Capitalism and the Olympics*. ▶**30** Klein, *The Shock Doctrine*. ▶**31** Nichols, *The "S" Word*, 41; Eugene Debs, "Statement to the Court: Upon Being Convicted of Violating the Se-

of the Olympics (New York: W.W. Norton & Company, 2016), 189［デイビッド・ゴールドブラット『オリンピック全史』志村昌子・二木夢子訳、原書房、2018年、168頁］。 ▶**23** "Tokyo's War Chief Urges Shift of Olympics Unless Conflict in China Ends," *New York Times*, 8 March 1938, 14. ▶**24** "Japanese Shamed by Loss of Games," *New York Times*, 15 July 1938, 5. ▶**25** Nancy Gillen, "Olympics Only Event to 'Bring the Entire World Together,' Bach Claims in International Day of Peace Message," *Inside the Games*, 21 September 2020. ▶**26** Jules Boykoff, "The Currency of Olympic Politics Is Often Just Currency," *Los Angeles Times*, 12 September 2017. ▶**27** David Wharton, "2020 Tokyo Olympics Could Cost Japan More than $26 Billion," *Los Angeles Times*, 20 December 2019. ▶**28** Bent Flyvbjerg, Alexander Budzier, and Daniel Lunn, "Regression to the Tail: Why the Olympics Blow Up," *Environment and Planning A: Economy and Space* (2020): 1–28. ▶**29** William Andrews, "Playful Protests and Contested Urban Space: the 2020 Tokyo Olympics Protest Movement," *The Asia-Pacific Journal* Volume 18, Issue 5, Number 17 (1 March 2020): 1–11. ▶**30** Dave Zirin and Jules Boykoff, "The Tokyo 2020 Olympics Are Likely to Be a Disaster," *The Nation*, 22 July 2019, <https://www.thenation.com/article/archive/tokyo-okotowari-olympics-protest/>. ▶**31** International Olympic Committee, "IOC President: 'The Olympic Flame Can Become the Light at the End of this Dark Tunnel,'" 24 March 2020, <https://www.olympic.org/news/ioc-president-the-olympic-flame-can-become-the-light-at-the-end-of-this-dark-tunnel>. ▶**32** アン・オルチエへのインタビュー、2020年5月14日。 ▶**33** Gillen, "Olympics Only Event to 'Bring the Entire World Together.'" ▶**34** アルバート・コラードへのインタビュー、2020年9月25日。 ▶**35** "Only 23.9% in Japan Look Forward to Tokyo Olympics Next Summer: Poll," *Kyodo*, 19 July 2020. ▶**36** "Survey: Majority of Japanese Firms Oppose Olympics Next Year," *AP*, 20 August 2020. ▶**37** Albert Corado, "Why We Need to Cancel Tokyo 2020... And then LA 2028," *Knock LA*, 8 April 2020; Jonny Coleman, "The Struggle Against a Stadium's Construction Became a Battle for the Soul of Los Angeles," *The Appeal*, 10 September 2020を参照のこと。 ▶**38** アン・オルチエへのインタビュー、2020年5月14日。 ▶**39** ジジ・ドローシュへのインタビュー、2020年9月24日。 ▶**40** Elaine Godfrey, "Thousands of Americans Have Become Socialists Since March," *The Atlantic*, 14 May 2020. ▶**41** アルバート・コラードへのインタビュー、2020年9月25日。 ▶**42** "NOlympics Anywhere: A Joint Statement in Solidarity," 1 August 2019, <https://nolympicsla.com/2019/08/01/nolympics-anywhere-a-joint-statement-in-solidarity/>.

◉はじめに

▶**1** 藍原寛子へのインタビュー、2019年7月22日。 ▶**2** Boykoff, "The Anti-Olympics"［ボイコフ「反オリンピック」鈴木直文訳、小笠原博毅・山本敦久編『反東京オリンピック宣言』航思社、2016年、133–156頁］。 ▶**3** Jules Boykoff, "Russia's 2018 World Cup Run Is Over, but Putin — and Dictators Everywhere — Are Still Big Winners at Mega-Sports Events," *NBC Think*, 10 July 2018. ▶**4** Jules Boykoff, "Why You Should Root for the World Cup Protesters," *Guardian*, 10 June 2014. この〔スポーツ〕官僚は、元FIFA事務総長ジェローム・ヴァルケであった。 ▶**5** René Hauri and Philipp Rindlisbacher, "In Diktaturen Ist Es Für Uns Einfacher," *Tages Anzeiger*, 2 April 2019. ▶**6** Davis, City of Quartz,18［マイク・デイヴィス『要塞都市LA』村山敏勝・日比野啓訳、青土社、2001年、35頁］。 ▶**7** Wright, *How to Be an Anticapitalist*, 3. ▶**8** Dixon, *Another Politics*, 14. ▶**9** The Business Model for the Olympic Games is Running Out of Puff," *The Economist*, 16 March 2017. ▶**10** Marx, *Capital*, Volume 1, 99［マルクス『資本論（1–3）』岡崎次郎訳、大月書店、1972年、36頁］。 ▶**11** Marx, *The Poverty of*

原注

◉日本語版序文

▶ **1** Jules Boykoff, "Cancel. The. Olympics.," *New York Times*, 18 March 2020. ▶ **2** Nancy Armour, "US Olympic and Paralympic Committee Postpones Tokyo Media Summit Due to Coronavirus Fears," *USA Today*, 9 March 2020. ▶ **3** Andrew Keh, "Postpone the Olympics? Tokyo Official Backtracks After Causing Confusion," *New York Times*, 11 March 2020. ▶ **4** Kiyoshi Takenaka and Sakura Murakami, "Japan Says Olympics on Track as Abe and Trump Talk on Coronavirus," *Reuters*, 13 March 2020. ▶ **5** "Coronavirus: Tokyo Olympics Will Go Ahead, Says Japan's PM Shinzo Abe," *BBC*, 14 March 2020. ▶ **6** Avery Brundage, "Text of IOC President Brundage's Address of Memorial Services at Olympic Stadium on September 6, 1972," 6 September 1972, Avery Brundage Collection, Box 249, Reel 144, International Centre for Olympic Studies, Western University, Canada. ▶ **7** International Olympic Committee, "Joint Statement from the International Olympic Committee and the Tokyo 2020 Organising Committee," 24 March 2020, <https://www.olympic.org/news/joint-statement-from-the-international-olympic-committee-and-the-tokyo-2020-organising-committee>. ▶ **8** Dave Zirin and Jules Boykoff, "Why Haven't the Olympics Been Canceled Yet?" *The Nation*, 18 March 2020. ▶ **9** Adam Kilgore, "USA Track & Field Calls for Tokyo Olympics Postponement, Joining USA Swimming," *Washington Post*, 21 March 2020. ▶ **10** Dave Zirin and Jules Boykoff, "The Olympics Teeter on the Brink," *The Nation*, 23 March 2020. ▶ **11** International Olympic Committee, "IOC, IPC, Tokyo 2020 Organising Committee and Tokyo Metropolitan Government Announce New Dates for the Olympic and Paralympic Games Tokyo 2020," 30 March 2020, <https://www.olympic.org/news/ioc-ipc-tokyo-2020-organising-committee-and-tokyo-metropolitan-government-announce-new-dates-for-the-olympic-and-paralympic-games-tokyo-2020>. ▶ **12** Cheri Bradish, Rob Koehler, and Andrew Bailey, "Olympic Commercialization and Player Compensation: A Review of Olympic Financial Reports," Ryerson University's Ted Rogers School of Management and Global Athlete, 6 December 2019, 5. ▶ **13** Graham Dunbar, "Bach Invokes Trump in Defense of Olympic Decision," *AP*, 25 March 2020. ▶ **14** Merrit Kennedy, "'At Any Cost': Japanese, IOC Officials Insist Olympics Will Happen In 2021," *NPR*, 8 September 2020. ▶ **15** "Tokyo Olympics: Games Will Go Ahead 'With or Without Covid,' Says IOC VP," *BBC*, 7 September 2020. ▶ **16** Sean Ingle, "IOC Under Fire After Boxers at London Event Test Positive for COVID-19," *Guardian*, 25 March 2020. ▶ **17** Stephen Wade, "Will WHO's 'Pandemic' Ruling Impact the Tokyo Olympics?" *AP*, 12 March 2020. ▶ **18** Angela Y. Davis, *Freedom is a Constant Struggle: Ferguson, Palestine, and the Foundations of a Movement* (Chicago: Haymarket Books, 2016), 107。 ▶ **19** Ideas from the following section first appeared in Jules Boykoff, "Are the Tokyo Olympics Cursed?" *Zócalo Public Square*, 3 May 2020. ▶ **20** Jules Boykoff, *Power Games: A Political History of the Olympics* (New York: Verso, 2016), 12. ▶ **21** Aimee Lewis, "The 'Lost Games': When the Olympics Are Stopped by Extraordinary Events," *CNN*, 25 March 2020. ▶ **22** David Goldblatt, *The Games: A Global History*

———. *Presidential Leadership in Political Time: Reprise and Reappraisal.* Lawrence: University Press of Kansas, 2011.

Soja, Edward W. *Seeking Spatial Justice.* Minneapolis: University of Minnesota Press, 2010.

Stein, Samuel. *Capital City: Gentrification and the Real Estate State.* London and New York: Verso, 2019.

Stone, Chad, Danilo Trisi, Arloc Sherman, and Roderick Taylor. "A Guide to Statistics on Historical Trends in Income Inequality." Center on Budget and Policy Priorities (December 2018): 1–23.

Strolovitch, Dara. *Affirmative Advocacy: Race, Class, and Gender in Interest Group Politics.* Chicago: University of Chicago Press, 2007.

Sunkara, Bhaskar. *The Socialist Manifesto: The Case for Radical Politics in an Era of Extreme Inequality.* New York: Basic Books, 2019.

Tarrow, Sidney. *The New Transnational Activism.* New York: Cambridge University Press, 2005.

———. *Power in Movement: Social Movements and Contentious Politics.* Cambridge: Cambridge University Press, 1998［シドニー・タロー『社会運動の力――集合行為の比較社会学』大畑裕嗣監訳、彩流社、2006年］。

Tomlinson, Alan. "The Disneyfication of the Olympics: Theme Parks and FreakShows of the Body." In *Post-Olympism?: Questioning Sport in the Twenty-first Century,* edited by John Bale and Mette Krogh Christensen, 147–163. Oxford: Berg Publishers, 2004.

Tormos, Fernando. "Intersectional Solidarity." *Politics, Groups, and Identities* 5, no. 4 (2017): 707–720.

Tufekci, Zeynep. *Twitter and Tear Gas: The Power and Fragility of Networked Protest.* New Haven and London: Yale University Press, 2018［ゼイナップ・トゥフェックチー『ツイッターと催涙ガス――ネット時代の政治運動における強さと脆さ』毛利嘉孝監修、林敦子訳、Pヴァイン、2018年］。

Ueberroth, Peter with Richard Levin and Amy Quinn. *Made in America: His Own Story.* New York: William Morrow and Company, Inc., 1985［ピーター・ユベロス『ユベロス――明日を拓くわが起業家魂!』竹村健一訳、講談社、1986年］。

Wenn, Stephen R. "Peter Ueberroth's Legacy: How the 1984 Los Angeles Olympics Changed the Trajectory of the Olympic Movement." *International Journal of the History of Sport* 32, no. 1 (2015): 157–171.

Wenn, Stephen, Robert Barney, and Scott Martyn. *Tarnished Rings: The International Olympic Committee and the Salt Lake City Bid Scandal.* New York: Syracuse University Press, 2011.

Whitson, David. "Vancouver 2010: The Saga of Eagleridge Bluffs." In *Olympic Games, Mega-Events and Civil Societies: Globalization, Environment, Resistance,* edited by Graeme Hayes and John Karamichas, 219–235. New York: Palgrave Macmillan, 2012.

Wright, Erik Olin. *How to Be an Anticapitalist in the Twenty-First Century.* London and New York: Verso, 2019.

"Xth Olympiad Los Angeles 1932: Official Report," Xth Olympiade Committee of the Games of Los Angeles, U.S.A. 1932, LTD., 1933.

Zimbalist, Andrew. *Circus Maximus: The Economic Gamble Behind Hosting the Olympics and the World Cup.* Washington, DC: The Brookings Institution, 2015.

Zukin, Sharon. *The Culture of Cities.* Oxford: Blackwell, 1995.

ans of Indigenous Lands." In *Intersections and Intersectionalities in Olympic and Paralympic Studies*, edited by Janice Forsyth and Christine O'Bonsawin, Michael Heine, 82–88. London, ON: International Centre for Olympic Studies, 2014.

Ong, Aihwa. *Neoliberalism as Exception: Mutations in Citizenship and Sovereignty*. New York: Duke University Press, 2006［アイファ・オング『《アジア》、例外としての新自由主義――経済成長は、いかに統治と人々に突然変異をもたらすのか？』加藤敦典・新ヶ江章友・高原幸子 訳、作品社、2013 年］。

Parson, Don. *Making a Better World: Public Housing, the Red Scare, and the Direction of Modern Los Angeles*. Minneapolis: University of Minnesota Press, 2005.

Payne, Charles. "Men Led, but Women Organized: Movement Participation of Women in the Mississippi Delta." In *Women in the Civil Rights Movement: Trailblazers and Torchbearers, 1941–1965*, edited by Vicki L. Crawford, Jacqueline Anne Rouse, and Barbara Woods, 1–11. Bloomington and Indianapolis: Indiana University Press, 1993.

Perelman, Richard. *Olympic Retrospective: The Games of Los Angeles*. Los Angeles: Los Angeles Olympic Organizing Committee, 1985.

Piston, Spencer. *Class Attitudes in America: Sympathy for the Poor, Resentment of the Rich, and Political Implications*. New York: Cambridge University Press, 2018.

Piven, Frances Fox, and Richard A. Cloward. *The Breaking of the American Social Compact*. New York: The New Press, 1997.

Przeworski, Adam. "Democracy as a Historical Phenomenon." *New Left Review* I/122 (July–August 1980): 27–58.

Rancière, Jacques. *The Politics of Aesthetics: The Distribution of the Sensible*. Translated by Gabriel Rockhill. London: Continuum, 2004［ジャック・ランシエール『感性的なもののパルタージュ――美学と政治』梶田裕 訳、法政大学出版局、2009 年］。

Reich, Kenneth. *Making It Happen: Peter Ueberroth and the 1984 Olympics*. Santa Barbara, CA: Capra Press, 1986.

Rosenstone, Steven J., Roy L. Behr, and Edward Lazarus. *Third Parties in America: Citizen Response to Major Party Failure*. Princeton, NJ: Princeton University Press, 1996 [1984].

Saez, Emmanuel and Gabriel Zucman. "Wealth Inequality in the United States Since 1913: Evidence from Capitalized Income Tax Data." *The Quarterly Journal of Economics* 131, no. 2 (May 2016): 519–578.

Sallai, Arielle. "Towards a Socialist Party." *New Left Review* 116/117 (March–June 2019): 128–132.

Senn, Alfred E. *Power, Politics, and the Olympics Games*. Champaign, IL: Human Kinetics, 1999.

Shakespeare, William. *Love's Labour's Lost*. New York: Penguin Random House, 2008［『シェイクスピア全集 16 恋の骨折り損』松岡和子訳、筑摩書房、2008 年、ほか］。

Sharp, Gene. *From Dictatorship to Democracy, A Conceptual Framework for Liberation*. New York: The New Press, 2012 [2002]［ジーン・シャープ『独裁体制から民主主義へ――権力に対抗するための教科書』瀧口範子訳、筑摩書房、2012 年］。

Shaw, Randy. *Generation Priced Out: Who Gets to Live in the New Urban America*. Oakland: University of California Press, 2018.

Sinclair, Upton. *I, Candidate for Governor: And How I Got Licked*. Berkeley: University of California Press, 1994 [1935].

Skowronek, Stephen. *The Politics Presidents Make: Leadership from John Adams to Bill Clinton*. Cambridge, MA: Harvard University Press, 1997.

Olympics. London and New York: Routledge, 2008［ジョン・J・マカルーン『オリンピックと近代――評伝クーベルタン』柴田元幸・菅原克也訳、平凡社、1988 年］。
Mallon, Bill. "The Olympic Bribery Scandal." *Journal of Olympic History* (May 2000): 11–12.
Mandela, Nelson. *Notes to the Future: Words of Wisdom*. New York: Atria Books, 2012.
Manley, John. "Neo-Pluralism: A Class Analysis of Pluralism I and Pluralism II." *American Political Science Review* 77, no. 2 (1983): 368–383.
Mann, Geoff. *Disassembly Required: A Field Guide to Actually Existing Capitalism*. Oakland: AK Press, 2013.
Mann, Steve, Jason Nolan, and Barry Wellman. "Sousveillance: Inventing and Using Wearable Computing Devices for Data Collection in Surveillance Environments." *Surveillance & Society* 1, no. 3 (2003): 331–355.
Marcuse, Herbert. *The One-Dimensional Man: Studies in the Ideology of Advanced Industrial Society*. Boston: Beacon Press, 1964［H・マルクーゼ『一次元的人間』生松敬三・三沢謙一訳、河出書房新社、1974 年］。
Marx, Karl. *The Poverty of Philosophy*. Translated by H. Quelch. Chicago: Charles H. Kerr & Company, 1920［カール・マルクス『新訳 哲学の貧困』的場昭弘編訳、作品社、2020 年］。
———. *Capital: A Critique of Political Economy*, Volume One. Translated by Ben Fowkes. New York: Penguin Books, 1976［マルクス『資本論（1-3）』岡崎次郎訳、大月書店、1972 年ほか］。
Mason, Sarah. "Challenging Capital." *New Left Review* 116/117 (March–June 2019): 122–125.
McAdam, Doug. "Recruitment to High-Risk Activism: The Case of Freedom Summer." *American Journal of Sociology* 92, no. 1 (1986): 64–90.
McAdam, Doug, Sidney Tarrow, and Charles Tilly. *Dynamics of Contention*. Cambridge: Cambridge University Press, 2001.
Mertes, Tom. "Grass-Roots Globalism." *New Left Review* 17 (September–October 2001): 101–110.
Miah, Andy, Beatriz García, and Tian Zhihui, "'We Are the Media': Nonaccredited.
Media and Citizen Journalists at the Olympic Games." In *Owning the Olympics: Narratives of the New China*. Edited by Monroe E. Price and Daniel Dayan, 320–345. Ann Arbor: University of Michigan Press, 2008.
Moskowitz, Peter. *How to Kill a City: Gentrification, Inequality, and the Fight for the Neighborhood*. New York: Nation Books, 2018.
Moya, René Christian. "Risks of Co-optation." *New Left Review* 116/117 (March–June 2019): 133–135.
Muhammad, Ibtihaj. *Proud: My Fight for an Unlikely American Dream*. New York: Hachette Books, 2018.
Nguyen, Son, Steven Joseph Franca, and Thang Duc Pham. "Measuring Radioactivity in Soil and Dust Samples from Japan." Worcester Polytechnic Institute (March 2018): 1–47.
Nichols, John. *The "S" Word: A Short History of an American Tradition...Socialism*. London and New York: Verso, 2011.
Nixon, Rob. *Slow Violence and the Environmentalism of the Poor*. Cambridge, MA: Harvard University Press, 2011.
Noble, Safiya Umoja. *Algorithms of Oppression: How Search Engines Reinforce Racism*. New York: New York University Press, 2018.
O'Bonsawin, Christine. "Showdown at Eagleridge Bluffs: The 2010 Vancouver Olympic Winter Games, the Olympic Sustainability Smokescreen, and the Protection 188 NOlympi-

mokuji.html]。

———. "Olympic Marketing Fact File, 2018 Edition," 2018.

"The Olympic Partner Programme," 2018. "ioc Approves All Recommended Reforms," *Journal of Olympic History* (January 2000), 57–58.

Jasper, James. *The Art of Moral Protest: Culture, Biography, and Creativity in Social Movements*. Chicago: University of Chicago Press, 1997.

Jian, Yang. *Long River*. Honolulu: Tinfish Press, 2018.

Katsuma, Yagasaki. "Internal Exposure Concealed: The True State of the Fukushima Nuclear Power Plant Accident," *The Asia-Pacific Journal*, Vol. 14, Issue 10, No. 3, (May 2015): 1–10[矢ヶ崎克馬「隠される内部被曝——福島原発事故の実相」、『琉球新報』2016 年 3 月 16・17・18 日付に掲載。以下に転載。https://lucian.uchicago.edu/blogs/atomicage/2016/03/18/kakusareru-naibu-hibaku/]。

Kauffman, L.A. *How to Read a Protest: The Art of Organizing and Resistance*. Oakland: University of California Press, 2018.

Kenworthy, Lane. *Social Democratic America*. Oxford: Oxford University Press, 2014.

Keys, Barbara J. *Reclaiming American Virtue: The Human Rights Revolution of the 1970s*. Cambridge, MA: Harvard University Press, 2014.

King, Mike. *When Riot Cops Are Not Enough: The Policing and Repression of Occupy Oakland*. New Brunswick: Rutgers University Press, 2017.

King Jr, Martin Luther. "Where Do We Go from Here?" In *A Testament of Hope: The Essential Writings and Speeches of Martin Luther King, Jr.*, edited by James M. Washington, 245–252. New York: HarperCollins, 1986.

Klein, Naomi. "Reclaiming the Commons." In *A Movement of Movements: Is Another World Really Possible?* Edited by Tom Mertes, 219–229. London and New York: Verso, 2004.

———. *The Shock Doctrine: The Rise of Disaster Capitalism*. New York: Picador, 2007[ナオミ・クライン『ショック・ドクトリン——惨事便乗型資本主義の正体を暴く』幾島幸子・村上由見子訳、岩波書店、2012 年]。

Kolozi, Peter. *Conservatives Against Capitalism: From the Industrial Revolution to Globalization*. New York: Columbia University Press, 2017.

Lefebvre, Henri. *Critique of Everyday Life*, Volume 1. London: Verso, 1991 [H・ルフェーブル『日常生活批判——序説』田中仁彦訳、現代思潮社、1978 年]。

———. *Writings on Cities*. Translated by Eleonore Kofman and Elizabeth Lebas. Oxford: Blackwell, 1996.

Lehman, Joseph. "An Introduction to the Overton Window of Political Possibility." Makinac Center for Public Policy (April 2010): 2–4.

Lenskyj, Helen Jefferson. *Olympic Industry Resistance: Challenging Olympic Power and Propaganda*. Albany: State University of New York Press, 2008.

Levistsky, Steven, and Daniel Ziblatt. *How Democracies Die*. New York: Crown, 2018.

Lochbaum, David, Edwin Lyman, Susan Q. Stranahan, and the Union of Concerned Scientists. *Fukushima: The Story of a Nuclear Disaster*. New York: The New Press, 2014.

Los Angeles Olympic Organizing Committee. *Official Report of the Games of the XXIIIrd Olympiad Los Angeles*, 1984, Volume 1, 1985.

Lukács, Georg. *History and Class Consciousness: Studies in Marxist Dialectics*. Cambridge, MA: MIT Press, 1968 [ルカーチ『歴史と階級意識』城塚登・古田光訳、白水社、1991 年]。

MacAloon, John J. *This Great Symbol: Pierre de Coubertin and the Origins of the Modern*

Show and Other Essays, edited by Sally Davison, David Featherstone, Michael Rustin, and Bill Schwarz, 317–335. Durham: Duke University Press, 2017.

Hall, Stuart, and Doreen Massey. "Interpreting the Crisis." *Soundings* 44 (Spring 2010): 57–71.

Harrington, Michael. *Socialism: Past and Future*. New York: Little Brown and Company, 1989.

Harvey, David. "The Right to the City." *New Left Review* 53 (September–October 2008): 23–40［この論文の日本語訳は、以下に収録されている。デヴィッド・ハーヴェイ『反乱する都市』森田成也ほか訳、作品社、2013 年］。

———. "Does Socialism Affect Freedom?" *David Harvey's Anti-Capitalist Chronicles Podcast*, 2 January 2019［これを収録した書籍 *Anti-Capitalist Chronicles* の日本語版は、作品社で近刊予定］。

———. *Spaces of Global Capitalism: Toward a Theory of Uneven Geographical Development*. London and New York: Verso, 2006.

Haugerud, Angelique. *No Billionaire Left Behind: Satirical Activism in America*. Stanford, CA: Stanford University Press, 2013.

Herman, Edward S., and Noam Chomsky. *Manufacturing Consent: The Political Economy of the Mass Media*. New York: Pantheon Books, 1988［ノーム・チョムスキー／エドワード・S・ハーマン『マニュファクチャリングコンセント――マスメディアの政治経済学』中野真紀子訳、トランスビュー、2007 年］。

Hersh, Philip. "The Olympics in Crisis." *Harvard International Review* 39, no. 1 (Winter 2018): 29–33.

Hertel-Fernandez, Alexander. "Who Passes Business's 'Model Bills'? Policy Capacity and Corporate Influence in U.S. State Politics." *Perspectives on Politics* 12, no. 3 (2014): 582–602.

Hertel-Fernandez, Alexander, Theda Skocpol, and Jason Sclar. "When Political Mega-Donors Join Forces: How the Koch Network and the Democracy Alliance Influence Organized U.S. Politics on the Right and Left." *Studies in American Political Development* 32 (October 2018): 127–165.

Hobsbawm, Eric. "Pierre Bourdieu: Critical Sociology and Social History." *New Left Review* 101 (Sept–Oct 2016): 37–47.

Hobson, Christopher, and Andrew Dewit. "The Lid Comes Off Fukushima Daiichi, 'Japan's Ground Zero': The Devastating Consequences of Government Inaction." *The Asia-Pacific Journal*, 11, issue 35, no. 1 (September 2013): 1–15.

Horne, John. *Sport in Consumer Culture*. New York: Palgrave Macmillan, 2006.

Horne, John, and Garry Whannel. "The 'Caged Torch Procession': Celebrities, Protesters and the 2008 Olympic Torch Relay in London, Paris and San Francisco." *Sport in Society* 13, no. 5 (2010): 760–770.

Howe, Irving. *Socialism and America*. San Diego: Harcourt Brace Jovanovich, 1985 [1977].

International Olympic Committee. "Olympic Agenda 2020: 20+20 Recommendations," December 2014［邦訳 https://www.joc.or.jp/olympism/agenda2020/pdf/agenda2020_j_20160201.pdf］。

———. "Host City Contract Principles: Games of the XXXIV Olympiad in 2028," 13 September 2017.

———. "The New Norm: It's a Games Changer," 6 February 2018.

———. "IOC Annual Report 2017: Credibility, Sustainability, Youth," 24 September 2018. 186 NOlympians

———. *Olympic Charter*, 18 October 2018［邦訳 https://www.joc.or.jp/olympism/charter/

Duverger, Maurice. "Duverger's Law: Forty Years Later." In *Electoral Laws and Their Political Consequences*, edited by Bernard Grofman and Arend Lijphart, 69–84. New York: Agathon Press, 1986.

Estes, Nick. *Our History Is the Future: Standing Rock versus the Dakota Access Pipeline, and the Long Tradition of Indigenous Resistance*. London and New York: Verso, 2019.

Felker-Kantor, Max. *Policing Los Angeles: Race, Resistance, and the Rise of the LAPD*. Chapel Hill: The University of North Carolina Press, 2018.

Fitterman, Robert. "Metropolis 17," *DC Poetry Anthology* 2001 <http://dcpoetry. com/anthology/204>.

Flyvbjerg, Bent, Allison Stewart, and Alexander Budzier. "The Oxford Olympics Study 2016: Cost and Cost Overrun at the Games" *University of Oxford Saïd Business School Research Papers* (July 2016): 1–27.

Fraser, Nancy and Rahel Jaeggi. *Capitalism: A Conversation in Critical Theory*. Cambridge and Medford, MA: Polity Press, 2018.

Freud, Sigmund. *Jokes and Their Relation to the Unconscious*. Translated by James Strachey. New York: W.W. Norton & Company, 1960［『フロイト全集 第8巻——1905年 機知』中岡成文・太寿堂真・多賀健太郎訳、岩波書店、2008 年］。

Gaffney, Christopher. "Can We Blame It on Rio?," *Bulletin of Latin American Research* 38, no. 3 (July 2019): 267–283.

George, Lynell. *After / Image: Los Angeles Outside the Frame*. Los Angeles: Angel City Press, 2018.

Gibbons, Andrea. *City of Segregation: 100 Years of Struggle in Housing in Los Angeles*. New York: Verso 2018.

Goldblatt, David. *The Games: A Global History of the Olympics*. New York and London: W.W. Norton and Company, 2016［デイビッド・ゴールドブラット『オリンピック全史』志村昌子・二木夢子訳、原書房、2018 年］。

Granovetter, Mark S. "The Strength of Weak Ties." *American Journal of Sociology* 78, no. 6 (1973): 1360–1380.

Gruneau, Richard, and Hart Cantelon. "Capitalism, Commercialism, and the Olympics." In *The Olympic Games in Transition*, edited by Jeffrey O. Segrave and Donald Chu, 345–364. Champaign, IL: Human Kinetics Books, 1988.

Gundersen, Arnie. "Prime Minister Abe Uses the Olympics as Snake Oil Cure for the Fukushima Daiichi Nuclear Meltdowns," *Fairewinds Energy Education*, 1 March 2019.

Guoqi, Xu. *Olympic Dreams: China and Sports, 1895–2008*. Cambridge, MA: Harvard University Press, 2008.

Hahnel, Robin. "Winnowing the Wheat from the Chaff: Social Democracy and Libertarian Socialism in the 20th Century." In *Real Utopia: Participatory Society for the 21st Century*, edited by Chris Spannos, 204–262. Oakland: AK Press, 2008.

Haines, Herbert H. *Black Radicals and the Civil Rights Mainstream, 1954–1970*. Knoxville: University of Tennessee Press, 1988.

Hall, Stuart. "Introducing NLR." *New Left Review* I/1 (January–February 1960): 1–3.

———. "The 'First' New Left: Life and Times." In *Selected Political Writings: The Great Moving Right Show and Other Essays*, edited by Sally Davison, David Featherstone, Michael Rustin, and Bill Schwarz, 117–141. Durham: Duke University Press, 2017.

———. "The Neoliberal Revolution." In *Selected Political Writings: The Great Moving Right*

Bryant, Howard. *The Heritage: Black Athletes, A Divided America, and the Politics of Patriotism*. Boston: Beacon Press, 2018.

Caldicott, Helen. *Crisis Without End: The Medical and Ecological Consequences of the Fukushima Nuclear Catastrophe*. New York: The New Press, 2014［ヘレン・カルディコット監修『終わりなき危機——日本のメディアが伝えない、世界の科学者による福島原発事故研究報告書』河村めぐみ訳、ブックマン社、2015年］。

California Reinvestment Disrupting and the Anti-Eviction Mapping Project. "Displacement Financing in Oakland and Beyond," June 2018, 1–40.

Carrington, Ben. *Race, Sport and Politics*. London: Sage, 2010.

Centre on Housing Rights and Evictions (cohre). "One World, Whose Dream? Housing Rights Violations and the Beijing Olympic Games," Geneva (July 2008): 1–35.

Chatoo, Caty Borum. *The Laughter Effect: The [Serious] Role of Comedy in Social Change*. Washington, DC: Center for Media & Social Impact (May 2017): 1–53.

Chatterjee, Ipsita. *Displacement, Revolution, and the New Urban Condition: Theories and Case Studies*. Los Angeles: Sage, 2014.

Chibber, Vivek. *Understanding Capitalism*. Brooklyn: Catalyst, The ABCS of Capitalism, 2018.

Collins, Patricia Hill. *Black Feminist Thought: Knowledge, Consciousness, and the Politics of Empowerment*. New York and London: Routledge, 2009 [2000].

Combahee River Collective. "The Combahee River Collective Statement." In *How We Get Free: Black Feminism and the Combahee River Collective*, edited by KeeangaYamahtta Taylor, 15–27. Chicago: Haymarket Books, 2018.

Crenshaw, Kimberlé. "Mapping the Margins: Intersectionality, Identity Politics, and Violence against Women of Color." *Stanford Law Review* 43, no. 6 (July, 1991): 1241–1299.

Cyranoski, David. "Chinese Biologists Lead Outcry Over Winter Olympics Ski Site."*Nature* 524 (20 August 2015): 278–279.

Dao, Bei. "The Answer." In *Against Forgetting: Twentieth-Century Poetry of Witness*, edited by Carolyn Forché, 754–755. Translated by Bonnie S. McDougall. New York: W.W. Norton & Company, 1993.

Davis, Mike. *City of Quartz: Excavating the Future of Los Angeles*. London and New York: Verso, 1990［マイク・デイヴィス『要塞都市LA』村山敏勝・日比野啓訳、青土社、2001年／増補版2008年］。

————. *Planet of Slums*. London and New York: Verso, 2006［マイク・デイヴィス『スラムの惑星——都市貧困のグローバル化』酒井隆史監訳、篠原雅武・丸山里美訳、明石書店、2010年］。

Dean, Jodi. *Democracy and Other Neoliberal Fantasies*. Durham and London: Duke University Press, 2009.

Debs, Eugene. "Statement to the Court: Upon Being Convicted of Violating the Sedition Act," 18 September 1918 (E.V. Debs Internet Archive, 2001).

DeFrantz, Anita L. with Josh Young. *My Olympic Life: A Memoir*. New York: Klipspringer Press, 2017.

Dempsey, Chris and Andrew Zimbalist. *No Boston Olympics: How and Why Smart Cities are Passing on the Torch*. Lebanon, NH: University Press of New England, 2017.

Dixon, Chris. *Another Politics: Talking Across Today's Transformative Movements*. 184 NOlympians Oakland: University of California Press, 2014.

Douglas, Susan J. *Where the Girls Are: Growing Up Female with the Mass Media*. New York: Times Books, 1995.

参考文献

Abott, Jared, and Dustin Guastella. "A Socialist Party in Our Time?," *Catalyst: A Journal of Theory & Strategy*, 3, 2 (2019): 7–63.

Abramson, Paul R., John H. Aldrich, Philip Paolino, and David W. Rohde. "Challenges to the American Two-Party System: Evidence from the 1968, 1980, 1992, and 1996 Presidential Elections." *Political Research Quarterly* 53, no. 3 (September 2000): 495–522.

Armaline, William T., Davita Silfen Glasberg, and Bandana Purkayastha. "Human Rights in the United States: The 'Gold Standard' and the Human Rights Enterprise." In *Human Rights in Our Own Backyard: Injustice and Resistance in the United States*, edited by William T. Armaline, Davita Silfen Glasberg, and Bandana Purkayastha, 251–253. Philadelphia: University of Pennsylvania Press, 2011.

Attoh, Kafui Attoh. *Rights in Transit: Public Transportation and the Right to the City in California's East Bay*. Athens: University of Georgia Press, 2019.

Beck, Ulrich, and Elisabeth Beck-Gernsheim. *Individualization: Institutionalized Individualism and its Social and Political Consequences*. London: Sage Publications, 2001.

Berlant, Lauren, and Sianne Ngai. "Comedy Has Issues." *Critical Inquiry* 43 (Winter 2017): 233–249.

Berman, Ari. *Give Us the Ballot: The Modern Struggle for Voting Rights in America*. New York: Picador, 2016［アリ・バーマン『投票権をわれらに――選挙制度をめぐるアメリカの新たな闘い』秋元由紀訳、白水社、2020 年］。

Booth, Douglas, and Colin Tatz. "Swimming with the Big Boys?: The Politics of Sydney's 2000 Olympic Bid." *Sporting Traditions* 11 (1994): 3–23.

Boyer, Dominic, and Alexei Yurchak. "American Stoib: Or, What Late-Socialist Aesthetics of Parody Reveal about Contemporary Political Culture in the West." *Cultural Anthropology* 25, no. 2 (May 2010): 179–221.

Boykoff, Jules. *Beyond Bullets: The Suppression of Dissent in the United States*. Oakland: AK Press, 2007.

――――. *Celebration Capitalism and the Olympic Games*. London and New York: Routledge, 2013.

――――. *Power Games: A Political History of the Olympics*. London and New York: Verso, 2016［ジュールズ・ボイコフ『オリンピック秘史――120 年の覇権と利権』中島由華訳、早川書房、2018 年］。

――――. "The Anti-Olympics." *New Left Review* 67 (January–February 2011): 41–59.

――――. *The Suppression of Dissent: How the State and Mass Media Squelch USAmerican Social Movements*. New York, Routledge, 2006.

Boykoff, Jules, and Gilmar Mascarenhas. "The Olympics, Sustainability, and Greenwashing: The Rio 2016 Summer Games." *Capitalism Nature Socialism* 27, no. 2 (2016): 1–11.

Brown, Simone. *Dark Matters: On the Surveillance of Blackness*. Durham and London: Duke University Press, 2015.

[翻訳者紹介]

井谷聡子（いたに・さとこ）

関西大学准教授。専門はスポーツとジェンダー・セクシュアリティ研究。近著に『〈体育会系女子〉のポリティクス——身体・ジェンダー・セクシュアリティ』（関西大学出版部）ほか。

鵜飼 哲（うかい・さとし）

一橋大学名誉教授。専門はフランス文学・思想。近著に『まつろわぬ者たちの祭り——日本型祝賀資本主義批判』（インパクト出版会）ほか。

小笠原博毅（おがさわら・ひろき）

神戸大学教授。専門は文化研究。著書に『反東京オリンピック宣言』（共編著、航思社）、『やっぱりいらない東京オリンピック』（岩波ブックレット）ほか。

井上絵美子（いのうえ・えみこ）

一橋大学大学院言語社会研究科修士課程修了、現在、ニューヨーク市立大学ハンターカレッジ校・博士前期課程在籍。専門は、写真／映像におけるフェミニズム・クィア表象について。

小林桐美（こばやし・とうび）

アーティスト。個展に「*Grabados de Fukushima*」（メキシコ国立文化博物館、2019年）、「*cabbage: A message from Fukushima*」（イタリア・ブルーネンバーグ城博物館、2019年）ほか。

和田智子（わだ・ともこ）

通訳・翻訳者。訳書に『世界を動かす変革の力——ブラック・ライブズ・マター共同代表からのメッセージ』（アリシア・ガーザ著、人権学習コレクティブ監訳、共訳、明石書店）ほか。

[著者紹介]

ジュールズ・ボイコフ（Jules Boykoff）

1970年生まれ。米国パシフィック大学政治学教授。

元サッカー選手であり、バルセロナ五輪のアメリカ代表メンバーとしてブラジル戦やソ連戦などの国際試合に出場し、その後、米国のプロ・サッカーチーム「ミルウォーキー・ウェイブ」で、プロ選手として活躍した。同チームのメンバーとして来日し、ガンバ大阪や清水エスパルスと対戦したこともある。

オリンピックに関する著書は4冊あり、「国際的オリンピック研究における最も著名な人物の一人」とされる。邦訳書に『オリンピック秘史――120年の覇権と利権』（早川書房）がある。

2019年7月には、東京五輪開催予定の一年前に開催された「反五輪国際連帯ウィーク」に参加するために来日し、早稲田大学で開かれたシンポジウムで基調講演の講師を務めるとともに、研究者およびジャーナリストの立場で日本の反五輪運動を多角的に取材した。

なお、NHKの国際討論番組「グローバルディベートWISDOM」（2014年）に出演し、「世界が語る“21世紀のオリンピック”」というテーマで為末大氏らと議論を繰り広げたこともある。

NOlympians: Inside the Fight Against Capitalist Mega-Sports in Los Angeles, Tokyo and Beyond

was first published in 2020 by Fernwood Publishing
This edition of the work is arranged via Red Rock Literary Agency Ltd.
through The English Agency (Japan) Ltd.

オリンピック
反対する側の論理
——東京・パリ・ロスをつなぐ世界の反対運動

2021年 5 月10日 第 1 刷印刷
2021年 5 月15日 第 1 刷発行

著者———ジュールズ・ボイコフ

監訳者———井谷聡子・鵜飼哲・小笠原博毅

翻訳者———井上絵美子・小林桐美・和田智子

発行者———和田 肇

発行所———株式会社作品社

102-0072 東京都千代田区飯田橋 2-7-4

Tel 03-3262-9753　Fax 03-3262-9757

振替口座 00160-3-27183

http://www.sakuhinsha.com

編集担当——内田眞人

装丁———小川惟久

本文組版——ことふね企画

印刷・製本—シナノ印刷(株)

ISBN978-4-86182-846-1 C0036

21世紀世界を読み解く

作品社の本

資本主義の終焉

資本の17の矛盾とグローバル経済の未来

デヴィッド・ハーヴェイ
大屋定晴・中村好孝・新井田智幸 訳

「２１世紀資本主義は、破綻するか？ さらなる進化を遂げるか？ このテーマに興味ある方は必読！」(『フィナンシャル・タイムス』)。資本の動きをめぐる矛盾を17種に整理し原理的・歴史的に分析。それをもって21世紀資本主義の未来を考察する。

経済的理性の狂気

グローバル経済の行方を〈資本論〉で読み解く

デヴィッド・ハーヴェイ　大屋定晴 監訳

グローバル資本主義の構造と狂気に迫る"21 世紀の資本論"。「マルクスだったら、現在のグローバル資本主義をどのように分析するか?"現代のマルクス"ハーヴェイによるスリリングな挑戦」(『ガーディアン』紙)。

値段と価値

なぜ私たちは価値のないものに、高い値段を付けるのか？

ラジ・パテル　福井昌子 訳

私たちが支払う"価格"は、正当なのか?「現代経済における"プライス"と"バリュー"のギャップを、鮮やかに解明する」(ＮＹタイムズ・ベストセラー)。世界16カ国で出版!

麻薬と人間 100年の物語

薬物への認識を変える衝撃の真実

ヨハン・ハリ　福井昌子 訳

『ＮＹタイムズ』ベストセラー「あなたが麻薬について知っていることは、すべて間違っている」。"麻薬戦争"が始まって100年、そこには想像もできない物語があった……。話題の映画『アメリカvsビリー・ホリデイ』原作((仮題、2021年公開)。